广东省新媒体与品牌传播创新应用重点实验室研究系列
理论粤军-广东省优长学科特色学科项目资助

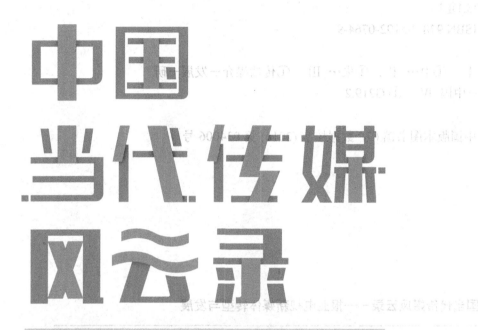

中国当代传媒风云录

报业电视新媒体转型与发展

主编　朱剑飞

中国出版集团
世界图书出版公司
广州·上海·西安·北京

图书在版编目（CIP）数据

中国当代传媒风云录 ：报业电视新媒体转型与发展 / 朱剑飞主编. -- 广州 ：世界图书出版广东有限公司，2025.1重印

ISBN 978-7-5192-0764-9

Ⅰ. ①中… Ⅱ. ①朱… Ⅲ. ①传播媒介－发展－研究－中国 Ⅳ. ① G219.2

中国版本图书馆 CIP 数据核字 (2016) 第 034006 号

中国当代传媒风云录——报业电视新媒体转型与发展

策划编辑 赵 泓
责任编辑 钟加萍
封面设计 梁嘉欣
出版发行 世界图书出版广东有限公司
地　　址 广州市新港西路大江冲 25 号
电　　话 020-84459702
印　　刷 悦读天下（山东）印务有限公司
规　　格 787mm×1092mm　1/16
印　　张 16.5
字　　数 250 千
版　　次 2016 年 2 月第 1 版　2025 年 1 月第 3 次印刷
I S B N 978-7-5192-0764-9/G·2026
定　　价 78.00 元

前言

在时代的高起点上推动文化内容形式、体制机制、传播手段创新，解放和发展文化生产力，是繁荣文化的必由之路。近年来，在国家发展战略指引，经济市场驱动，与社会转型催化之下，我国传媒业锐意进取、大胆创新，在探索联合重组、整体转型、媒介融合的道路上，力求做大做强、深化改革，逐渐形成可行范式，积累了有益经验。本书正是作者结合多年来对传媒产业的观察与理解，有意将当代中国传媒在风起云涌改革势态下之事迹加以梳理，将原先较为零散的若干观点分章分节，构建脉络，这种全景式梳理力图用具备专业知识的第三方视角出发，客观地反映当代中国传媒改革与发展的兴衰得失，亦勾勒出我们前进路上的荡气回肠与低吟浅唱，从而为有志研究之士助力，成为一本对学界、业界有所助益的文集。

本书着眼于传媒集团的经营管理所发生的深刻变化，不仅关注传媒改革创新实践的成效，更聚焦这一过程中的困境和迷思。选取 18 个传媒机构，通过资料整合、深入访谈、现场调查等方法展开案例研究，侧重于其发展历史、名牌影响力（地位）、管理经验体会、评价及趋势等四个方面。各案例均有其独特价值与典型意义，既涵盖广电集团、报业集团、平面杂志三大传统形态，又囊括新媒体态势下的融合媒体领域。梳理与追寻传媒机构的经营与发展历程，归纳总结其在战略决策、组织架构、人才培养、资本运作、市场运营、产业化管理等方面的独到之处，并发现其在改革转折过程中所遇到的问题和困境，最后试图对其未来的发展态势做出预判和猜测， 把握完善文化管理体制和深化国有文化单位改革的逻辑背景，力图捋清国内传媒企业通过跨界并购融入具备发展潜力的新兴行业从而再现活力的思维与路径。

本书以翔实的材料，多元的维度透视问题，既可为研究者和实践者提供传媒集团战略动态的横向对比，又可以其发展历程为线索，提供我国传媒改革历史沿革的纵向参照。深刻剖析传统媒体集团面对新媒体传播冲击下的突围之路，为传统媒体把握融合发展的窗口期，发挥自身资源优势，增强核心竞争力提供借鉴参考。同时，以批判性视角考察传媒集团在媒介融合与转型中存在的问题与面临的困境，厘清要点，反思教训，总结经验，提出对策，推动我国传媒集团以更广阔的胸襟和更大魄力参与到新型主流媒体融合发展的实践行列中去。

目录

第　一　部　分

PART 1

广电类 案例

案　　主 芒果TV

案例作者 姜博 李梦 郭泽钜

内容摘要 芒果TV依托“独播”战略巩固自身节目内容优势，同时与影视产业上游联手，聚合海量内容，实现多元化发展。借力国家播控牌照政策，与硬件终端广泛合作，打造软硬结合的OTT电视产品。在统一芒果TV品牌形象下，整合资源，实现平台、渠道和用户之间的平衡，构建共赢的生态布局，为传统广电集团向互联网新媒体转型提供有益借鉴。

关 键 词 芒果TV 广电转型 互联网电视

广电集团互联网突围之路

——芒果TV战略研究

一、融合先锋：芒果TV概况

芒果TV是湖南广播影视集团下唯一的视频内容互联网供应平台。由湖南快乐阳光互动娱乐传媒有限公司具体运营，以视听互动为核心，融合网络特色与电视特色于一体，实现电视机、电脑、手机与平板“多屏合一”的独播、跨屏、自制的新媒体视听综合传播服务平台。2015年上半年数据显示，芒果TV日均活跃用户近3000万，活跃用户的月增长率高达109%，用户使用时长增长率也达到160.7%，是目前国内成长最快的互联网视频平台[1]。作为新媒体环境下传统广播电视媒介融合的先锋，芒果TV的诞生与飞速发展，无不印证湖南广电“三轮改革”卓越的战略眼光与丰盛的改革成果。

[1] 参见http：//otv.lmtw.com/vp/201504/116059.html?utm_source=tuicool

(一)湖南广电的"三轮改革"

芒果TV的快速增长是多方面原因综合作用的结果，是广电体制不断改革调整，逐步适应市场变化的产物，有着深厚的历史积淀和理论支撑。

第一轮改革：机制整合，焕发活力。1999年，湖南广电成立"湖南电广传媒股份有限公司"并上市融资，率先进入资本市场。2001年，湖南广电通过内部机构调整，率先在全国范围内实行广电集团内的全员竞聘制、栏目制片人制和栏目淘汰制，以优胜劣汰的方式，初步建立起适应市场变化的高效现代广电集团管理模式。机制的整合令湖南广电焕发活力，也为日后芒果TV的市场化经营与管理提供优良的土壤。

第二轮改革：资源整合，科学布局。2000年底"湖南广播影视集团"正式挂牌成立，2002年始，湖南广电着手第二轮改革，以剥离冗余、整合资源、宏观调控、消除内耗为核心，通过优化结构调整，达到增强集团竞争力的目的。其中，明确了湖南卫视"娱乐"定位，聚焦"快乐中国"的核心理念；对湖南电视台、湖南经济电视台和湖南有线广播电视台三个原有电视台，实行合并，原有"三台"的7个频道进行重组，成立湖南电视台[1]。资源的整合使湖南广电的运作更加高效，可以快速适应市场变化，最大限度地发挥自身优势，保证节目产品质量，成为芒果TV在内容、营销和管理方面的有力支撑。

第三轮改革：体制整合，多元发展。2006年，湖南广电开始第三轮改革，重在"从体制内走出去，从国内走出去，并且要建立起一个全新的市场主体"。新媒体业务此时作为全新的业务模式成为改革的重点，与互联网进行初步合作被提上日程。具体的步骤包括：成立芒果游戏平台；将湖南卫视网与金鹰网统一为"金鹰网"；与盛大集团联手成立盛视影业公司，进军影视行业；与阿里巴巴集团淘宝网合作，成立湖南快乐淘宝文化传播有限公司，开辟《快乐淘宝》节目，与电子商务进行结合。

在第三轮改革中，芒果TV作为新媒体集群的核心业务实体应运而生。2010年6月"芒果传媒"成立，业务包括内容生产、艺员经纪、动漫、新媒体集群等，力求形成一条新型传媒产业链。芒果TV作为"芒果传媒"在互

---

[1] 朱婧汝：《电视媒体的政府规制研究——以湖南电视为例》，长沙：中南大学硕士学位论文，2011年

联网视频端的重要承载点，于2014年正式推出，开启围绕“芒果TV”为品牌的产业格局建设。“芒果独播”战略开始实施后，借助于版权带来的独特优势，湖南广电不再满足于为视频网站提供内容，只靠版权盈利的局面，直接参与视频网站的竞争，芒果TV进入了迅猛发展期。

三轮改革反映了湖南广电推行市场化运作、向新媒体方向发力的决心和实力。作为芒果TV的母体，湖南广电、芒果传媒为其提供资本资源、人才资源、内容资源与营销资源。其中，饱受争议的“独播”战略凸显了电视台在优质内容生产领域的独特优势和巨大影响力。芒果TV初步的成功也为广电新媒体转型提供了一条可参考的现实路径。

（二）芒果TV的业务组成

从湖南广电改革发展的历程可以看出，芒果TV的诞生是集团战略的关键一步，它也成为传统广电向互联网突围的排头兵。作为前沿阵地的“芒果TV”，主要由四大业务版块组成：①互联网视频。芒果TV，湖南广电旗下唯一互联网视频平台，湖南广电内容在互联网端的独有入口。②互联网电视。芒果TV互联网电视是首批获得互联网电视牌照方之一，全国7家内容+播控双牌照持有者之一。③湖南IPTV。以“三网融合”为依托，向家庭用户提供包括电视直播、回看、点播及其他增值业务等多种交互式的网络电视服务。④移动增值业务。采取收费专区的形式与运营商合作开展视频、阅读、动漫、音乐、语音杂志等基地业务，为3G、4G用户提供特色内容服务[1]。

二、芒果TV内部经营与管理

（一）灵活高效的组织架构

芒果TV的经营与管理建立在现代扁平化组织架构基础之上。公司由董事会授权下的总裁办公室全面管理。目前由芒果互联网电视事业部、芒果视

[1] 周微：《三网融合下的IPTV增值业务模式探讨》，《有线电视技术》，2011(1)，第86—88页

频事业部与总裁办公室3个核心部门，以及技术研发中心、市场营销中心、信息安全中心、品牌管理中心、版权合作中心、公共事务中心、人力资源中心、财务资产管理中心和移动增值业务中心9个公共服务部门组成[1]。组织架构中突出了企业聚焦核心业务而设立的芒果互联网电视事业部、芒果视频事业部，其它的9个公共服务部门立足于各自的职能全面地为事业部的运作提供支持。芒果TV打破传统广电集团自上而下的金字塔层级结构，以业务模式为划分，构建出灵活的扁平组织架构，各系统以业务为主体，角色明确，权责划分清晰。

（二）实力雄厚的管理团队

目前芒果TV的管理团队由8名成员组成。由现任湖南广播电视台副台长、芒果传媒有限公司执行董事聂玫女士担任公司的董事长，协助湖南广电的新媒体产业布局和内容走出去进行积极筹划，实现芒果TV在湖南广电传媒产业链上的重要地位。由总裁张若波先生全面负责公司的战略规划、定位和管理，围绕"芒果网络生态圈"，打造湖南广电新媒体新形象。由董事副总裁刘琛良先生负责芒果TV整体运营工作。另外由副总裁易柯明、骆钦、成洪荣、柏林泗和谢邻先生就各自出色的行业实践经验，分管芒果TV在媒体创意、技术平台建设、视频系统规划与运营、财务与市场营销、无线增值业务开发与管理等方面的事务。[2]

[1] 参见 http: //corp.hunantv.com/about/

[2] 参见 http: //corp.hunantv.com/about/

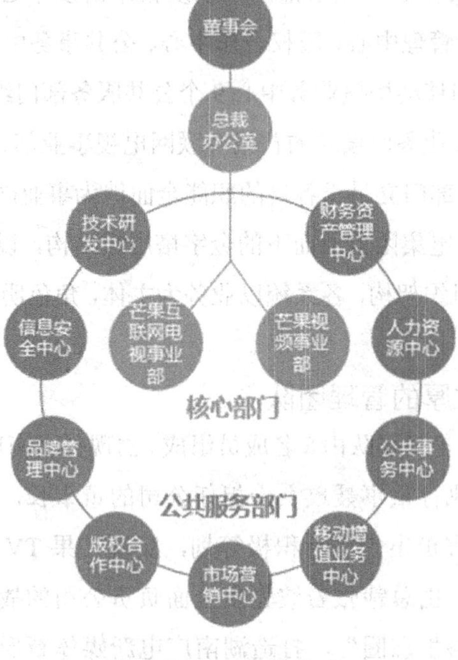

图 1 芒果 TV 组织架构

（三）出色创新的广告经营

广告收入的基础是媒体拥有足够多的受众，湖南广电经过多年的积淀，综艺与电视剧等产品占据着国内市场的半壁江山。自 2014 年在“芒果独播”战略的带动下，芒果 TV 受众数量获得“井喷式”增长。《2015 年各大视频网站综艺频道覆盖人数及播放时长》的数据显示，在综艺领域，芒果 TV 在覆盖人数与播放时长上超越优酷、搜狐视频、爱奇艺等网络视频平台，显示出芒果 TV 独有的综艺内容影响力。

稳定的受众带来了雄厚的广告资本。《2015 年芒果 TV 预售广告资源产品列表》显示，芒果 TV 的“网络冠名”费上，湖南卫视王牌节目《我是歌手 3》价值约 1.56 亿、《爸爸去哪儿 3》价值约 1.818 亿、《快乐大本营》价值约 1.492 亿。随着芒果 TV 在内容生产、营销和管理层面的完善与提高、网络视频市场份额的逐步扩大，广告收入未来将有较大的提升空间。

芒果 TV 同时也积极进行广告产品方面的创新。2015 年 4 月《花儿与少年》第二季开播，芒果 TV 推出广告产品“灵犀”。“灵犀”可以实现对视频画面内容的区隔，匹配多种形式的相关内容推荐，从而打通内容与用户，更加有效地触发点击并引导更多浏览、互动、消费等行为。虽作为一款新型互动广告产品，虽然其并不完善，仍有大量技术问题需要优化解决。但相对于传统视频前贴片广告，“灵犀”对广告主来说降低了广告投放的门槛、提升了广告的转化率；受众体验度方面，优化了观看体验，减少广告侵扰性，给予受众自主选择能力；对芒果TV来说，以“灵犀”为代表的互动广告产品，有助于平衡广告与受众体验间的平衡，为广告业务营收带来新的增长点。

产品名称	合作时间	客户数量	CPM预估流量	投放方式	总价值	净价（万）
《我是歌手》网络冠名	Q1	1	1,000,000	100%	156,000,000	5000
《我是歌手》网络合作伙伴	Q1	3	475,000	50%	74,050,000	2500
《花儿与少年》网络冠名	Q2	1	600,000	100%	92,000,000	3400
《花儿与少年》网络合作伙伴	Q2	3	285,000	50%	46,200,000	1700
《爸爸去哪儿》网络冠名	Q3	1	1,200,000	100%	181,800,000	6600
《爸爸去哪儿》网络合作伙伴	Q3	3	570,000	50%	83,400,000	3300
《快乐大本营》网络冠名	年度	1	800,000	100%	149,200,000	3000
《快乐大本营》网络合作伙伴	年度	3	380,000	50%	66,900,000	1500
《天天向上》网络冠名	年度	1	450,000	100%	120,325,000	1700

图2 芒果TV2015年预售广告资源产品列表

三、不破不立：芒果TV内容战略分析

在内容为王的时代，“独播”是各大视频网站最核心的差异化竞争源。2014年5月湖南卫视官方发表声明：湖南卫视旗下自制节目网络版权不再分销。5月，正在热播的明星穷游真人秀《花儿与少年》授权芒果TV，并宣布其为独家播出平台，湖南卫视开始吹响大举进军网络视频的号角。内容战略作为芒果TV的核心，从推出伊始，就是传统广电向互联网转型的关键性步骤，也是与众多互联网原生视频平台竞争的重要资本与依托。

（一）独播致胜，内容为王

传统电视主要依靠广告这一相对单一的盈利渠道获取收入，互联网视频

平台的出现，使传统电视不仅在收视率方面受到严峻挑战，后者的节目产出的利益回报，包括广告收入和延续性收入等也被挤压。在视频平台出现的早期，当广告收入开始缩水后，各大卫视通过向视频网站出售自制节目版权赚取收入。但从长远角度和整体影视产业链看，优秀内容的收益除了冠名权收入、贴片广告收入、插播广告收入等广告收入还有平台影响力和其他延续性收入。在流量为重要指标的互联网视频网站发展中，通过购买优秀的广电节目带来的收益，远远大于版权购买费用。根据公开资料显示，爱奇艺曾斥资2亿元购买《爸爸去哪儿第二季》等湖南卫视5档节目的网络独播版权，随后20家广告主给予爱奇艺的贴片、植入等广告冠名与赞助费接近亿元，使版权采购费还未开播就回本近半。同时，节目网络播出后对电视台收益并没有实质拉升，相反凭借较高社会反响，网络视频平台得以迅猛发展。因此，从内容输出到网台合作、网台联动、反向输出，再到网台博弈，传统广电与视频网站的关系越来越微妙。

因此采取“独播”策略是传统广电集团进入互联网试水时，及时调整巩固自身内容优势的首要前提。王牌节目背后聚集的是湖南卫视的高人气和高忠诚的收视群体。该收视群体中，年轻和中年群体占据了相当一部分，已经具备较为成熟的网络使用习惯，从其他互联网视频平台切换至芒果TV收看的节目的转换成本不高。2015年上半年数据显示，芒果TV全平台的日均活跃用户数近3000万左右，芒果TV的APP下载总量超过6000万次，App日活跃用户突破500万，虽然与互联网原生视频网站存在差异，但作为传统广电系的视频网站已经与各商业视频网站处于同一量级。在浏览量、网站停留时长方面，芒果TV均高于优酷网、爱奇艺和乐视网。对于观众而言，网站使用便捷性和观看流畅性固然重要，但优质节目内容始终是平台偏好的核心。2015年初，《我是歌手》第三季开播，芒果TV APP一瞬间就冲到了App Store免费榜榜首的位置，成为视频节目“内容为王”最好的注脚。芒果TV依托母体而获得的互通资源，成为其面对传媒领域的大整合、大融合趋势的核心竞争力。

（二）多样化内容打造

独播策略让芒果TV互联网电视实现了与原生互联网视频平台的内容差

异化，并获得了稳定忠诚的用户群。但独播策略只是内容资源的起点，不同于电视端，互联网端的视频需求是海量而多元的，需要巨大的内容资源库满足用户需求，通过湖南卫视的优质电视资源只能在初期获得优势，但并不足以支撑芒果TV做大做强。芒果TV以兼收并蓄为原则，与各渠道内容生产者，包括社交媒体和垂直网站实践跨平台的联合，在内容生产领域不断尝试多元化道路。

1. 自制为先，差异布局

芒果TV独播战略，并不仅限于把湖南卫视的优质内容移到互联网端。2015年，各大视频网站的发展重点已从内容自制延伸至PGC（专业生产内容）领域。对视频网站而言，PGC的商业模式优势明显：前期投入相对较小，内容多为病毒式传播，迅速引爆热点，同时这部分内容恰好是传统电视台缺乏的，视频网站具有先天优势。[1]

芒果TV处湖南广电腹地，有着丰富的节目制片人资源和成熟的节目生产经验。其PGC情景剧嫁接综艺模式，生活场景加入戏剧化表演，常规逻辑加入喜剧冲突，这些爆点都适合在网络上放大和表现，也易于被视频用户接受。芒果TV首部自制剧《花样江湖》就是利用自身的优势，在PGC内容上的一个大胆尝试。

2. 精品直播，同步互动

第一条路是同步直播，实时互动。用电视内容生产的水准、网络运营思维的要求做直播，已经成为芒果TV的凸显优势。早在湖南卫视2014—2015年跨年演唱会上，芒果TV便于业内首创多机位在线直播，让网友通过PC网站或移动端直播页面自主选择网络直播机位，给视频网站大型网络直播带来全新模式。

以芒果LIVE SHOW为代表，芒果TV将大型演唱会、音乐会、各类晚会以高清画面移至客厅，将视听享受最大化。由于芒果TV以综艺娱乐节目为核心优势，受众偏年轻化，对演唱会、音乐会等偏好度较高，芒果TV的同步直播即应对此类需求点赢得观众。同时在移动化联网争夺日趋白热化之时，客厅屏幕以其高清画面，优质影音视听效果，具有移动设备不具备的优势。

---

[1] 参见 http：//www.wdzone.cn/pgc/8530.html

因此，芒果 TV 的全平台用户可以随时随地、第一时间看到颁奖典礼、演唱会、晚会的直播，成功地在“占领客厅”的步骤中迈出重要一步。例如华晨宇演唱会，芒果 TV 选取了长沙、上海、广州、成都 4 个城市设置芒果 TV 互联网电视直播互动点，通过“四地联动”模式，借助市中心电影院线大荧幕进行互动，组织华晨宇粉丝在电影院观看演唱会直播，隔空参与、助势演唱会，以网络为媒介跨时空连线“华晨宇北京火星演唱会”，让年轻群体真正体会到优质互联网电视平台稳定的传输、高清画质以及全新的观看方式。[1] 这一“还主动权给网友”的运营方式也高度满足了众多年轻受众的个性需要，如今多机位直播已成为芒果 TV 晚会直播的重要标志。

同时，强大的内容生产能力和资源把控力使芒果 TV 的“国际化”直播优势越发凸显。从红毯采访到现场转播，及时的同声翻译、完善的字幕后期、丰富的内容呈现、高清的视频品质，都反映出芒果 TV 的内容运营优势。芒果的直播内容成为一个差异化的产品服务点，其内容的独家性、实时性成为区隔互联网视频平台对手的重要支点，演唱会等事件性活动，又具有品牌打造和传播的天然优势。

3. 向上延伸，强强联合

芒果 TV 也加快“国际化”步伐，不仅充分整合湖南卫视强 IP 资源，更积极拓展海外 IP 渠道。芒果 TV 不断加强与华谊兄弟、TVB、华娱卫视、韩国 MBC 等上游内容生厂商的合作，通过独播、自制与引进并重等多种方式 [2]，灵活引进优质内容，向“大而全”的内容平台发展。例如，平台内容 - 资源互换，芒果 TV 与“华谊兄弟”合作建立华谊内容专区，有不少于 3 部院线电影的首发合作；平台—平台版权互换，与“乐视 TV”版权互换了《小时代 3》《敢死队 3》等数百部电影、电视剧；新剧合拍，与 TVB 合作拍摄 2014、2015 年新剧，直接参与影视剧制作生产，保持内容优势地位 [3]。芒果 TV 互联网电视百万小时的优质正版视频内容，覆盖电影、电视剧、综艺节目、体育赛事等，以满足不同用户的长尾需求。版权的积累与垄断将为芒果 TV 带来长远发展的优势地位。

---

[1] 参见 http：//www.diankeji.com/news/13483.html

[2] 参见 http：//tech.huanqiu.com/news/2014-11/5211720.html

[3] 参见 http：//otv.lmtw.com/vp/201504/116059.html?utm_sour...

4. 电视购物，三屏融合

面向以家庭主妇为主的家庭用户——电视购物跟互联网电视受众群的交叉集合，芒果 TV 与快乐购试水跨界合作。以芒果 TV 的受众数量搭配快乐购的电商技术，在互联网的环境下建立 3C 数码等标品售卖的新型社交和电子商务模式。其中，社交视频电商项目“MM 秀”，开辟了社交媒体与电商合作的先例。芒果盒子（芒果 TV 的 OTT 端）上线的“芒果铺子”，提供了一块抢、达人圈、芒果商城及快乐购 TV 直播节目。集合了电视购物、潮流风尚、低价秒杀、多屏互动等多元化元素。借助芒果 TV 实现电视、移动、PC 三屏融合，截止 2015 年上半年，“芒果 TV”网站日均独立用户超过 1100 万人。但面对阿里、京东、苏宁等电商巨头共存的背景下，互联网电视购物模式的前景仍不明朗。

四、生态再造：芒果 TV 的生态布局

以湖南广电为代表的传统广电在与互联网视频平台的博弈中，依托内容生产和版权优势，不断完善自身在内容、渠道、平台方面的融合，完善以芒果 TV 等自有互联网入口为核心的产业链布局。以芒果 TV 平台为核心的的发展思路和打造上下游生态的宏观布局，为互联网环境下广播电视的突围之路提供了借鉴。从内容提供的角度来看，芒果互联网电视实现平台化，承载大量优质节目资源，以湖南卫视节目为起点，广泛开展多样化合作，整合大视频行业，成为一个极具竞争力的内容聚合平台；从终端的角度来看，打通全产业链的上下游，打造高低全覆盖的硬件配置梯队，通过大胆开放合作，扬长避短，发挥平台流量入口的优势，填补自身在硬件技术上的弱势。

（一）优质广电资源、政策资源独享

芒果 TV 从行业搅局者到行业重塑者的转型中，一方面背靠湖南广电资源，形成了自己的独特优势，另一方面有国家政策的支持，相比基于互联网起家的视频平台具有极大的内容资源优势和政策优势。

在内容资源方面，湖南卫视的“独播”战略将其优质综艺为代表的在内容上的优势，自然地延续到了芒果TV的运营中。湖南卫视所有自主内容在传统电视端由湖南卫视播出，在互联网端由芒果TV作为视频入口，两者共同出品，打造“双独播剧场”。老牌优势节目《天天向上》《快乐大本营》《变形计》《我是歌手》《花儿与少年》《爸爸去哪儿》在非卫视播放时间段若需要观看，芒果TV是唯一的选择。

在政策支持方面，2014年6月广电总局掀起“净网行动”，要求互联网电视牌照商立即关停互联网电视终端产品中违规视频软件的下载通道，互联网端所有的内容服务必须在牌照方集成播控的管理和管控之下。广电总局通过对牌照商的严控来限制互联网企业视频的违规植入，强化了对先前纷乱互联网市场的控制力度。对于广泛接入各类资源，以内容数量弥补内容质量的原生互联网视频平台而言，拿不到集成播控牌照，使得其在内容上的自主权与话语权进一步被降低。而湖南广电与中国网络电视台、百视通、华数、南方传媒、中国国际广播电台、中央人民广播电台一道，成为仅有的7家集成播控牌照方。得益于此，旗下的芒果TV拥有媒体管控下相对宽松的播出权限，在政策的起跑线上领先于诸多原生互联网视频平台对手。

（二）合作共赢的生态布局

渠道建设是互联网电视发展必须考虑的问题，芒果TV在硬件制造和技术研发方面并没有足够的竞争优势，但其通过广泛合作，借力上下游产业链，打造的“内容服务，硬件终端”的垂直生态链为广电媒体融合发展提供有益借鉴。芒果TV的硬件策略分为三步，首先是与厂商合作打造了芒果互联网电视，然后初步形成了芒果TV inside系统，最终整合多维立体的视听资源，最终实现OTT的全媒体架构。

1. 芒果互联网电视联合打造

从技术层面来说，芒果TV发轫于传统广电，其互联网电视最大的短板在于IT和硬件技术储备的缺乏。优酷土豆和爱奇艺等，在视频网站领域摸爬滚打多年，才具备今天的竞争力，其基因中即包含着深刻的技术因素和对用户体验的把握。

芒果TV互联网电视的应对方式则是依托合作，在竞争激烈的视频市场中打开一条出路。芒果TV的合作资本来源于播控牌照，作为七大牌照持有者之一，拥有内容版权和政策支持来作为与电视终端厂商合作的最大筹码。由于我国互联网电视与牌照方客户端完全绑定，通过牌照方的集成播控平台对客户端实行控制和管理，因此芒果TV成为互联网电视硬件必须嫁接的内容渠道端，具备合作的基础。例如：芒果TV与TCL合作推出的“TCL芒果TV+”双品牌互联网电视机，就是一种典型的搭配合作，创新了台网互动，电视终端可以为用户提供多种互动功能，直接搭载的芒果TV端口，也使用户受众基础可以进一步扩大。

2. 芒果TV insight初步成形

“芒果TV inside”家族，是芒果TV互联网电视与厂商合作推出的互联网电视终端的总称。是在与硬件厂商进行充分合作的基础上，将各类型资源进行整合的结果。芒果TV可提供百万小时海量正版视频，包括电影、电视剧、综艺节目和体育赛事，14个轮播频道每天24小时不间断播出，具有极大的内容产出量。

芒果TV inside依托内容优势，从服务入手，合作一切可能的渠道，在硬件终端植入其服务，成为连接用户、服务与终端之间的桥梁。围绕这个原则，50余家软硬件合作厂商，机顶盒、一体机、投影仪等终端产品都冠以“芒果TV”的前缀。不同梯次配置的产品，围绕品牌进行整合，打造出“芒果TV inside”的垂直覆盖。

“芒果TV inside”是品牌与产品联动的。一方面，芒果TV的品牌影响力全面推广互联网电视概念，培育受众对互联网电视的认知和使用习惯，教育消费者，培养市场，扩展市场容量，帮助硬件厂商拓展渠道；另一方面，将自身服务牢牢绑定在各大硬件厂商产品中，通过终端渠道进入客厅，稳定覆盖市场。“芒果TV inside”的目的，是芒果TV互联网电视与终端厂商影响力和收益的提升。

“芒果TV inside ”的核心是打造了统一的品牌识别系统。因为有了品牌自上而下的统筹，芒果TV才能对纷繁复杂的多厂商的产品线进行把控与整合，从电商、活动等方面进行营销推广。同时，借助芒果TV现有的优质内容资源和强势媒介平台，切实拉动芒果TV inside家族产品的销售增长，使合作厂商能在短期内实实在在获益，为更深入的合作打下基础。在品牌统筹之下，内容服务推广与硬件终端销售相互促进相辅相成。从2015年上半年数据看，OTT市场基本从政策整治的低迷中开始复苏，乘着整个市场规模扩张的东风，芒果TV互联网电视自身的用户规模，还是合作厂商的销售，都保持上扬的趋势，“芒果TV inside”策略是初见成效的。

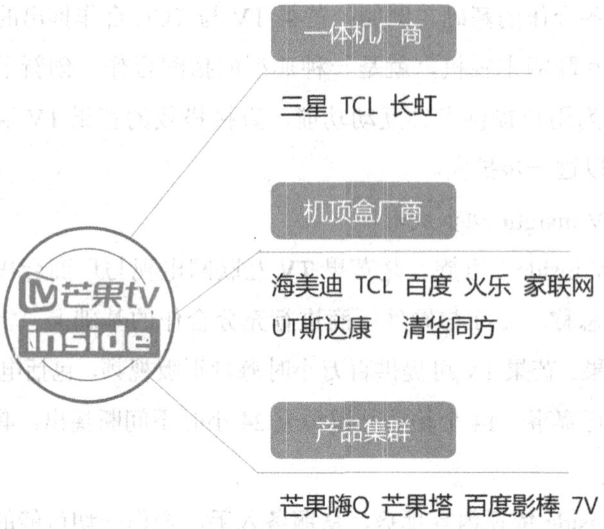

图3 芒果TV inside家族产品线

3.OTT：多维立体的视听整合

移动互联网成为互联网发展的大势所趋，更快更小更便捷成为移动互联网的基本特性。但同时，客厅环境作为互联网还没有完全渗入的一个独立用户空间，可以为用户提供高清优质的视听享受，是移动互联网的有益补充。客厅革命，也是互联网对传统电视生态的颠覆。在传统电视的生态链中，内容生产商、播出机构电视台、传输渠道有线网络和广告公司各司其职，构成的产业链的闭环。而互联网带来的“跨界融合”，通信、电视机终端生产商、视频网站纷纷进入，依托自身优势，对传统产业链形成较大冲击。

在客厅中，电视观众与互联网用户的角色体验熔于一炉，年轻受众重新回归客厅，未来电视将不仅作为视频入口，更是家庭信息入口，可以完成游戏、购物、教育、娱乐等一系列交互体验，为广电互联网融合提供了全新思路。整合视听资源，打造互联网影视客厅，是芒果TV的OTT构建路径。OTT电视的概念，主要通过终端操控、服务体验、业务运营三个维度来解析。终端的融合，简单来说就是要一个遥控器解决用户问题。而服务的融合则是强化入口价值，以直播和点播抓取家庭用户，围绕电视产业链做深度布局，引入医疗、广告、游戏、支付等业务，逐步注重贴近用户服务。[1] 业务的融合则是以基本的家庭视听服务为基础，高清频道、付费点播、VOD 点播、电视游戏、电视音乐等增值业务，为用户提供不同层次、不同群体、不同价格的套餐产品和众多家庭娱乐服务等。[2]

在终端控制方面，芒果 TV 通过与多家硬件生产厂商合作，很大程度上弥补了技术软肋，通过机顶盒、一体机、投影仪等梯次配置的硬件，借助多家厂商技术，提供用户终端控制方面的便利和多样化选择。

在服务体验方面，芒果 TV 接入互联网视频平台，凭借湖南广电“独播”战略支持下的精品节目内容，和依托上下游广泛合作的海量版权内容，为用户提供优质内容选择权。同时不断创新的技术也带来较好的服务体验，例如，芒果 TV 直播引入“电视弹幕”实现电视、互联网技术融合，用户在芒果 TV（PC、Phone、Pad 端）观看晚会直播的同时，只要通过各端口参与互动留言，留言就有可能以“弹幕”的形式出现在芒果 TV 的直播画面中，把“电视弹幕”这种互联网原生的亚文化嫁接到电视中，是电视与互联网技术的融合的较好范例。

在业务运营方面，在芒果 TV 以统一的品牌形象初步构建出“芒果 TV inside”家族，通过与内容生产方和硬件制造商合作，不断扩大布局，增强品牌影响。芒果 TV 多渠道运营的方式，围绕“独播”策略和播控牌照优势，以资源营运渠道、以渠道创新资源，实现广电传统媒体与网络新媒体的台网双向优质融合。芒果 TV 一方面使有线电视、IPTV、互联网电视并驾齐驱，共同服务于用户的客厅娱乐需求，另一方面提供了互联网电视的多角色个性化服务，成为传统广电参与 OTT 转型的一个范例。

[1] 参见 http：//www.cctime.com/html/2015-3-27/20153271546178612.htm

[2] 参见 http：//www.dvbcn.com/2015/04/24-116844.html

五、启示：布局生态，“独”“融”结合

芒果TV的生态布局表明，传统媒体向互联网转型的过程中并非将电视内容机械地搬到线上，而是一个复杂的生态构建过程。芒果TV实现了平台、渠道和用户之间的平衡，以独播策略实现平台内容差异化，以内容多元化创新、版权购买和合作生产等方式聚集海量资源，将平台做大；以强势媒介平台和优质内容资源为基础，通过终端拓展和市场拓展，将渠道做大；以芒果TV inside策略为桥梁，与终端厂商共同服务用户，教育市场，普及互联网电视概念，把用户规模做大。

芒果TV作为湖南广电媒体应对网络新媒体冲击的重要实践，在“独”与“融”的统一中走出一条独特的管理与发展道路。其中，“独”是以湖南广电“独播”策略实现平台内容差异化，使卫视精品资源肥水不流外人田，不断巩固自身的内容优势地位，同时，积极尝试和应用新媒体技术，以互动高清直播、国外直播、电视弹幕等独家技术，打造差异化品牌。“融”包含的内容更为丰富，即依托国家播控政策与硬件厂商合作，软硬件融合发展，打造类型丰富的“芒果TV insight”品牌。与互联视频上下游跨界合作，在OTT领域整合多维立体的视听，创造了“一云多屏、多屏合一”的台网跨屏融合新边界。

案　　主 江苏广播电视总台（集团）
案例作者 林蔷 陈婷 李洋

内容摘要 集团化是广电改革和发展的重要阶段，江苏广电总台（集团）自2001年6月成立至今通过改革和探索，已成为全国综合实力最强、产业链最全、品牌影响最大的省级广电媒体之一，这给其他的省级广电集团带来很好的示范作用。全台品牌定位为“情感世界、幸福中国”，以“幸福文化”为价值引领，以“导向正确、科学长大”为基本要求，其形成的“江苏模式”适应了中国媒体改革的三重属性，为集团发展提供优化内容和稳定竞争力。文章首先对江苏广电总台（集团）概况进行梳理。其次着重从体制改革、人才培养和节目创新上解读“江苏模式”，如体制改革上科学布局发展战略，横向和纵向打通和延伸产业链；人才培养上优化结构、创新管理模式；节目上创新提出三级制研发机制以及多平台创新举措。最后立足互联网环境，为未来江苏广电总台（集团）的发展提出新的发展方向。

关 键 词 江苏模式 目标管理 创新机制

“管理创新，稳中求胜”

——“江苏模式”解读

一、江苏广播电视总台（集团）发展历史

（一）整体介绍

2001年6月，江苏省广播电视总台（集团）正式成立，它是由原江苏人民广播电台、江苏电视台、江苏有线电视台等多个单位合并组建而成。目前，总台（集团）共开播14个电视频道、11个广播频率。

在14个电视频道中，江苏卫视（标清、高清）、优漫卡通卫视为上星频

道，城市、综艺、影视、公共新闻、体育休闲、好享购物、教育为地面频道，国际频道为境外落地频道，江苏动视为移动电视频道，靓妆、幼儿教育、财富天下、学习为数字付费频道。

在开播的 11 个广播频率中，共有 10 套广播节目，分别为新闻综合广播、新闻广播、金陵之声、交通广播网、音乐广播、经典流行音乐广播、文艺广播、故事广播、健康广播以及财经广播。

除了广播和电视以外，江苏广电总台（集团）还拥有报纸、杂志、影视动漫、院线、影城、网站、学校、家庭购物、新媒体等多种业态，几乎囊括了当今大众传媒的所有业态。

（二）组织架构

江苏省广播电视总台（集团）设有总台办公室、宣传管理部、组织人事部、财务资产部、技术管理部、监察室、审计部、经营管理部等 14 个职能部门。同时，总台（集团）共有总台本级、电传中心、广传中心、蓝海集团、好享购物、发射传输台、电视塔、创意园（石湫影视基地）等 8 大事业部。

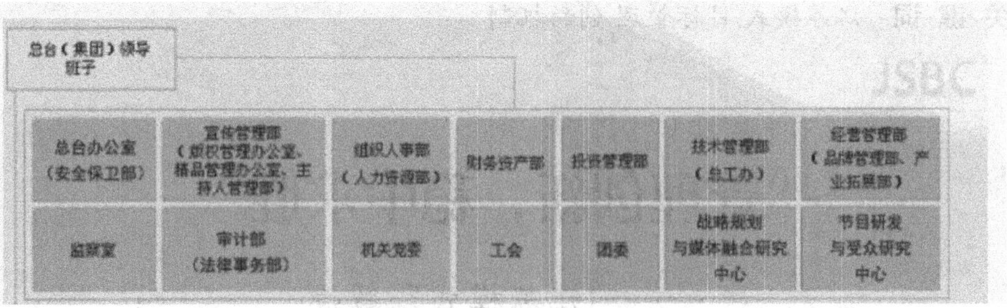

图 1 总台（集团）职能部门

江苏广电总台（集团）中最具有代表性的两个事业部是幸福蓝海影视文化集团、好享购物股份有限公司。下面笔者将重点介绍分析这两个事业部：

1. 幸福蓝海影视文化集团

幸福蓝海影视文化集团于 2005 年成立，是国内较为成熟的影视内容供应商、集成商和终端服务商。目前，幸福蓝海集团横跨电影、电视两大产业，纵贯内容生产、版权经营、发行覆盖、终端建设等多点位的完整产业链。下文将从电视、电影、院线三大方面来介绍其业务和产业链。

电视方面。近年来，幸福蓝海集团推出了一大批社会效益和经济效益俱佳的影视精品大片。2009年，电视剧《人间正道是沧桑》在央视一套和八套同时播出，被国家广电总局誉为当年度“中国最具影响力电视剧”，并收获全国“五个一工程奖”、金鹰奖优秀电视剧奖、亚洲电视剧大奖、白玉兰奖、飞天奖等多个重磅奖项。2010年“两会”期间，《老大的幸福》在央视一套黄金档播出，引发全国关于“幸福”话题的大讨论，社会效益和舆论影响力空前。

电影方面。集团从2009年开始参与投资多部电影。2014年，公司主投主控电影《白日焰火》，在第64届柏林国际电影节上获得“最佳影片金熊奖”和“最佳男演员银熊奖”，实现票房1.02亿元，创造江苏本土电影的票房纪录。《白日焰火》的成功也实现了集团“投资”到“专业制作”的华丽转身，为其未来在电影方面的发展奠定了一定的基础。

院线方面。截至2014年底，集团旗下的幸福蓝海影院累计突破100家，全国排名攀升至第12位，较2013年上升4个位次，已成为江苏地区最大的本土院线。截至2014年底，集团已开业的自有影城多达41家，开业屏幕数近300张，遍布北京、天津、四川、陕西、湖北、江苏等地。

有了良好的产业基础和品牌价值作为保证，幸福蓝海集团积极推进上市的步伐，于2011年6月28日正式整体变更为“股份有限公司”。[1]

2. 好享购股份有限公司

好享购物股份有限公司是江苏省广播电视总台（集团）的成员机构，2008年12月31日，好享购物频道正式登上江苏媒介平台，进入受众视野。如今，好享购物已实现江苏全省覆盖，并在全国十几个省份新张落地，覆盖人数近2亿。好享购物现已拥有400多万会员，业绩年均复合增速超过60%，连续多年领衔行业成长。2013年，总订购金额超过37亿元人民币。

好享购物定位于新媒体购物，致力成为全新品质生活理念与健康生活方式的引领者和传播者。好享购物整合了传统媒体和新媒体两种无店铺虚拟通路，将目标顾客定位为“有标准、具备消费力、关注生活质量的精明买家”，通过多种渠道为顾客提供多元化的优质商品与服务。目前，好享购物的四大购物渠道分别为电视、网站、手机、型录杂志，除此以外，还有多种购物方式，

[1] 参见 http：//www.maigoo.com/brand/29136.html

如IPTV、互动客户端、团购、对账单、联名卡等。

图2 好享购购物渠道

（三）品牌定位

在2005年，江苏广电总台（集团）提出了“以人为本，与您同在”的品牌核心理念。然而，伴随着行业地位和影响力的提升，江苏广电总台（集团）深刻认识到领先的主流媒体品牌需要一定的价值引领。如何通过自己所传递的价值主张，影响到当代中国人的精神生活和情感世界，成了下个阶段江苏广电总台（集团）对自己的期望和定位要求。

经过几年的摸索，在2009年，江苏广电总台（集团）全面启动品牌升级战略，将“幸福”确立为品牌核心理念，将引领“幸福”作为自己的价值主张，旨在传递给受众积极、阳光、向上的精神体验和情感体验。通过这一品牌升级战略，江苏广电总台（集团）在省级广电媒体中率先实现了“价值定位”，品牌辨识度更加鲜明，品牌传播力和影响力进一步增强，获得了业界、学界及受众的多方肯定。“幸福定位”也成为江苏广电总台（集团）区别于其他广电媒体最重要的一点。[1]

[1] 参见http：//www.docin.com/p-884666226.html

（四）总台（集团）影响力

经过多年的探索，江苏广电总台（集团）从小到大，集散为整，裂变式扩张，爆发式增长，创造了文化事业与文化产业同步科学发展的奇迹，跻身于全国综合实力最强、产业链最全、品牌影响最大的省级广电媒体之一，呈现出蓬勃的发展生机与市场活力，在社会多个领域都产生了较强的影响力。

江苏广电总台（集团）的社会影响力主要体现在以下四个方面：

1. 舆论引导力提升，发出“江苏声音”

目前，江苏广电总台（集团）已经推出电视、广播、报刊和新兴媒体四大平台，成为全国广播影视业务链最完整的省级广电媒体之一。其中，以“江苏新时空”栏目和大型新闻行动为标志的时政报道，以“零距离”栏目为代表的民生新闻，以江苏新闻广播台为代表的类型化探索等等典型新闻栏目类的成功案例，令江苏广电总台（集团）不断引领中国新闻创新发展潮流，发出了响亮的“江苏声音”。

2. 强势产业竞争力，经济社会效益“双丰收”

江苏广电总台（集团）自成立以来，经济收入增长逾 18 倍，年均增长率达到 33.7%。2011 年经营收入和资产总值双双超过一百亿元，综合实力位居全国省级台前列。2010 年、2011 年连续两年入选“全国文化企业 30 强”。与此同时，多元化业务形态竞相发展，“幸福蓝海”和“好享购物”两家股份公司已经启动上市前期工作。

除了经济上的成果外，在社会文化方面，随着《人间正道是沧桑》《建国大业》《建党伟业》《十月围城》等一大批影视大片在国内外影视市场大放异彩，江苏广电也捕获了无数的忠实受众，获得了经济效益和社会效益“双丰收”，被《人民日报》誉为“江苏广电现象”。

3. 品牌影响广泛，综合水平优异

从品牌上来看，江苏广电总台（集团）“情感世界、幸福中国”的品牌定位影响广泛，2004 年以来，连续 8 年入选“中国 500 最具价值品牌”，2011 年，品牌价值达到 95.75 亿元。从综合影响力来看，江苏卫视综合覆盖水平始终居于省级卫视前茅，覆盖受众超过 10 亿人。

4. 聚贤纳才，实力并进

江苏广电总台（集团）注重将制度、文化等软实力和技术、设施等硬实力，两项齐头并进、共同发展。为了使集团发展得更好，江苏广电总台（集团）多年坚持面向全国网罗优秀制片人、主持人和媒体工作团队，每年从清华、北大等著名高校招收优秀年轻力量，逐渐打造出一支在业内堪称一流的高素质人才队伍。对人才的重视，也助力江苏广电总台（集团）先后七次获得国家广电总局科技创新一等奖。[1]

二、“江苏模式”

江苏是中国经济文化最发达的地区之一，其丰富的经济文化资源为广电业提供了优质的本土消费市场、丰富的创意源泉、高水准的人才资源和先进的市场竞争意识等有利条件。尽管相对于以广电业作为经济支柱行业发展的湖南，江苏的广电产业的发展势头和动力稍弱，其在全省经济总量所占的比重也较小，但恰恰在这特定经济文化环境的影响下，江苏广电产业的发展逐渐形成了自身的鲜明特点，为此，笔者在下文均称其为“江苏模式”。“江苏模式”的特点主要体现在以下四个方面：

（一）强势改革，事业产业齐头并进

江苏广电总台（集团）在处理事业产业关系上选择了事业产业功能互补、适度分离、相互支持、适时转化的运作方式，做到分离不隔离，实现事业资源和产业资源的整合发展。具体就是把新闻采编部分用事业化管理的方式重点保护，确保媒体的政治属性，而其它类别节目和产业则纳入“企业化管理”。

在产业发展战略上，江苏广电总台（集团）的特点是围绕内容版权资源走多元化之路，打造内容娱乐全产业链。在推进产业化发展过程中，总台（集团）始终将提升新闻宣传引导力和公共文化服务水平放在首位，推出了《零距离》《江苏新时空》等品牌新闻栏目，大力推动“大型新闻行动”等新闻报道方

[1] 周莉：《江苏广电总台（集团）及江苏卫视品牌定位升级的实践与思考》，《现代传播》，2010（03），第54-56页

式创新，通过事业成功为产业发展赢得了政策支持和市场空间。

（二）整合市场资源，坚持制播分离

在市场化竞争的大环境下，江苏广电集团以“做大做优做强市场主体“为目的和导向，从市场化程度高、容易分类的业务领域入手，充分发挥自己的优势和特长，坚持制播分离战术，按照市场需求和发展规律建立市场主体、整合市场资源。

江苏是最早实行制播分离的地方。江苏广电总台（集团）从2001年成立开始，便在市场化程度较高的、阻力较小的电视剧、电影、动画片、纪录片等领域推进制播分离，建立若干市场主体。2007年，又通过资源整合将若干小的市场主体整合为江苏广电集团全资拥有的幸福蓝海影视文化集团有限责任公司，借以提升集团竞争力。在新媒体、居家购物等纯市场领域，集团投资建立了江苏广电移动电视公司、江苏广电无线广播公司、好享购物有限公司等市场主体。

（三）建立现代企业制度，完善责任中心管控体系

产业发展的核心竞争力是现代企业制度的建立。江苏广电总台（集团）借鉴企业责任中心管控模式，通过推行相关基础管理改革，在组织内部建立起有三方面功能的责任中心管控体系：

1. 完备的全面预算管理和全成本核算体系

江苏广电总台（集团）通过内部核算、间接成本分摊等形式，实现了对全台所有单位和部门的全面预算管理和全成本核算，使各单位、部门成为财务独立核算的责任主体；

2. 全员竞岗和以岗定薪的薪酬管理体系

江苏广电总台（集团）通过人事改革，实现了全员竞岗和以岗定薪的薪酬管理，这种以绩效薪酬为主的岗位管理和薪酬管理体系，彻底破除了事业体制下人员的身份区别；

3. 符合广电媒体属性的目标管理和绩效管理体系

江苏广电通过不同类型的单位和部分所承担的职责，设计出相应的目标体系和绩效考核方法。如广电新闻中心作为事业性事业部，以完成各项新闻

宣传任务为主要职能，因此，将其划分为成本中心，设立新闻宣传导向等定性指标及新闻栏目收视、对中央电视台供稿量等量化考核指标；在影视内容生产等重点业务领域，江苏广电总台（集团）对下属影视内容制作公司除了设置年度公司收入、利润指标外，还通过建立相应的制度、流程对公司运作的影视剧项目进行流程化管理和绩效考核，项目管理和公司管理双轨并行，大大提升了影视剧项目的质量，降低了政策、市场风险。

（四）坚持独特风格定位，传递主流价值观

江苏广电总台（集团）的稳健发展风格明显体现在面对受众的媒体产品上。与“湖南模式”定位于年轻受众，以娱乐为特色的价值观不同的是，“江苏模式”在媒体产品定位上是面向大众，在价值取向上保持与主流价值观一致。比如，以江苏模式推出的《人间正道是沧桑》和《老大的幸福》都是关注历史、关注百姓生活的正剧，凸显出关注历史民生的情怀，宣扬的都是正义、善良等主流价值观。而这些节目的受众范围并没有被局限，适合各年龄、阶层、知识程度的大众观看。[1]

三、“江苏模式”全解读

下文笔者将从体制改革战略、产业人才培养、节目创新机制三个方面对“江苏模式”进行一个全方位的解读。

（一）体制改革战略

江苏广电总台（集团）积极构建发展战略体系，确认战略版块确为新闻宣传事业、公共文化服务事业、产业经营。在业务上，总台（集团）聚焦事业产业发展，明确了大型宣传和文化活动工程、资本运作工程、卫视率先全国工程、广播影视名品精品工程等总台（集团）层面的十大重点工程。

[1] 熊澄宇：《“江苏模式”的独特价值》，《视听界》，2011（3），第28-31页

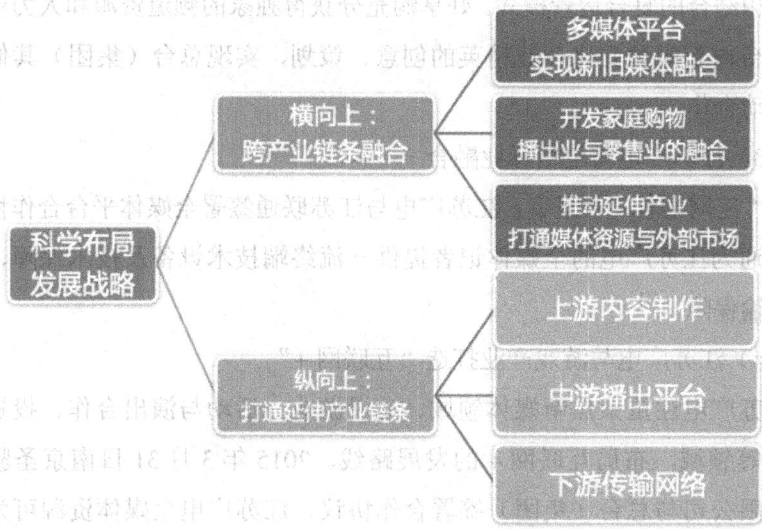

图 3 科学布局发展战略图

为了适应战略转型和战略提升，江苏广电总台（集团）将对产业经营从横向和纵向两个维度进行全面科学的布局，试图在产业链的构建上实现拓展和突破。[1]

1. 横向上：实现跨产业链条融合

（1）多媒体平台实现新旧媒体融合

全媒体时代，新旧媒体间的融合趋势日益明显，双方资源共享和融合趋势加强。江苏网络电视台借助江苏广电原有品牌的影响力和传统节目内容充实网络电视台。如网络电视台的《非诚勿扰》“独家视频”专栏，差异化内容和母体影响力带动网络电视台的点击率。江苏网络电视台的原创性客户端“荔枝新闻”的做法， 使其被被定义为第一家上线新闻客户端应用程序的省级卫视。

（2）开发家庭购物，实现播出业与零售业的融合

江苏广电总台（集团）全资打造的专业居家购物好享购品牌，依托江苏广电总台（集团）丰富优质的媒体资源，形成了制作与呈现、电视直销与家

[1] 周莉：《改革创新赢得优势战略升级推进发展——江苏广电总台科学发展的探索与实践》，《中国电视》，2009（2），第 54-56 页

庭购物相结合的复合运营模式。好享购充分获得独家的频道资源和人力资源，又汲取台内新闻和文化产业精英的创意、策划，实现总台（集团）其他产业链的互动合作。

（3）江苏广电与电信行业融合

在“三网融合”背景下，江苏广电与江苏联通签署全媒体平台合作协议，江苏联通为江苏广电的全媒体记者提供一流终端技术设备及技术保障、优质网络传输保障。[1]

（4）江苏广电与游戏产业打造“互联网+”

江苏广电注重聚焦新媒体领域、动漫游戏、活动与演出合作、投资、文化产业等领域，布局互联网+的发展路线。2015年3月31日南京圣骥网络科技有限公司与总台（集团）签署合作协议，江苏广电全媒体资源可为圣骥网络提供策划与媒体宣传支持，双方将在用户群、平台资源等方面找到协同点和融合点，实现产品、资源和品牌的资源共享。

（5）推动延伸产业实现媒体资源与外部市场的打通

江苏广电总台（集团）注重对延伸产业的经营，以项目方式切入，配合点状启动、多点联动、逐步推进资源整合的路径，以大规模、长周期的大型项目为龙头，整合内容资源和传播渠道，促成整体业务贯通一致的产业链雏形。

2. 纵向上：打通和延伸产业链条

在纵向上，江苏广电总台（集团）在播出业的基础上，积极向产业链上下游延伸。利用产业链上下游的协同优势，实现制作业和播出业优势互补，提出制作业和播出业“双创一流”的目标。

（1）上游内容制作

上游内容制作业是广电行业的核心与灵魂，“内容为王”是传媒业颠簸不变的规则。江苏广电总台（集团）加大战略性投入，组建市场主体，整合内外资源，加大自有版权制作，全力推进内容业向规模化、品牌化的方向发展。2001年，江苏广电总台（集团）成立后，以“制播分离”为指导，对相关体制机制改革，开始布局影视内容产业。2004年、2007年，江苏广电总台（集团）分两次制定、升级了“十一五事业产业发展规划”全力进军影视内容产业。

[1] 参见 http：//qnjz.dzwww.com/xmt/201403/t20140310_9789582.htm

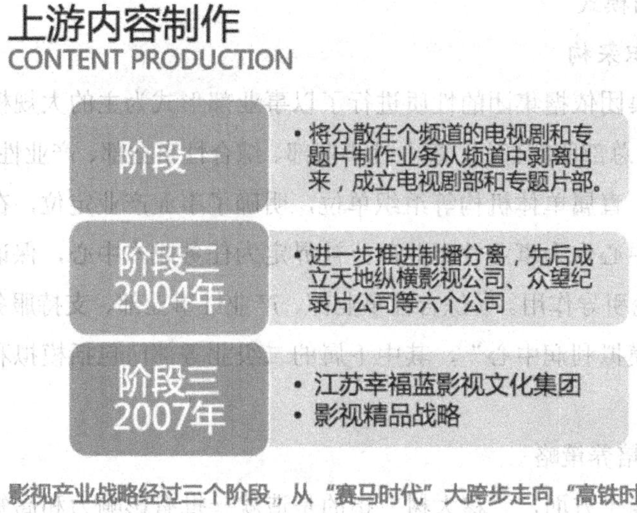
上游内容制作
CONTENT PRODUCTION
阶段一
• 将分散在个频道的电视剧和专题片制作业务从频道中剥离出来，成立电视剧部和专题片部。
阶段二
2004年
• 进一步推进制播分离，先后成立天地纵横影视公司、众望纪录片公司等六个公司
阶段三
2007年
• 江苏幸福蓝影视文化集团
• 影视精品战略
影视产业战略经过三个阶段，从“赛马时代”大跨步走向“高铁时代”。

图 4 影视产业战略三阶段

（2）中游播出平台

中游播出平台是广电媒体的垄断资源，江苏广电总台（集团）提出“两业互补，比翼齐飞”的发展方向，提升播出平台到达率和影响力。在全国市场上，江苏卫视位居省级卫视第二位；江苏市场上，江苏卫视频道、江苏综艺频道、江苏城市频道、江苏城市频道囊括了省内市场上所有频道（包括央视各频道）排名的前四位；南京市场上，江苏广电总台（集团）领先优势明显。

（3）下游传输网络

下游传输网络是电视行业中垄断程度最高的领域。江苏广电总台（集团）通过参与全省有线网络整合、加强省市合作等多种方式逐步探索新的传输网络经营模式。2008 年下半年上线运行江苏卫视综合制作网，生产制作业务向趋于数字化、文件化、网络化。2009 年上半年基本实现制播一体的全网络化流程，2009 年底完成高清化改造，实现标清制作、高清套版的一体化生产模式和高标清网络化送播流程。

（二）产业人才培养

从人才的构成上看，江苏广电总台（集团）现有在册的员工 3400 人，具有高级专业技能职务者有 300 余人；硕士研究生以上学历 300 多人，占 9.37%，本科学历 1600 多人，占比 47.41%。下文笔者将从五个方面重点介绍总台（集

团）的管理创新模式。

1. 人才组织架构

江苏广电集团依据集团的性质进行了以事业部形式为主的大规模组织架构的调整，设立总部职能部门、事业性事业部、综合性事业部、产业性事业部、支持服务机构、直属单体机构等组织单位，明确了事业产业定位，在事业部管控上，新闻中心作为事业性事业部，被界定为任务成本中心，保证主流媒体发挥主流舆论引导作用。[1] 综合性事业部、产业性事业部、支持服务性事业部被界定为“模拟利润中心”，其中下属的二级业务部门包括模拟利润中心和利润中心。

（1）人才培养策略

主要包括 4 个方面，“移大树”指的是造就一批有影响力和高知名度的“大树型”领军人物和储备干部。“育新苗”是吸纳新生力量，培养优质的复合型人才。“走出去”指组织人才赴美国、欧洲、香港等地进行学习考察，与高校联合举办传媒高级管理课程班，组织业务骨干赴国外学习。”引进来，邀请知名专家学者到台里来开办培训讲座，开展常规培训。

（2）公平合理的晋升机制

江苏广电总台（集团）实施了全员竞岗竞聘、目标责任管理、激励约束体系建设，为员工创造公平合理的晋升机制。比如“竞争上岗”与“双向选择”相结合；“逢进必考，逢岗必竞”，打破在编和非在编的身份差别，一视同仁、平等竞争、能上能下、优胜劣汰。还包括“先领任务，后当干部”“一年一小考，三年一大考”“员工选部门、部门选员工”等多种方式。

（3）产业型人才绩效考核机制

在块面分类管理上，江苏广电总台（集团）把电视、广播、平面媒体、内容产业等不同业态视为相对独立的经济实体实行分类管理，在纵向层级管理上，通过尝试中层年薪制、首席协议薪酬和项目制等多重方式激励核心岗位，同时借助多通道制度试点激励专业通道的高端岗位。从条线层级看，对高端的核心岗位、中端的主体岗位和低端的辅助岗位采用了差异化的薪酬和绩效

---

[1] 李声：《广电传媒目标管理体系建设的路径探析与策略思考——以江苏省广播电视总台（集团）为例》，《现代传播》，2013（10），第 98-103 页

管控模式。改变了早期以财务指标和单一的收视率为指标的考核体系，发展成以绩效计划—绩效沟通—绩效考核—绩效反馈四位一体的绩效管理流程。[1]

（4）江苏卫视人才管理模式分析

江苏卫视制播分离改革前坚持明晰职责，提高效率原则，江苏卫视全频道人数约400人，下设总编室、节目部、项目部、广告部、采购部、综合部、制作部等7大部门。实施节目生产综合部，节目部和项目部分时段负责节目，频道资源和时段向这两个存在竞争关系的部门平等开放；做到人财物分开，管理清晰。即综合部把所有外围支撑环节全都统在一起，并按照“派驻制”委派制片主任到节目组，负责财务；节目制作团队实行定编定岗和轮岗制结合，原则上是10个人完成一期节目，但每期节目由不同的编导团队组成，保证团队的活力和节目的创新；绩效考核实行相互打分机制、末位淘汰制，考核过程由综合部负责，考核标准是工作量乘以工作表现，落脚点都是节目的满意度。

（三）节目创新

1.三级节目研发机制创新

随着经济社会快速发展，在激烈的媒体竞争环境下，广电媒体要坚持推进体制机制、节目内容、技术应用等各方面的创新，满足群众的精神文化需求。

媒体是一项常做常新的工作，创新需要常态化，常态化创新必须通过若干制度安排来支撑。江苏台在创新制度安排上采取了以下几方面的措施：最明显的是保证创新系统推进的制度安排。建立总台、频道频率、栏目三级研发创新体系。设立创新研发基金，支持重点创新项目。对于取得明显成果的创新项目，每半年和全年给予表彰奖励。[2] 二是激发员工创新热情的制度安排。善待骨干员工，尊重褒奖骨干员工，多方为骨干员工的创新行为提供发挥才智、实现价值的机会和平台，让创新人才获得正向激励，获得良好回报。三是营造创新环境的制度安排，为有想法、有个性人才创造一个宽容包容的环境。江苏台将按照总局要求，在省局的指导下，不断加大创新力度，每年向全台征集节目研发方案机制，并对新节目实行“百日保护期”，“保护期”内考

---

[1] 参见 http：//media.people.com.cn/GB/22114/70684/142442/8625050.html

[2] 参见 http：//www.xzbu.com/6/view-3510128.htm

核会相对宽容，促进新节目质量提升。

2. 新闻栏目创新

（1）大型新闻：在创新中履行新闻宣传的职责

江苏广电总台（集团）在履行新闻宣传的责任和义务时也改变以往的黑板式的宣传，强化现代电视传媒的思维与手段。其采用的是“宣传意图 + 精英思想 + 大众视角 + 电视手法”模式，把以往单纯的“做节目”转向“做活动”，通过大型新闻活动带动主题报道品质的提升。“宣传意图”的核心是围绕党委和政府阶段性的中心工作，在合适的时间推出。“精英思想”意味着这个活动具有一定的高度，“大众视角”是要求报道切实实践贴近人脑、人心，达到宣传效果。“电视手法”是要求主题报道的表达、语言有电视特点。[1]

（2）民生新闻

做为民生新闻的代表性新闻栏目《南京零距离》于 2002 年 1 月 1 日开播，开播时即被定位为日播类新闻资讯类栏目，节目内容以报道南京、服务南京、宣传南京为宗旨，以“贴近实际、贴近生活、贴近群众”的“三贴近”精神为指导，开创了全国电视民生新闻之先河，被称为”中国电视史上的第三次革命”。

3. 电视节目创新

（1）差异化战略

与其说是节目创新，笔者更倾向定义其为江苏总台（集团）在节目制作上的差异化思路和战略。纵观如今热门综艺均以户外为主战场，主打明星旅游体验，以明星效应和娱乐性为契合点。然而江苏广电团队大打差异牌，开创演播厅真人秀节目《为她而战》，其形态上抛弃热门外拍样式，坚持棚内游戏的优势节目类型。其节目阵容、演播室的空间设置、游戏化的形式主体、顶级的舞美道具视觉、悬念、冲突、窥私、情感的节目元素的完美糅合为演播室游戏节目正名。无独有偶，另外一档“素人”与“明星”联手征服“人类极限”的设定，电影级别的投入制作水准的《前往世界的尽头》也得到肯定。

---

[1] 高山：《抢占四大“高地”打造全新“融视”》，《中国传媒科技》，2013（24），第 54-56 页

（2）坚持节目自制和创新

国家新闻出版广电总局要求每年播出的新引进境外版权模式节目不得超过一个。江苏卫视逐渐回归理性走向原创，保持对节目形态和题材选取的冷静思考和探索。2012选秀和相亲节目盛行时，别出心裁地推出答题闯关类节目《一站到底》，其明星真人秀节目《星跳水立方》以及《最强大脑》受到好评，其每年两次向全台征集节目研发方案机制，也提升原创自制能力。

（3）反映社会，源于现实

娱乐经济年代，综艺节目普遍以轻松幽默的风格呈现，缺乏对社会现实的揭露。然而，高级的真人秀节目一定是要关照现实的。为此，江苏卫视寻找到娱乐社会与现实的契合点，如海外寻子真人秀《远方的爸爸》关注“洋留守儿童”，从社会现象为切入点，引发社会问题的关注。这与上文笔者提到的“江苏模式”所坚持提倡的传递主流价值观是不谋而合的，印证了“江苏模式”的鲜明特色。

4. 影视产业创新

江苏广电的影视影视产业战略分为三阶段。第一阶段将分散在各频道的电视剧和专题片制作业务从频道中剥离出来，成立电视剧部和专题片部，推进影视内容由面向台内播出转为面向市场；第二阶段是2004年先后成立天地纵横影视公司、众望纪录片公司等六个公司，实现转企改制；第三阶段是2007年以整合多个影视公司和相关部门资源成立江苏幸福蓝海影视文化集团为标志，随后江苏广电启动了“精品战略”，以精品大片为突破口，带动影视内容产业进入跨越式发展的新阶段。[1]

四、“江苏模式“的独特意义和价值

（一）较好地适应了中国媒体改革的三重属性

江苏模式在对待事业和产业的关系上，没有纠缠于产业事业的分离，而

[1] 许敏球，沈忱：《省级电视台影视内容产业战略——以江苏广播电视总台为例》，《传媒》，2009（11），第46-48页

是积极分析把握中央政府和行业管理部门推进广电体制改革的思路和相关政策，自觉寻找适合事业产业协调发展的模式方法。虽没有“上海模式”的大开大合，也没有“湖南模式”的创新挑战，但是从实际出发，降低了改革的成本，减少了改革的阻力。

（二）形成了可持续发展的稳定竞争力

与“湖南模式”以节目创新的改革口号不同，江苏模式是以“管理创新”为突破口。虽然没有湖南模式的效果来得快，但是管理创新解决的是机制体制的理顺，制度流程的建设，锻造的是组织的系统竞争力，从而带来更加持续发展的竞争力。从集团收入结构的变化可以看出改革的成果。[1]

（三）全员研发机制，持续孵化优质内容

2007年前，江苏卫视有频道层面的研发部，但研发人员并非来自实践岗位，平时也很难参与到节目生产一线，此时的研发是创制分离的。随着生产实践的深入，频道认识到研发应该在生产中不断地改进和创新。因此，江苏卫视取消了研发部，代之以生产一线的自主研发体系，也可称之为全员研发体系，其最大的特点是：只要是江苏卫视的工作人员，不管你在哪个岗位，不论层级高低，都有权利和义务为频道研发贡献力量。收视率的竞争压力和其它团队的上线节目因表现不佳而下马都能促使研发人员积极主动地去探索新的节目模式，这是他们的研发动力。另外，江苏卫视定期会有一个针对全体员工的方案征集，只要对节目有想法，都可以来报方案。频道总监会评估方案的可行性，被认为可行的会被要求再进行一次细化流程的研发汇报。再次细化后的方案通过后，就可以制作样片。样片经频道总监会审看通过后，就可以上线播出，以三个月为期，评估其播出效果，能达到预期效果的节目才能进入常态播出。

为了保障节目的研发，频道每年都有数目较为可观的研发经费，专门用于新节目的方案提出和样片制播。频道并不需要生产研发者承担研发失败的后果。允许失败，一定程度上允许连续失败，这样的氛围无疑促发了员工研

[1] 熊澄宇：《“江苏模式”的独特价值》，《视听界》，2011（3），第28-31页

发创新的积极性，让节目生产者在节目研发中少了后顾之忧，敢于让激情引领研发。[1]

（四）以知识产权为核心的产业发展模式更符合传媒产业特性

江苏模式围绕内容版权这一核心资源，进行产业链的延伸，横向联动的发展模式符合传媒规模经济的特性，在目前三网融合背景下中国传媒产业的变革时期更有现实意义和战略意义。

从效果来看，这一模式的优势非常明显。江苏广电总台（集团）下属的幸福蓝海影视文化集团目前已经形成电视剧制作发行、电影（制作、院线、影城运营）、演艺娱乐三大娱乐群，年创收超过3亿元。集团还拥有国内唯一一条广电媒体控制的院线，旗下南京新街口国际影城连续三年进入国内影城票房排行前十。

（五）优化管控模式

根据战略转型的要求和各业务层面的战略规划，在新的组织架构下，对各事业部及下属单位实行了新的管控模式。广电新闻中心作为事业性事业部，被界定为任务成本中心，通过严格的目标管理和预算管理来保证主流媒体发挥主流舆论引导作用。综合性事业部、产业性事业部、支持服务性事业部被界定为"模拟利润中心"，其中下属的二级业务部门有的是模拟利润中心，有的是利润中心。"模拟利润中心"独立地对盈亏负责，在全成本核算的基础上，根据业务流程实行分段分权和适度分权。[2]

---

[1] 参见 http：//media.people.com.cn/n/2014/0521/c384707-25046509.html

[2] 参见 http：//www.docin.com/p-516998287.html

五、“江苏模式”的发展趋势

（一）围绕“互联网 + 业务”新模式重新定位

1. 广电 + 电商

案例：江苏卫视影视评论节目《一票难求》开启 T2O 界新玩法

国内首档电影脱口秀节目《一票难求》做起了 T2O。节目除了热门社会话题讨论、明星主创拜票、电影背后的故事等诸多看点外，更吸引业界人士关注的是与格瓦拉的跨界合作。

在观看《一票难求》节目期间，拿出手机微信摇一摇，极有可能获得格瓦拉生活网提供的橙券（可兑换一张电影票），10 元抵价券或 5 元抵价券。首期节目《咱们结婚吧》分别有三次摇一摇的机会，直接打通了即时观看节目就可购买电影票的消费渠道。收看节目的观众本身就对电影有兴趣，电影票价格又便宜，而且又属于冲动性消费的产品。更适合进行 T2O。这是传统媒体和新媒体融合发展下，互联网思维渗透到电视整合营销的创新做法。观众即用户，参与互动即用户体验。[1]

江苏省是全国电影票房排名第一的省份，而江苏卫视所拥有的电影版权及电影播放量，都排在省级卫视前列。此外，江苏卫视旗下还有幸福蓝海电影院线，这使得《一票难求》在江苏卫视整体的电影产业布局上成为非常重要的一步。

2. 互联网 + 版权

如今，广电在制播分离状态局面下，湖南广电将自主产权全面武装到自己的产业——芒果 TV，不用再向互联网企业分销，保持了自己版权优势，杜绝了电视台空心化现象，带来新媒体平台的增值价值。

面对芒果 TV 独播策略的初见成效，江苏广电结合自身实际情况及对受众群的清晰定位，江苏广电并没有盲目跟风着手打造自己的新媒体平台，而是选择与昔日电视荧屏的竞争对手强强联合，在网络层面共生共赢。如江苏

[1] 参见 http：//chuansong.me/n/1277548

卫视《前往世界的尽头》在网络上的七大视频网站播出，也包括芒果TV。《前往世界的尽头》背后制片方蓝火的负责人表示，“相对版权收益，我们更看重客户的权益，我们为什么要在全网播出，也是为了更好地传播我们节目”。

面对江苏卫视选择与芒果TV展开合作，有专家分析，这是由于幸福蓝海是江苏卫视旗下市场主体，主要精力在电影制作和院线、发行等业务上，更在意上市。

然而，据悉，蓝火还和芒果TV谈了一种崭新的分成方式，那就是对贴片广告进行分成。“比如说我们引入广告商贴片，然后和芒果TV一起推广。不过我们目前还没有谈定。”

（二）电视与互联网的联合新媒体转型道路

目前从长远发展的角度考虑，传统电视媒体要向新媒体转型并想在这条道路上走得更远，全方位涉足新媒体领域并独立发展电视互联网新媒体似乎是最佳的选择。如央视和提出“芒果TV独播”的湖南卫视。然而对江苏广电而言，目前似乎还不具备足够的技术条件设备，也不具备充足的互联网人才，很难在网络视频业上有所作为，并且湖南卫视芒果TV已经抢占了市场的先机。为此，本文认为江苏广电在选择向新媒体转型的道路上更倾向于探索电视媒体与互联网的联合新媒体，即卫视和视频网站的跨界融合。除了内容和版权的输入之外，传统电视媒体不妨可以考虑通过资金进入互联网，共享这块“大蛋糕”，摆脱原来“为他人做嫁衣”的窘境。

江苏广电可以保持一贯的稳健风格，在面对新媒体的冲击下选择深度拥抱互联网。如前段时间宣布与阿里巴巴数字娱乐事业群深度合作的东方卫视。此次合作，双方将在彼此领域内达成战略合作，强强联手打造传统媒体、互联网、移动通信等方式相结合的全新互动体系，并在内容合作、天猫东方卫视旗舰店、技术及硬件开发、游戏开发等五大方面展开合作。[1]

本文认为这是江苏广电可以借鉴的转型案例。一方面，在技术支持、用户数据分析、内容互动以及衍生商品销售方面，电视媒体需要互联网公司的助力；另一方面，互联网公司也可以获得电视台在内容制作上的优势，通过

[1] 参见 http：//www.cmpx.com.cn/news/?830.html

优质内容吸引更多的受众与用户。

非常重要的一点是，对于强势电视媒体而言，能起到一定助力的互联网公司屈指可数，如腾讯、优酷等。而具有一定实力的互联网公司愿意选择合作的电视媒体也仅仅局限于央视、一线省级卫视、部分强势二线省级卫视，如此以来，市场上最终所能组成的具有一定竞争力的“电视媒体+互联网公司”联合体不会太多，这未免不是江苏广电的新出路。

（三）江苏广电制播分离的新大陆

“积极对外寻找深度合作”+“体制内人员跳到市场”

通过近年来对我国广电“制播分离”改革和实践的观望，很多成功的实践经验已经为我们勾勒出了中国广电“制播分离”改革的的蓝图，制播分离的新大陆已经浮现眼前。改革，让体制机制与市场对接得更加顺畅，成为很多平台的一种现实选择。对于体制内的平台来说，这种改革主要表现在两个方面：对外寻求广泛深刻的合作，对内则进行机制的调整以提高整体的生产能力。一方面，随着电视人心态的逐渐开放，对外合作已是一种正常现象。就目前而言，电视综艺节目的投入动辄上亿，当节目的规模体量达到一定量级的时候，想要做好节目，就需要体制内外的各种力量各自发挥优势，才能创造出真正优质的内容。因此，社会制作力量、资本、新媒体等的进入就显得非常必要。另一方面，体制内的人跳到市场上去，也是一种非常良性和正能量的现象，并且会成为未来的趋势。江苏广电在这两个方面已经做出了初步的尝试，相信会在这条道路上越走越远。下面我们看一下江苏广电的具体做法。

如江苏卫视在2014年下半年除了《明星到家》是同大道行知合作的项目外，《星厨驾到》也是其与观熙传媒制播分离合作的项目。包括江苏卫视今年全新推出的夫妻真人秀节目《为她而战》也是与靛蓝映画制作公司合作的。这样的例子还有很多，不一一在此列举。

另外，江苏卫视从2014年起就有不少核心人员出走，传说中正在酝酿的制播分离改革也在业界传得沸沸扬扬。早在2013年末，原江苏卫视副总监兼广告部主任龚立波带走了《老公看你的》《一站到底》《星跳水立方》的主力团队出走江苏卫视，37岁的他选择走出体制，走向体制外，现为大道行之文化传媒有限公司总裁。他认为，走出体制外的“优势主要体现在用人机制的问题上，唯才是举，更强调岗位上的专业性人才配备。”无独有偶，2014 年，江苏卫视副总监王培杰和制片人王刚也率领《非诚勿扰》《一站到底》团队中的部分人离开，《非诚勿扰》将会继续在江苏卫视播出，但会变成制播分离合作项目。与此同时，14 年 8 月 9 日，江苏卫视在官方微博发布百万大赏，面向全球招募“最佳节目方案”。随着核心团队相继出走，江苏卫视的制播分离肯定会越来越频繁和深入，毕竟全国第二的省级卫视平台不能长时间缺乏优质内容。而就目前的观察来看，江苏卫视核心力量跳出体制，基本上还是换了一种市场化的方式来与平台合作。但市场化的规则与体制的规则相比，肯定会有很大的不同，双方都需要转换与适应。

（四）内容 IP 化

内容 IP 化——用户跨屏观看路径的变化。用户跨屏观看渠道的多元化，稀释了电视传播的价值，催生了新的力量。2014 年，内容“IP”成为内容产业的年度热词。

所谓内容 IP 化，即围绕一部热门资源的核心 IP 向产业链上下游延伸，形成囊括影视剧、书籍、手游、电商、应用 app 等多种产品的新生态。广电业通过内容 IP 化打通了原本媒体和文化产业的壁垒，形成了市场扩散效应，使内容变产品、观众变用户，这种产业策略被整个市场逐渐认可，并引领广电业 2015 年的发展方向。[1] 目前，江苏卫视已经迈出了一小步，推出了《最强大脑》《一站到底》的同名手游，但在内容 IP 化上还有很长的一段路要走。

参考文献

[1] 周莉 . 江苏广电总台（集团）及江苏卫视品牌定位升级的实践与思考 [J]. 现代传播（中国传媒大学学报），2010，03：54-56.

[2] 李金澍 . 影视联动，全链竞争，打造“幸福品牌”的江苏广电——访

[1] 参见 http：//www.ttacc.net/a/news/2015/0302/33987.html

江苏省广播电视总台台长周莉 [J]. 电视研究，2010，05：46-50.

[3] 郑焱，沈和，徐行 . 文化事业与文化产业同步发展——江苏广电总台（集团）文化体制创新实践与启示 [J]. 群众，2012，09：39-41.

[4] 熊澄宇 . “江苏模式”的独特价值 [J]. 视听界，2011，03：28-31.

[5] 周晓虹 . 江苏广电“幸福”定位的社会意义 [J]. 视听界，2011，03：31-32.

[6] 熊忠辉 . 中国广电集团的发展模式——以苏、沪、湘三家省级集团为主要研究对象 [J]. 视听界，2011，03：47-52.

[7] 周莉 . 管理创新 战略突破——江苏广播电视总台发展的探索与实践 [J]. 电视研究，2008，12：11-13.

[8]. 创新人力资源管理 打造一流广电传媒——江苏广电总台周莉台长访谈录 [J]. 视听界，2008，06：14-17.

[9] 包冉，汪云 . 江苏模式 [J]. 中国数字电视，2009，Z1：52-61.

[10] 许敏球，沈忱 . 省级电视台影视内容产业战略——以江苏广播电视总台为例 [J]. 传媒，2009，11：46-48.

[11] 卜宇 . 责任塑造形象 品质成就未来——江苏省广播电视总台的发展实践与思考 [J]. 电视研究，2013，04：7-9.

[12] 原署光 . 广电集团经营模式下的内部审计构建——以江苏广电集团为例 [J]. 现代商业，2013，27：188-189.

[13] 陈静，苑伟丰 . 传统电视的新媒体战略——以江苏网络电视台为例 [J]. 青年记者，2014，05：70-71.

[14] 刘艳子 . 省级广电系移动新闻客户端的运营路径——以“荔枝新闻”为例 [J]. 视听界，2013，06：26-28.

案　　主 浙江广电
案例作者 李赫斐 唐钦 范氏银
内容摘要 浙江卫视作为始终处于全国省级卫视第一阵营的省级卫视，2011年8月26日在北京人民大会堂举办的“浙江卫视中国蓝三周年高峰论坛”上提出了一个宏伟的目标，力将通过三年的努力，把浙江卫视打造成为全国综合指标排名第一的省级卫视。本文将着力讲述浙江广电在探索前进的道路上，浙江广电集团同旗下19个广播电视频道共同开辟的新篇章。
关 键 词 发展现状 战略 新媒体 评价

蓝海任飞跃的浙江广电集团

一、浙江广电集团发展现状

（1）浙江广播电视集团采用寓意宽广的蓝色正方形，中间匹配白色艺术“Z”字组成独特的标识。钱塘江作为浙江省的第一大河，从标识中得以现出，艺术“Z”代表的则是川流不息的母亲河——钱塘江。美丽的江南属于多雨水的地区，细腻且缠绵的蓝色标识中，体现出江南独到的特色。

“中国蓝”口号的提出，体现出浙江卫视有着浓郁的人文气息。中国蓝不仅只是表面所认识的一种开放，同时意味着蓝无界，境自远的深刻含义。让人寻求和领悟到心境宽广，心向自然的美好意境。以蓝色海洋作为背景，“中国蓝”把浙江卫视从地理位置延伸至博大精深的蓝色意境之上，“中国蓝”意在营造心境宽广且意境和谐美好的文化气氛。

浙江卫视“中国蓝”的定位，意味着浙江卫视早已放眼于整个大的中国，乃至世界的大门已经打开，早已不满足于做小范围的区域频道。程蔚东作为浙江广播电视集团的总编辑曾说过：“过去叫什么‘浙江在线’，一听就是‘局域网’。现在提浙江卫视‘中国蓝’，蓝色是宇宙的颜色，我们是宇宙网。”[1]因此，“中国蓝”概念的提出，最终确立了浙江卫视的选择———立足于全国市场，重塑卫视品牌格局，是浙江卫视新的尝试和突破。

（2）2001 年 11 月 8 日浙江广播电视集团成立，经营广播电视产业及其与传媒相关涉及面非常广的综合型媒体集团。从那天起，浙江广播电视集团呈现在广大观众面前，从而也成为了国内最具影响力的省级媒体之一。2013 年，集团连续三年荣获“中国 500 最具价值品牌”，稳居全国媒体排名第八，且包揽浙江省内媒体第一的位置。集团拥有员工 6600 多人。总部设 12 个职能部门，分别是办公室（党委办公室）、总编室（下设节目购销中心和节目研发中心）、人事管理部、计划财务部、科技管理部、产业发展部、广告管理中心、行政管理部、安全保卫部、直属党委（团委）、监察审计室和工会。[2]

浙江广电集团拥有 19 个广播电视频道，实行“统筹管理、内部核算”。其中电视频道 12 个，浙江卫视为卫星频道；钱江都市、经济生活、教育科技、影视娱乐、民生休闲、公共•新农村、少儿频道为地面频道；国际频道为境外落地频道；留学世界、数码时代和好易购频道分别是数字付费和家庭购物频道。广播频道 7 个，分别是浙江之声、经济频道、音乐调频、民生 996、交通之声、城市之声和旅游之声。[3]

（3）浙江广播电视集团实施“五大品牌战略”：一是节目、二是栏目、三是活动、四是频道、五是主持人。《中国梦想秀》《中国好声音》等现象级电视综艺节目赢得了众多的电视观众，取得了空前的成功，从而浙江卫视“中国蓝”品牌的异军突起。浙江省人民政府荣记集体一等功，浙江卫视也跻身于省级卫视前三之列。举办中国电视观众节的创新之举，也是成为了中国广播电视机构“为观众办节”的先例，拉近了电视与观众的距离。且成功举办“风云浙商”“浙江骄傲”以及“新农村建设带头人”等年度评选活动，使浙江广电集团的社会美誉度和全国影响力得以有力地提升。后续开辟的“新蓝网”、浙江网络电视台和手机台，都弥补了新媒体领域的空缺，建立了国内外媒体的新合作，打开了国际大门。

---

[1] 段愿：《浙江卫视：把手榴弹集中在一起》，《观察与思考》，2010（12），第 17-19 页

[2] 参见 http：//www.cztv.com/zrtg/daohang/intro/content/2013/12/2013-12-234195645.html

[3] 参见 http：//www.jeepun.net/0819/818891592.html

实行“独立核算、自主经营”的集团下属13家全资企业单位，其主要职能是经营音像出版、影视生产、报刊杂志、家庭购物、传输网络、器材营销、广电工程建设、宾馆物业等相关产业。近年来集团将培育的重点放在“家庭购物”“影视生产”和“新媒体”等新兴产业。好易购频道的异军突起，成为集团经营创收新的增长点和浙江省文化产业的新亮点。[1]打响了“浙派影视”品牌的电影《集结号》《超强台风》《非诚勿扰》等，电视剧《温州一家人》《十万人家》《中国1921》均由浙江影视（集团）公司为生产主体，投资拍摄。其突出的成绩为85天时间建成浙江IPTV集成播控平台，组建浙江广电新媒体有限公司，为“三网融合”的主动权打下了夯实有力的基础。

二、“合力打造卫视”的战略实施

（一）探索科学发展的新路子

1. 注重内涵，实现广播电视集约发展[2]

在实践中，如何实现广播电视集约发展？浙江广电集团重点抓住了以下三个环节：

首先整合宣传资源。浙江广播电视集团，首先采取了整合七个广播电视频道。七手联合，共同营造主流思想阵地。提升了频道运营效率，发展速度迅猛。浙江广电内部实现资源共享，鼓励实施“节目移植”制度。呈现出良好的发展势头。2012年抗击“海葵”台风特别报道中，浙江卫视、浙江之声两大新闻频道联动的“集团军作战”式报道模式，新闻大事《直击“海葵”》特别节目的报道，联手六省地面频道，全天八小时并机直播，统筹利用资源，实现资源的最大限度共享。在各类影响力大的事件、新闻、活动的宣传报道中，浙江广电整合统筹广播、电视、报纸和网络等媒介资源，形成多角度、全方位、立体化的报道，实现宣传集聚效应。

二是聚合经营资源。在统筹广告经营上，先后制定，建构大客户统一服

---

[1] 参见http：//www.cztv.com/zrtg/daohang/intro/content/2013/12/2013-12-234195645.html

[2] 参见http：//www.wm114.cn/wen/161/320740.html

务平台，实现广告的集约经营。广播电视频道广告经营强化统一调度、统一管理，分行业代理、组团式招标下发《广播电视广告管理办法》《实物广告管理暂行规定》等规章。在直属单位重组上，将原浙江省广电报、大众电视社和交通旅游导报等单位整合为一体，成立了浙江广播电视报刊出版总社。根据转企改制的要求，浙江广电响应号召，经过周密商榷，最终成立了浙江广播电视发展总公司。“新蓝网”“蓝巨星”“浙商”等出现，都是产业链聚合的产物。整合网络资源，优化配置，探索“频道＋公司”的产业发展新模式。浙江广电在传统的运营模式下，不断涉及新的产业。浙江影视公司、浙江新媒体公司和好易购的出现，对于浙江广电的战略重组提出了新要求。

三是融合管理资源。浙江广电依托于“事业单位，企业化管理”的思路，不断完善和优化内部结构，形成了集团对人、财、物、信息以及购剧、版权等资源的统筹管理体系。人事管理方面，明确了频道、部门和直属单位的工作目标责任制度，出台了明确的考核办法，努力依托于绩效考核为导向。构建出组织人员队伍网络和人事管理例会制度，提升全体员工的积极性，有效提升集团人事管理新效能。实行企业会计制的财务管理方面，重点在于控制和降低频道运营成本，加强优质节目的制作力度、购买电视剧和办大型活动等项目的成本核算，强化成本的内部审计与核算工作。资产管理方面，必须加强固定资产的检查力度，实现统一招标、拥有完善的资产购置于报废处理制度，全面进行“清产核资”。

2.注重全面，实现广播电视协调发展。

在这方面，浙江广电集团是这样做的：

一是宣传与经营齐抓。浙江广电集团提出了“导向金不换、收视（听）硬道理”的理念，坚持宣传与经营同时抓。新闻宣传工作作为中心的首要任务，结合市场规律与媒体发展规律的变化，以“内容支撑向收视（听）支撑转变、再向营销支撑转变”的经营理念。从而把握量与质同步稳定上升、过去的时段营销概念往节目栏目活动营销转变，从被动接收向主动出击进行转变。

二是规模与效益并重。集团始终坚持经营创收和财务管理两手抓。在经济总量和产业规模上大下功夫，向“百亿集团”迈进。财务管理方面，重视成本核算的前提下，提高产业的经营效益，规划出一条效益型集团发展的路子。“突出重点、缩短战线、加强管理、提高效益”不断扩大产业规模，走独有特色之路。提出“一主多元”的经营格局，立足稳定与广告业主，不断开发拓展电视购物、影视艺术、新媒体业务等支柱型产业，使得广电产业不断扩大，从产值呈成倍的增长。集团的经济效益方面，强化效益，成本控制严格，进一步完善综合财政、广告经营、宣传经费、节目购销、固定资产等五项制度条约。现已出台并实施的有三十多个管理办法。

三是眼前与长远共谋。浙江广电集团的重视眼前利益与长远利益的有机结合。浙江广电为了满足办公需要，先后购置新祥利大楼、时代大厦用于办公所用。注重节目播出系统，改造完成浙江卫视高清演播厅等系列举措。浙江省重点工程，浙江国际影视中心和浙江广电传媒大厦，投入50亿，面积达到45万㎡足以证明是在谋划长远的利益发展。投资组建浙江广电新媒体有限公司，发展IPTV、手机电视和CMMB移动多媒体等新媒体业务，也是他们的重大战略。

3. 注重品质，实现广播电视优质发展。

一是注重节目内涵，节目内容品质提升。浙江广电集团，为创作生产思想性高、具有较高的艺术观赏类节目，大下功夫，努力塑造与推进“中国蓝”的品牌。成功创作出家喻户晓的“电视观众节”“浙江骄傲”、“风云浙商”和引起电视收视狂潮的《中国好声音》《中国梦想秀》《奔跑吧兄弟》等著名电视节目。同时稳步提升的还有电视剧产业，《中国1921》《十万人家》《温州一家人》等优质电视剧的出现，大幅度提升了浙江广电集团在全国影响力。尤其是获得国家新闻出版广电总局“创新创优栏目”大奖的浙江卫视《中国好声音》和《中国梦想秀》，成为现象级节目历史上的一个标杆。

二是队伍建设不断提升。浙江广电集团员工约90%以上为大专以上学历，35周岁以下的年轻骨干力量占50%以上，拥有专业技术的人员不少于80%，是一支趋向专业化、年轻化、梯队建设合理的队伍。浙江广电集团非常重视员工综合素质的提高，建立起覆盖基层、省内、国内乃至国外的多学科、多门类、多层次、多形式的员工培训体系，与知名高校联合开设高级管理人员研修学习班，提供年轻骨干力量的员工，提供赴基层锻炼，赴国外进修的优越条件，培养优秀的经营管理者，在努力打造一批具有影响力的知名记者、主持人、编辑。

三是提升平台品质。浙江广电现拥有一流的数字化演播厅，首批实现高清数字直播。同时拥有高清电视转播车、直播车等，在科技技术平台上，上了一个新的台阶。浙江广电传媒大厦、浙江国际影视中心两大浙江生重大项目，给浙江广电的事业平台增姿添色。浙江广电集团推进浙江省各地级市的网络平台建设，整合有线网络，推进全面覆盖全省有线电视网络的全面覆盖。同时积极构建光缆传接、卫星传送、无线传输等综合立体、安全可靠的传播覆盖系统，不断扩大浙江卫视、浙江之声和国际频道在省内外、海内外的覆盖范围。

（二）中国系列节目——现象级电视节目打造

1.《快乐蓝天下·中国梦想秀》

2011年4月开播的《中国梦想秀》是浙江卫视花巨资引进的综艺娱乐节目。该节目是一档当红的明星帮助平民实现梦想《就在今夜》，实现普通人对于舞台的渴望，明星协助其完成梦想的励志节目。然而第三季，该节目进行了大幅度的调整，现第九季已于2015年2月25日开始播出，舍弃版权后的《中国梦想秀》，更贴近了平凡人的生活，助力去完成他们更为平凡的愿望。梦想大使、梦想助力团的出现，给该节目也增添了不少色彩。现分析其成功原因如下：

（1）梦想成真：草根精神的全民狂欢

《中国梦想秀》为普通人提供了实现梦想的平台，舍弃了一贯利用明星来造势的噱头，更能体现出参与该节目平民的草根性。尽可能保持参与者最纯朴、朴实的一面，不受到任何的外界因素所改变，最大限度地记录，展现他们的才艺。节目进行过程中，突出体现圆梦人的喜悦，促使广大电视观众产生心灵的共鸣，努力实现自己的梦想。

（2）故事与惊喜：精英实力助力大众文化

《中国梦想秀》节目，从观众的角度来看，选手的才艺其实是次要的，更多的是通过该节目，看到参加该节目选手背后的传奇故事。才艺是真正润色于他们的人生经历。在很多人看来，电视节目的精英文化和大众文化通常不相融合，然而《中国梦想秀》却改变了这一情况。周立波作为该节目的梦想大使，既是梦想的鼓励者也是评论家。

（3）标准化制作流程和敬业的工作团队

出彩的节目剪辑。因为节目的录制，采用的是“海量录制，精选播出”的原则，在后期的整理和剪辑上，《中国梦想秀》遵循喜剧的结构性一叙述的逻辑性。节目录制过程中，现场的每一个细节都会收录在内。参加节目选手背后的故事，以及叙述故事的悬念最后到每一个现场的细节，都是该节目的亮点。在节目筹备阶段，《中国梦想秀》强大的60多位编导深入祖国基层，去挖掘节目的素材。在全国24个中心城市每周进行路演，充分利用全国兄弟省电视台的渠道，在各地方媒体进行广泛传播。

《中国梦想秀》始终坚持“请进来、走出去”的理念，努力吸收和消化后再进行创新性的创作，最后再进行自己模式的传播。坚持走“请进来、走出去”道路，挖掘普通的传奇人生故事，演绎小人物的追梦精神。节目组在针对第三季全新改版后，新颖的节目内容与形式，颇受好评，当初花巨资引进的英国版权公司，派专人来到中国，商议购回版权的事宜，这也是中国综艺节目发展史上没有出现过的案例。

2.《中国好声音》

《中国好声音》的收视热潮：

2012年7月13日《中国好声音》在浙江卫视开播再度掀起了歌唱选秀节目的高潮。《中国好声音》引自于原版荷兰《The Voice of Holland》，在该节目的基础之上，浙江卫视与灿星制作联手，结合中国本土的特征，制作出了这档引发新收视狂潮的综艺节目。《中国好声音》大致保留了荷兰版的特色，融入了中国的元素，将节目的娱乐性和音乐性再度进行提升。2014年7月18日周五晚《中国好声音·第三季》CSM50城首播收视率高达4.369，刷新中国电视综艺节目首播新纪录。节目播出后的《OPPO真声音》，在其影响下收视率为2.423。第三季的总决赛之夜，收视更是高达6.511的高峰，打破第一季创下的6.1的中国卫视频道综艺节目最高收录纪录。该节目的火爆程度，对于广告报价由起初15秒15万直接飙升至15秒36万。

节目创新原因分析：

（1）节目找到了明确的定位，配合强有力的宣传，励志做专业的音乐评论歌唱类选秀节目，以声音为出发点，回顾“声音”本质。

（2）节目组邀请的四位导师，均为业界影响力超群的知名歌者，引发的关注程度自然非同凡响。

（3）节目的打破原有歌唱选秀节目的评选模式，采用“盲选”和“双盲选”的形式，使其节目形式公平且新颖，增添不少色彩。

（4）节目的配置尤其高端，节目投资成本高达一个亿，采用顶级的音响设备、LED 屏幕等，甚至 4 把导师旋转椅都从英国空运而来，节目的制作水平也相当精湛。

每一期《中国好声音》之所以有如此精湛的呈现，为了确保全程录制不落下每一精彩的瞬间，现场利用 27 部摄像机无死角进行拍摄。《中国好声音》导师、学员、导演都不知道节目进行中会发生什么，为了保证效果，4 个固定背对学员拍摄导师的机位，在导师转身前，对于导师聆听的过程，哪怕是每一个面部表情的细节都不容放过。转身过后，导师跟前的 4 个机位已经对好角度等待着他们。而学员出场前的细节，候室厅里家属的焦虑摄像机都一一进行全程跟拍，不会错过节目现场任何一个美妙的画面。国内，大多数电视节目采用“导播制”，看到哪有精彩的画面，再进行镜头转移进行采集，无意间其实错过了很多丰富的画面。27 个机位的利用，使得《中国好声音》每一期能够采集 1000 多分钟的素材，通过后期制作出 80 分钟的精彩纷呈节目呈现给观众。成片与素材之比可达到 130：1，预估高出国内同类综艺节目 40 倍之多。

（5）与中国本土化相结合，原版引自于荷兰的《中国好声音》，融入中国元素，结合本土化的特征进行包装，十分重要。浙江卫视与灿星制作借中国人重情义作为切入点，选手们参加节目，融入情感的包装，使得《中国好声音》的成功添上重要一笔。《中国好声音》从平民视角出发，挖掘民间歌手，节目的内涵突显中国本土化特色。《中国好声音》大多数选手均讲述的是普通人的故事，交融在一起的有情感和为音乐而付出的远大梦想。传递出为梦想而执着的正能量，使得大多数电视观众产生共鸣。

《中国好声音》的成功不仅仅只是在其选秀节目的形式和内容上，他对于当代流行乐坛脍炙人口的歌曲的梳理，老歌翻唱等各种元素的演绎，使得《中国好声音》唤起了很多人的记忆和对于华语乐坛新的认识。

（6）从未间断的媒介宣传：该节目的成功繁衍出一系列与该节目相匹配的子栏目，因节目时长有限，众多未获得导师转身的学员，浙江卫视与腾讯视频强手联盟，制作出《重返好声音》的节目，该节目赋予广大网友双重体验，不仅可以观看节目当观众，还可以点击页面上的转椅，为喜爱的学员转身。

三、在传媒产业领域的规模实力提升

（一）创办好易购电视频道，引入“家庭购物”理念

浙江广电集团创办好易购付费电视频道于2006年12月正式与广大电视观众见面，其打造出跨媒体、多平台、立体化的商业综合体。早在2009年完成内部股权收购，从此好易购公司便成为了集团的独资公司。2010年经国家广电总局审批通过，好易购电视频道更名为好易购有线数学电视频道。2013年全年销售额如破30.5亿元。

好易购商品类型包括国内外知名品牌的上千余种的纺织品、珠宝金器、数码产品、日常家居生活用品、护肤保养品等。领域也逐步扩大，旅游、房产、汽车、高档奢侈品等。与好易购达成合作协议的以后6000多家知名厂商，三星、索尼、惠普等世界500强也在其列。联想、华为、美的等国内知名品牌，以及浙江本土品牌，波导、苏泊尔、爱仕达、浪莎等都与其达成合作协议。目前，好易购拥有国际级专业购物信息系统、10000余平米自动化仓储、300座席的客服中心，携手中国邮政EMS，实现365天无休配送。现在客户群体遍布浙江省内各县市地区，省内会员数超过100万。

好易购的发展方向大致是利用电视、杂志、网络三大销售平台，没有实体店铺，进行虚拟化的零售交易愿景是成为“电视荧幕上的杭州大厦”。然而好易购想在屏幕形象上有新的突破，从价值审美、品味提升、品质保障上都需大做文章，做到品味高端大气而商品与价格却亲民大众，引领新的潮流。

（二）浙江影视（集团）公司，大力培育浙派影视品牌

2004年12月成立的浙江影视（集团）有限公司，是浙江省文化体制改革试点单位。总注册资金高达6000万元。是由浙江广电集团与民营的浙江广夏集团合资组建，由浙江省广电集团控股经营。浙江影视集团按照现代化企业制度进行运作，大量引入民间的资本，市场化操作灵活，实现了多元化的投资结构。浙江影视集团依托于浙江广电集团的资源，营业涵盖影视剧、电视

节目策划、制作、拍摄、销售、宣传等十分广泛。浙江影视集团，自主研发与创新，优化资源配置，在众多影视公司中一跃而起，现已成为国内有影响力的影视制作公司。由浙江影视集团拍摄的电视剧《十万人家》《化剑》《四世同堂》先后成功登陆中央电视台一套黄金时段播出；电影《超强台风》《村支书郑九万》生动反映浙江抗击台风和优秀基层干部的先进事迹，荣获中宣部“五个一工程”奖；参与拍摄于制作的电影《集结号》《非诚勿扰》《唐山大地震》都引起了社会的极大反响；提升了“浙派影视”品牌在人们心目中的地位。

浙江影视集团每年分别拿出3000万元专项经费和200万元专项经费用于扶持影视艺术生产和扶持重点项目的剧本创作。以“以奖代投”和“直接投入”相结合的方式大力激发了浙派影视的活力，为创作新影视作品提供了最直接的财力支持。

四、 在新媒体领域的现代传播力拓展：新蓝网

迅速发展的现代传播技术，使得媒体的传播手段和传播形态都产生变化。新媒体正是催生于在传播技术不断创新的背景之下，从而使得传媒的格局发生了重大的变革。在这场变革中，浙江广电集团充分认识到这是机遇与挑战并存的考验，于2009年12月28日推出新媒体——新蓝网。新世纪的第一个10年后，第三屏的广泛应用，使得浙江广电在推出新蓝网后2011年再次抓住契机，浙江手机电视台和已拥有播出牌照的网络广播电视台依次出现在公众的视野。“一网两台、立体传媒”实现了传统媒体与新媒体的相辅相成，各具特色的局面。新蓝网在2011年获得了国务院新闻办公室颁发的互联网新闻信息服务许可证。新蓝网的传播力度，现已经覆盖全国18个中心城市和多个国家发布了CDN的节点。

（一）新蓝网内容建设思路

新蓝网面临的问题是，如何充分利用好浙江广电集团旗下18个广播电视

频道的丰富视频和音频资源？如何使得内容的呈现受广大网络用户所青睐？传统媒体与新媒体的有机结合，是直接照搬，还是有创新型的运用？然而网络传播中，个性化、碎片化、多元化、立体化和交互式的传播特点必须得以遵循。必须注重用户的体验和习惯，并合理的运用好广播电视频道的资源，最终呈现传播形态上的创新。

1. 新蓝网把传统媒体的节目，进行再开发、再利用实行创新性的整合。

新蓝网在对广播电视节目资源的二度开发利用上探寻出了新路子：首先，是选择网络传播生命力强、受广大网民喜欢，并且将会重复多次进行点击观看的节目挑选出来，进行重点推送。其次，是将浙江广电旗下 18 个广播电视频道播放过的新闻，在 1 小时之内，以后期制作剪切好的单条新闻形式呈现在新蓝网上，碎片化的时段，网民根据自己的需要，点击自己感兴趣的即可。最后，在信息集纳上遵循“视频领先、图文为辅，组合传播”的网民喜欢的形式进行传播。例如，浙江省内发生了人民普遍关注的新闻事件，新蓝网首页的“专题”窗口，视频与音频、图片与文字相结合的报道形式。新蓝网的报道把广播电视与报刊杂志融为一体，有机结合，使得报道的角度更为全面，内容更加丰富。

新蓝网通过自己的研发，实现了广播在网络上有画面的直播，并且可以收听阅览同步进行。新蓝网，为浙江广电旗下的每一个广播频率开设了一个功能页面。只需轻松点击，便达成网民需求。

2. 网络与广播电视通过“台网联动、节目互动”，较好地实现了的共赢局面。

网络互动专区《意见领袖·舒中胜》是浙江经视与新蓝网联合突出的。舒中胜为浙江经视的主持人，每天上午会将晚间要主持节目的话题放置新兰网的社区论坛，网友们跟的贴，成为了他晚间主持节目的“主料”或“佐料”。这一举动，大大增大了网民与新蓝网的互动，增加了人气指数。并且节目的推广，主持人的知名度都得以大力提升，可谓一举多得。每天互动区的跟帖就不少于 500 条，新蓝网台网互动成功案例在先后，迅速开设了 40 多个版块，均体现出了广电资源的特色。新蓝网在这一领域的突破，对于提高节目收视率和增加新蓝网的人气指数至关重要。

3. 强大的新媒体间联盟，大力提升传统媒体的传播影响力。

新蓝网与多省市广播电视新媒体，以及本省内部的11个地级市的广播电视新媒体互通平台，使得资源共享，传播力度增强。同时也在不断的开拓市场，借加强联盟，增强广播电视媒体的传播影响力。2010年"新媒体世博报道联盟"，是为上海世博会，新蓝网与28家中国网络电视台在内的新媒体特别筹划的。有关世博的台前幕后，进行详尽地报道。通过这次强强联手，新蓝网的知名度大大提升。

（二）新蓝网台网互动创新举措

传统媒体"单向传播、你坐我看"的形式，而新媒体得天独厚的优势来源于其运作上的互动。互动是推进传统媒体与新媒体合作的润滑剂。新蓝网充分认识到互动的重要性，实现了台网互动为主的三个互动：

一是"广电＋网络"的互动拓展。新蓝网主动出击，把观众原有的与传统媒体互动的形式，如电话报名、报料、投票、短信等互动手段，逐步整合转移到新蓝网上来。浙江广电集团，也充分认识到新媒体的重要性，要求各频道派出一名在职员工常驻新蓝网工作，借此机会加强新蓝网与各频道之间的互动，同时也是给予各频道拥有新蓝网这一新媒体的传播平台。"中国蓝新闻""中国蓝综艺"客户端的应用，更多地实现了第三屏移动式的传播。这也是新媒体在广播电视中的广泛应用，为电视频道、电视栏目量身定制。

二是"推广＋商业"的延伸挖掘。节目背后延伸的价值，如今也是众多电视节目忠实粉丝所追捧的。新蓝网充分抓住广大电视观众这一心理特征，利用如《中国好声音》《中国梦想秀》等浙江广电的王牌节目，努力挖掘其在短短几十分钟内无法在电视荧屏呈现的内容，加以碎片化地整理。从而受到众多网民的点击观看。新蓝网，充分利用这原本不值钱的素材，创造出新的价值，实现了不一样的"台网互动模式"。

三是"支持＋保障"的技术输出："市县新媒体云平台"的构建。"云媒体平台"的技术，依旧是需要各地面频道提供全面的技术支持，之后根据地面频道的实际情况，进行个性化的量身定制内容网址和移动媒体。

五、评价与展望

（一）迎接新媒体的挑战

新媒体的异军突起，更多地是被商业网站抓住了契机，而体制内的网站却一直无法翻身。新蓝网作为浙江广电旗下的新媒体传播平台，现已成立5年。新媒体的地位已得到肯定。但是新媒体在与广播电视等传统媒体并存的时代中，仍处于起步的阶段，并占据主流的地位。

全国省级广播电视新媒体都面临着规模小，任务重，实力欠缺的局面。新蓝网被赋予的使命，是“主流舆论的网上传播平台，集团广播电视转型升级的试验平台”，却摆脱不了现实给予的压力。

在新媒体对传统媒体冲击如此之大的大环境下，排名在全国前列的几家省级卫视，经营收入依旧每年在暴涨。事实也说明了，虽然新媒体对传统媒体的新闻资讯领域冲击较大以外，例如电视的综艺节目领域，一时间，新媒体对其的稳固定位还是难以动摇的。一时间传统媒体很难把精力、财力和注意力全部投入到新媒体上来。明知新媒体是一个全新富有诱惑力和挑战性极大的领域，内心重视而力不从心，始终难以把它提上日程。并不是战略布局的重点，而只是加以补充可丰富的一部分，充满希望又面临尴尬。

（二）浙江卫视坚持人文立台，以顶层设计引领新的目标

浙江卫视应继续探寻在新闻引导力、人文美誉度、收视覆盖率、品牌影响力上继续前行，而不是只关注收视率。夏陈安（前浙江卫视总监）说“比收视率更重要的是气质”，“这就好比一个人，最重要的不是钱，而是这个人的综合素质。”[1]

从夏陈安的口中即可引出了“顶层设计”的概念。应从三个方面来分析：

一是导向立台的引导力，包括政治导向、主流价值观导向、社会稳定导向，涵盖新闻、人文、综艺、电视剧、编排字幕等各个层面；

[1] 参见 http：//tieba.baidu.com/p/1189601268

二是品牌力，品牌力就是影响力和美誉度的两者结合，包括观众口碑、网络影响、媒体关注、业内地位、领导和专家评价等；

三是传播力，所谓传播力就是收视率、创收率和覆盖率的最终体现，是媒体竞争的硬实力。各个指标辩证互动、缺一不可。

顶层设计实际不是空的概念，是需要稳步踏实求进取的。不难看出，浙江广电在这方面有加以高度重视。

（三）制约浙江卫视誓言三年力争抢当全国卫视排头兵实现的瓶颈

1. 制作模式

浙江广电集团从某种程度上来看，他的成功是依附于别人之上的。与灿星、华谊、英皇的合作，把自身变成了他们的播放器，错失了自身传统的电视媒体也与新媒体擦肩而过。这样下来，自身没有掌控足够的主动权，艺人与节目的发展均受到限制，从利益的划分来看，也处于劣势的地位。

没有自己的制作团队，大量引入外来节目，或许会取得某些节目的成功，但是并不利于长远的发展。未掌握的核心的内部资源，得不到优化的整合和配置，只会使其变得空洞。面对这一局势，应大量引进人才，从自身根本开始改变，建立起一支有梯队、专业化的队伍。

2. 收视率上的劲敌[1]

排名	频道	全媒体传播指数
1	湖南卫视	6.060
2	浙江卫视	3.229
3	江苏卫视	2.893
4	东方卫视	2.035
5	安徽卫视	1.797
6	山东卫视	1.454
7	深圳卫视	1.390
8	北京卫视	1.274
9	天津卫视	1.084
10	湖北卫视	0.871

2014年1-12月晚间栏目总排名前20位 CSM50 4+

排名	节目	频道	星期	收视率%	市场份额%	播出周期
1	中国好声音	浙江卫视	周五	4.191	13.01	季播
2	爸爸去哪儿第二季	湖南卫视	周五	3.310	14.44	季播
3	奔跑吧兄弟	浙江卫视	周五	2.353	7.62	季播
4	非诚勿扰	江苏卫视	周六、日	2.330	7.42	周播
5	我是歌手	湖南卫视	周五	2.313	6.14	季播
6	快乐大本营	湖南卫视	周六	2.067	5.64	周播
7	花儿与少年	湖南卫视	周五	1.809	8.30	季播
8	最强大脑	江苏卫视	周五	1.705	7.19	季播
9	中国喜剧星	浙江卫视	周五	1.528	4.38	季播
10	笑傲江湖	上海东方卫视	周日	1.403	4.42	季播
11	天天向上	湖南卫视	周五	1.379	4.26	周播
12	中国梦想秀二季度	浙江卫视	周五	1.353	4.21	季播
13	女神的新衣	上海东方卫视	周六	1.313	4.10	季播
14	中国达人秀	上海东方卫视	周日	1.306	4.12	季播
15	妈妈咪呀做女人就这样	上海东方卫视	周六	1.262	3.77	季播
16	中国好舞蹈	浙江卫视	周六	1.225	3.82	季播
17	中国梦之声	上海东方卫视	周日	1.190	3.86	季播
18	12道锋味	浙江卫视	周六	1.163	3.41	季播
19	一年级	湖南卫视	周五	1.096	5.12	季播
20	我是演说家	北京卫视	周六	1.072	3.32	季播

图 1 中国全媒体十大省级卫视收视率排行榜（2013 年度）

[1] 数据来源：向文容《“借力”发展：湖北卫视的突围之路》，《青年记者》，2014（32)，P60—P61

从图表可以看出，浙江卫视曾凭借《中国好声音》夺得晚间栏目总排名第一的殊荣，但前文已提到，浙江广电集团缺乏自己的制作团队，从而面临重重困难。与榜上有名的《快乐大本营》《天天向上》相比，劲敌湖南卫视周末均有口碑、经济效益都跟得上的品牌周播固定节目。而浙江卫视，仅靠《中国好声音》《奔跑吧，少年》这类季播节目、无常态节目与对手进行竞争的话，难以实现“蓝无界，境自远”的品牌愿景。

3. 营收的难以超越[1]

电视台/频道	2013年广告创收	预计2014年广告创收
中央电视台	约285亿	300亿
湖南卫视	约60亿	70亿
江苏卫视	48亿	50亿以上
浙江卫视	36亿	破40亿
东方卫视	24亿	30亿

图2 央视和一线卫视广告收入（单位：元）

2013年浙江卫视的广告收入是36亿元，2014年直接打破40亿元，其中《中国好声音》的贡献极其显著，一个节目占的比重过高，如前文所述，没有创作出一档真正属于自己研发团队的周播固定节目，恐怕想长久稳住现有的地位是一件极其困难的事情。

4. 本地收视市场较差，不利于区域广告市场的维护[2]

浙江卫视出现“强内开花、墙外香”的尴尬局面，就此浙江卫视制定了一个由本地向全国扩张的“中国蓝”策略，但效果欠佳。浙江卫视虽在全国的收视市场稳居前列，可是在浙江省网和杭州市网却处于不理想的地位。

[1] 数据来源：谭政，《地市级电视媒体品牌建设研究》，南京：南京财经大学硕士学位论文，2007年

[2] 数据来源：文化产业大发展背景下浙江卫视的传媒竞争力分析，http：//scholar.google.com/schhp?hl=zh-CN&as_sdt=eaec6ae04ff8a59bb3cd5147cf89f88d

杭州市网			浙江省网		
频道	市场份额	收视率	频道	市场份额	收视率
浙江卫视	5.1	0.8	浙江卫视	6.1	0.7
钱江都市频道	7.3	1.1	钱江都市频道	5.6	0.6
经济生活频道	5.2	0.8	经济生活频道	5.1	0.5
教育科技频道	7.0	1.1	教育科技频道	7.1	0.8
影视频道	5.3	0.8	影视频道	6.2	0.7
民生休闲频道	6.0	0.9	民生休闲频道	2.8	0.3
公共频道	1.7	0.3	公共频道	2.2	0.2
少儿频道	2.5	0.4	少儿频道	1.8	0.2

数据来源：央视索福瑞

图 3 2011 年 1-9 月浙江电视台各频道全天平均收视统计

在央视和省级卫视都在不断扩大占据全国的收视市场背景下，而各省市地面频道为保住自己的收视，也在大做文章，以至于众多省市地面频道对于地域性观众的影响，直接影响到的就是观众的收视行为。

5. 现象级综艺节目策划痕迹明显，高同质化产生审美疲劳

首先，为了提高节目收视率，在选秀节目中，浙江卫视不惜放大选手身上的细节，以至于捏造事实进行演绎，赚取更多人的眼球。言论与实际相差甚远等行为，遭到了广电总局严厉的批评。其次，浙江卫视，大量引进外来节目，自身创作的节目因同质化、低俗化很快淡出荧屏。从而警示浙江广电，应大量引进富有创新性的电视策划人才。最后，浙江卫视节目制作团队倾向于制造收视热点，这一情况的出现，与浙江卫视的人才激励机制密切相关。

长期处于同质化竞争中的浙江卫视，一旦有有竞争力和影响力的电视节目出现，都第一时间搬上电视的荧屏。“选秀热”“相亲热”“独播剧热”“爸爸热”，浙江卫视荧屏上都没有少过。

综上所述，浙江广电集团虽早已迈入省级广电第一的阵营，但是浙江卫视若想成为全国卫视综合指标排名第一，却还有一段漫长的路需要探索。

参考文献

[1] 张雷，浙江广电传媒业的借“网”转型与升级发展，经济论坛，2012（6）
[2] 金彪，浙江广电媒体核心竞争力的构建，新闻实践，2006（9）
[3] 王同元，彰显综艺娱乐节目的价值导向和文化内涵——浙江广电集团

打造公益性综艺娱乐节目的实践探索，中国广播电视学刊，2011（10）

[4] 朱甲雄，浙江广电全台网架构与设计思路简析，电视技术，2014（10）

[5] 王虹；姜荣文，互联网时代主流媒体引领主流价值的探索——以浙江广电主办第九届中国（浙江）电视观众节为例，视听纵横，2015（2）

[6] 王同元，积极探索省级广播电视科学发展的新路子，中国广播电视学刊，2013（12）.

[7] 陈宵雅，解析浙江广电集团全台网中心媒资系统，有线电视技术，2015（5）

[8] 钱黎明，拓展广播电视在新媒体领域的传播力——兼谈《新蓝网》的内容建设思路，视听纵横，2012（01）.

[9] 洪永和，张胜昔，在台网互动中迅速发展——浙江广电集团新蓝网台网互动创新举措，视听纵横，2010（06）.

[10] 宋晓农，“中国蓝”以顶层设计引领未来——专访浙江卫视总监夏陈安，新闻实践，2012（01）.

[11] 李晓斌，新媒体环境下电视提升传播力策略分析，传播与版权，2015（6）

案　　主 广东广电

案例作者 黄剑威 章杨 刘婉婷

内容摘要　风起云涌的2014年，广东广电迎来新的改革机遇，党的第十八届三中全会提出，要整合新闻媒体资源，推出传统媒体和新媒体融合发展。2014年4月23日，由5家单位整合成立的广东广播电视台成立，在此契机之下，广东广电终于打破十年联而不合的僵局，强力整合内部资源，实施三台合一，并开始启动公司化或相对独立的频道制改革，并推出第一个“制播分离”的节目《中国好男儿》，并在此之后计划推出包括《Hello中国》《炫风车手》等具有创新意义的节目和电视剧。回顾过去十年的改革历程，广东广电凭借品牌节目和电视剧曾稳坐国内一线媒体的位置，然而自此之后，广东广电鲜少有具影响力的节目和电视剧，以广东卫视为例，对自身频繁地定位、体制不活、品牌缺失、创新乏力等等都成为其发展的制约。为了使广东广电重返广电“第一阵营”，中兴而起，做到整合资源，打好体制基础，把握好传统广电业务与新媒体的融合进程，并催生、打造出节目品牌集群显得尤为重要。于此同时，革新广东电视人的观念、革新广东电视的体制，在此基础上建立与电视融媒体相适应的管理体制、设立与电视融媒体相适应的市场经营体系都是现时期广东广电产业化改革进程中的当务之急。

关 键 词　集团化 数网化 频道制改革 区位

谋定而后动

——广东广电的中兴之路

一、十年集团化改革的历史进程

在不到20年的时间里，中国广电传媒领域已经走过从“频道为王”到“内容为王”再到“元素为王”的几大转型发展阶段，自改革开放以来，广东广电从紧跟国家广电集团化的步伐，到“全省性事业集团”的成立、“南方模式”的提出，广东广电凭借《外来媳妇本地郎》《生存大挑战》等节目曾经取得过辉煌的成绩，也曾在2004年对自身“财富”的明晰定位后推出不少具有影响力的节目，稳坐国内一线媒体的位置，然而在此之后，广东广电，以广东卫视为例，其多次的重新定位在很大程度上反映其对自身核心竞争力和未来发展前景的不明晰，为了使以广东卫视为龙头的广东广电重回一线媒体的位置，对其改革的历史进程进行清晰的梳理显得尤为重要。

（一）广电集团化的兴起

1979年春天中国迎来了改革开放的春天，广东省作为改革开放的南大门，得地利之便，利用政策扶植，加上自身广播电视事业起步早，在上世纪八十年代的中国掀起了一股“岭南之风”，风靡全国。中国的广电集团化兴起于上世纪20世纪末，它起始于我国最终获批准加入WTO的黎明破晓，中国政府“打破现有规则，按照WTO规章办事”，由国家广电总局推出的集团化的指导性文件《关于广播电影电视集团化发展试行工作的原则意见》应运而生。从1999年6月9日全国首家广电集团——无锡广播电视集团的成立，接着湖南、上海、江苏、浙江、牡丹江纷纷组建广电集团，一时之间，广电集团化犹如星星之火出现在祖国的大江南北。2001年12月6日，号称中国广电集团“航空母舰”的中国广播影视集团挂牌成立，这也是我国广电集团化历史潮流中具有推波助澜标志性的大事记。

自1989年遭遇“北京风波”后，广东广电传媒业在敏感时期由政府内部制定的“帮忙不添乱”的指导理念下，逐渐收起锋芒。[1]接下来的十几年，中国广电传媒行业发展已回归央视，上海、湖南、安徽等利用快人一步的改革优势相继崛起，紧接着浙江后来者居上。而正是改革风生水起之时，曾经利用改革开放前沿先走一步的政策优势和区位优势的广东广电集团化最终也因难以统一或政策争取力度不够放慢脚步导致“慢人一步”，甚至被二线、三线城市的无锡、牡丹江夺取改革先机。时间追溯到2004年，昔日的“广东老

[1] 参见 http：//southtv.gdtv.cn/lwjx-dsjygl5.shtml

大哥”风光不再，在外部上海、湖南、江苏、浙江等广电如火如荼；内部香港、境外媒体的注入，这种内忧外患的夹击中，广东广电传媒产业在全国及省内都有日益下滑的趋势。被看做是广东电视的龙头代表——广东卫视已是全国卫视排名20名之后，这也是经济强省、改革先锋却在文化发展弱势的一大尴尬之处。原南方广播影视传媒集团总裁王克曼曾经深刻分析道：现行体制与事业发展的矛盾以及改革的诉求与现行政策的矛盾十分尖锐，系统内由这两大矛盾而导致的体制不顺、机制不活、条块分割、重复建设、各自为政、自成体系、互不连通、后劲不足、低层次运作等小环境发展等矛盾和弊端日益线路，这也揭示广东广电的发展零星散落，看似数量上庞大，但不聚合。“各扫门前雪”的状况也从侧面证实了体制问题导致广东广电传媒产业发展滞缓。

（二）“全省性事业集团”的成立

对于集团化变革，广东广电是慎重的，作为昔日引领全国广电业发展的风向标，如何再现风光是需要反复思量的。经过几年的反复论证，总结其他广电的改革经验，广东南方广播影视传媒（事业）集团在2004年1月18日正式挂牌成立，这也是全国第一个由省、市、县广电系统企事业单位联合组成的“全省性事业集团”。[1]

暂且不论功与过，集团化成立初期，广东广电根据之前缺乏统一战略和研发力量导致节目形态平庸，推出一系列的动作。原省广电局长阎宪奇提出“双龙出海，双拳出击”。在组建之时对外宣称是建立两个卫视：一个广东台主打传统，方向向内，树立品牌形象，打好国内市场，做好与国内其他卫视的手中竞争，争取与广东经济地位相匹配的广东广电地位；另一个南方台主打创新，方向对外，是顺应国家上世纪80年代中期大力动员内地各省输送好节目援助粤闵之策，做好上星卫视的海外放送服务，与港澳台等境外媒体打好一场境外空中意识形态争夺战。[2]然而在当年，两个势力相当电视台的同时建立并不被看好，有不少业内人士担心这会对南方电视形成内耗，但是南方电视台新任台长曾广星认为：“双赢是主流，是南方台的战略思想”。同时建

[1] 参见http：//nc.gdtv.cn/2004/0118/1524.shtml

[2] 区念中：《以差异化战略构筑竞争优势——南方电视台的成长之路》，《中国记者》，2006(2)，第73-75页

立两个势力相当的电视台并不会造成内耗，核心原因在于重组后的广东电视台和南方电视台，分工各有不同：广东电视台以综合频道为主，且广东台的卫星频道覆盖全国，是主力频道；南方电视台则强调分众效应，走专业频道路线。此外，两台的成立源于省广电局的期望：营造一种新的竞争态势来提升广东电视整体对港澳地区及海外华人的影响力，以取得当年如同湖南经视与湖南卫视并列达到的双赢目的。

广东卫视在此期间为自身的定位和节目的发展做了不少努力，一方面，2004 年 6 月，广东卫视定位调整为凸显“财富”，致力于打造由广东辐射全国乃至海外华人华侨的全新“财富频道”，力求重回省级卫视一线阵营，并以综合频道“攻打全国市场”。广东电视台的品牌定位“财富”有四个特点：第一、不把财富做窄，财富节目的门槛低、形式多样化，以综合频道为主、突出财富；第二、打造晚间综合财富类和娱乐益智类节目，比如品牌栏目《财富》《赢遍天下》《超模大赛》等；第三、同时大力开拓如《外来媳妇本地郎》等室内剧或情景喜剧；第四、突出“贴近港澳”的优势，打造贴近民生的节目，其品牌栏目《粤港澳零距离》《财富》节目的版块比起央视的经济频道更加贴近民生话题。[1] 另一方面，2001 年成立的南方台一直强调分众效应，走专业频道路线，吸取当年湖南经视与湖南卫视的双赢策略，重新聚合省内收视份额。在明确新节目本土化与贴近性特点，以及港澳、外籍电视在广东收视软肋之后，南方台展开区域性与贴近性较强的民生新闻栏目为突破口，一直坚持着“三贴近”原则，即在节目定位上坚持贴近实际、贴近群众、贴近生活的原则，逐渐形成自身的民生新闻、粤语风味与互动娱乐三大王派，抗击“外来瓜分收视势力”。在短短一两年间已打响了几个王牌节目，比如《今日一线》《马后炮》《江涛话市》等等，这些节目因为贴近老百姓的生活，敢于披露生活中的弊端和黑暗面，深受珠三角地区人民的欢迎。这一系列的动作都归纳为广东广电所独有的“南方模式”。开展初期广东广电总资产、净资产、总收入、广告收入、有线电视用户等主要指标连续多年位居全国省市广电系统首位，同时，珠三角地区香港电视收视市场也是夺回半壁江山。

---

[1] 许民：《“财富”之路 赢在“执行”--- 对广东卫视频道定位的审思》，《南方电视学刊》，2006（6），第 8-11 页

而反观珠江频道，2006年据央视索福瑞的收视调查显示，其收视率一直领先于广东地区所有境内外电视频道，2009年珠江频道在广州地区收视率仅次于翡翠台，2010年更是超越翡翠台继而在2011年与翡翠台保持持平，这些数据表明自广东南方影视传媒集团成立后，针对境外电视发起的收视大反攻至此实现了战略逆转。[1]珠江频道第一粤语电视频道地位的巩固得益于频道2009年对自身的“老友”定位，这个明晰的定位一方面使得新闻节目凸显本地民生性，强化了地域贴近感，另一方面在娱乐节目上凸显了参与互动性，强化了对等亲切感。此外，2010年以来珠江频道收视率的稳步提升也得益于其改版改制的举措，即珠江频道在保持晚间黄金档版面基本稳定的前提下的晚间次黄金档和白天深夜时段进行版面优化，在打造大型龙头节目的同时贴近本土、贴近民生，从而带动了收视率和频道影响力的提升。由此可见，“双龙出海，双拳出击”的成绩还是较为令人满意的。

（三）“中国力量”“活力广东”的提出

然而，二台（广东电视台、南方电视台）的组建，在当时确实还是造成了不可避免的所谓“内耗”，甚至坊间有传组建南方台的目的就是让两台互相牵制，通过彼此竞争，既促进发展，也用意在破除广东电视台的垄断资源云云。且不论传言真伪与组建南方台的直接原因与所谓真实目的，组建南方台确实赋予了广东相当多的所谓“特权”，在当时的学界、业界人士引起了很大波澜。如国家确保广东珠江台有雄厚的人力财力物力，定点覆盖香港，并特批境外节目指标，使得广东有远超他省的额外份额，同时未雨绸缪鼓励广东电视台领军新媒体改革，因而在电视节目数量上，广东并不比CCTV-8少，不得不承认这既对广东的广电人才队伍产生了冲击，又为广东广电改革发展增加了新的动力。[2]最重要的是建立了广东广电对外合作的新渠道，并得以在竞争与合作中不断成长、壮大。

在提出“活力广东”之前，广东广电集团化的“南方模式”取得短期的成效是肯定的，但这些耀眼的成绩背后也存在着不容忽视的隐患：斥巨资做出的

---

[1] 章琰：《珠江频道“逆袭”TVB》，《羊城晚报》，2012年10月6日

[2] 朱剑飞：《改革是传媒繁荣发展的根本动力之源－兼论广东广电“先行先试”的因应之道》，《现代传播》，2012（7），第1-7页

节目影响力相当有限；广东卫视、南方卫视的综合实力排在全国十强之外；广东广电的产业化进程滞后，还有南方网络资源全省整合的一波三折；虽然全国同类牌照资源少，然而广东移动电视却受制于地方势力的强力狙击，在市场开拓方面艰难挣扎；在广告收入方面，除了各地市在香港电视中插播广告的经济增长因素外，自办节目与经济同步增长的广告份额已备受威胁。就在广东广电刚开始集团化时，2004 年中国广电集团这艘“航母”宣布退出历史舞台。由于中国广电产业的特殊性，十几年前那场集团化的组建是在不完全配置下市场化的结果，过于仓促。而广东广电集团化的“三级贯通”“资源垂直整合”等战略，由于缺乏产权改革的配套与胆识，因此对于财力雄厚的地方利益集团只能隐忍于让利扶持的强弱联合，这是广东广电传媒产业实现整体跨越式发展错失良机的一个实在注脚。[1]2005 年初以来，一批传媒集团悄悄的退出历史舞台，为了不被体制所束缚，2009 年广东广电重新探索改革的步伐。

为了重返卫视一线阵营，广东卫视在2009年以开放为名，提出“开放中国，活力广东”的全新定位。一方面相对之前节目采编播体系的繁琐，节目多而杂，定位不明确的现状，重新打造节目采播带；另一方面，对内容管理体制进行改革，在内容管理体制上减少管理层级，以一个趋于扁平化的管理模式来对频道进行管理。广东广电坚定决心将广东卫视三年前进前十的影响力卫视。2011 年底，广电总局发出“限娱令”，虽然广东卫视也紧锣密鼓地进行了一系列的节目调整，然而在此期间广东广电的一些核心主业与国内一线媒体拉开了较大距离，广东卫视也跌入全国卫视 20 名后，一再受挫，与全国先进媒体的差距越来越大。[2]

2014 年广东广电迎来新的机遇，党的第十八届三中全会提出，要整合新闻媒体资源，推出传统媒体和新媒体融合发展。面对新的形势、新的要求，广电要抓住机遇，创新驱动，加快推动传统媒体和新媒体的融合，广东广电这一次快速加入战队，2014 年 10 月 16 日荔枝台上线，依托海量视频等新闻云媒体资源，为用户提供即搜即有、即看即点的视频新闻点播新体验。

2014 年全国广电产业都紧锣密鼓的进行整合，上海文广集团公司与公司

---

[1] 参见 http：//southtv.gdtv.cn/lwjx-dsjygl5.shtml

[2] 参见 http：//www.dvbcn.com/2014/03/11-109086.html

控股股东上海东方传媒集团有限公司以及上海广播电影电视发展有限公司进行合并，11 月 27 日，湖南广播电视台组建湖南广播影视集团有限公司确保重大事项决策权，在这一次的广电产业整合过程中，广东广电产业不再被动，积极响应。同年 4 月 23 日广东广播电视台正式挂牌，这是一个集广播、电视、报纸、杂志、网络、新媒体、广播电视发射传输等多业务为一体的省级广播电视大型综合传媒机构。2014 年 3 月，新组建的广东广播电视台挂牌，与此同时，广东卫视进行了重新定位，'中国力量'作为广东卫视全新的频道口号，既是对时代主题的呼应，也是对频道风格气质的全新定位，同时也决策层做强做大广东卫视，致力把广东卫视打造成收视率和影响力位居全国前列的省级卫视的决心和自信。[1]

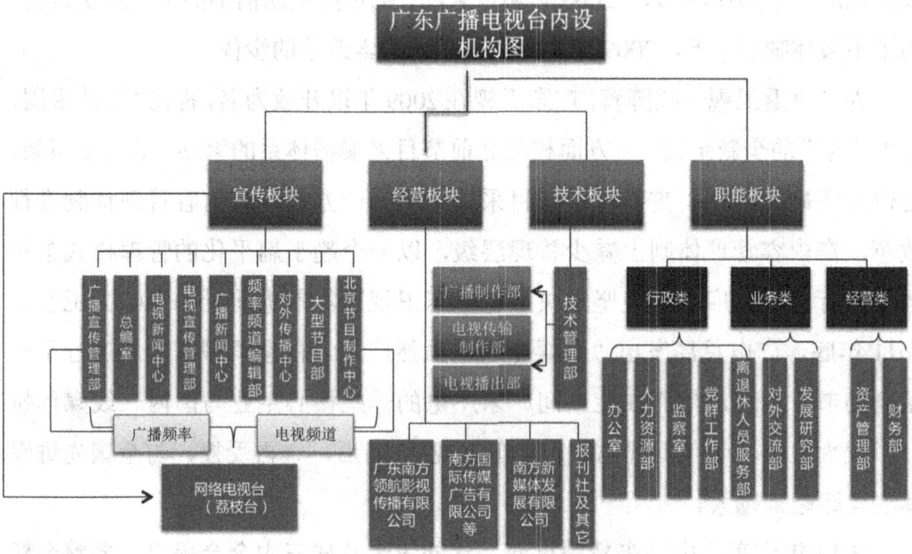

图 1：广东广播电视台内设机构图

---

[1] 参见 http：//www.dvbcn.com/2014/03/11-109086.html

二、新一轮改革进程

虽然受益于早期新媒体的发展，但是在集团化期间，广东广电的短板很明显，比如体制不活、品牌缺失、创新乏力等等。除了在上世纪的90年代中期的几年时间，广东广电在电视剧方面还略有成就感外，其在业界来讲很少有优于内地同行的地方，更为值得注意的是，广东广电的内容创新与品牌培育没能适应市场发展需要，明显落后于全国先进媒体。

（一）广东广电的短板

1. 体制不活

与国内的一线电视媒体相比，广东是目前全国唯一一个公开对外开放天空的省份，且被赋予相当多的政策资源，例如最早赢得卫星广播电视开办权、被允许一省有并列的省级上星台（广东卫视与南方卫视）等等。身处开放前沿的广东，其广电传媒比全国各省同行多建了几个台、多上了几颗星（包括深圳卫视）、早领了几张新媒体业务开办的牌照，但是相对于今天的湖南、江浙、上海等地的同行，广东广电仍然鲜有突破。[1]

而反观广电的发展却与之享有的政策资源不匹配：第一、广东广电没有站在中央政府推动的传媒集团化的最前列；第二、后成立的“全省性集团”则因缺乏资源整合力度，无产权改革配合；第三、同时广东电视台的两大中心频道（广东卫视和珠江频道）台中台的布局被阉割；第四、“局管两台”旧有格局仍束缚着广东广电的发展。

可见体制落后、机制不活是目前制约广东广电生产力发展的重要因素，此外，管理层次多，各自为政、力量分散也是当前需要首先解决的问题，由此导致广东广电无法集中优势资源、打造在全国有影响的电视品牌栏目，使得广东卫视的收视率和影响力日趋式微。

---

[1] 朱剑飞:《改革是传媒繁荣发展的根本动力之源——兼论广东广电“先行先试”的因应之道》，《现代传播》，2012（7），第1-7页

2. 品牌缺失

纵观广东广电的改革历程，并不乏具有自身特色的品牌节目，比如《外来媳妇本地郎》《生存大挑战》等等，《外来媳妇本地郎》在2006年还成功地形成了一条完整的品牌产业链，为广东广电在国内一线媒体的地位奠定了基础。而从此以后，以广东卫视为龙头的广东广电在全国卫视排名在23-19名之间徘徊，在其他各省的卫视台在当地是绝对龙头老大的情况下，广东卫视在本省的市场份额不超过5%，远不敌同门兄弟珠江台，而在广东城域的市场份额更是不到2%。

回想曾经，广东省粤语电视媒体在本地的发展和成长与其独特的粤语环境和文化氛围息息相关，这一优势在今天却不复存在，因为随着城市的开放与发展，人群结构的融合与改变，普语节目日渐侵蚀粤语节目的收视份额，因此广东省本土广电的地方语言、地方文化的优势已经不再那么明显。而近些年来，广东卫视更多的是对已取得成功的大型节目的简单模仿，同时播放一些港台老节目和购置一些市场占有率较高的影视剧和体育节目，这些短期内获得的收视率对长期品牌效应的建立没有太大的积极作用。

3. 创新乏力

广东电视必须通过打造原创性的、在国内有广泛影响力的品牌节目来重塑自身品牌，但首先得完成中心频道——广东卫视对目前收视滑落状态的扼制。第一、广东地区媒体对节目研发的投入不应当仅仅停留在各自为阵和简单模仿的低水平上；第二、完善组织结构创新研发环节，使得节目研发更具有系统性和规律性，从而在组织序列上搭建一个系统工程；第三、加大节目研发经费的投入，同时在节目研发上的试版与推广方面形成产业化生产流程；第四、建立一套完善的三级节目创新机制，当中必须尽快建立雄厚创新基金，大力引进和培养节目创新人才，编制上保证创新研发力量的存在与发展，使得广东广电重振雄风。

（二）大刀阔斧的改革

出于对重返广电“第一阵营”的愿望，广东广电决策层在2014年对集团进行了大刀阔斧的改革，第一、打好体制基础，搭建事业运营（广东广播电视台）与产业经营（南方广播影视传媒集团公司）两个平台；第二、对包括广东电视台、南方电视台、广东电台在内的三台“频道制”认识的深化和“频道制”的公司化；第三、传统广电业务与新媒体的融合进程。

1. 打好体制基础

相比国内的一线电视媒体，湖南等强势卫视的体制机制改革早在10年前就已经开始，无论是制播分离的实践、制片人制度的运行，还是节目模式背后的资本运作，都源于‘自我革命’的体制和机制改革，而广东广电近年来的内容创新能力明显不足，已经成为一个严重制约全台整体发展的“短板”。广电决策层认为造成这一问题的根源不是员工创新能力跟不上去，而是广东广电没有形成一套激励创新的体制机制和文化氛围。由于“体制”对广东卫视的改革已经形成了束缚，结合决策层的一系列政策措施，广东广电应在体制上赋予广东卫视更多的活力，同时要有统一的战略方向、足够的资金支撑，良好的团队激励，这样才能共同提升广东卫视的竞争力。

2014年4月23日，广东广播电视台由5家单位整合成立。（图2）新台组建后，集团对原来散布于“三台”之中的87家经营企业进行整合、优化，此外还将各种资源进行整合打包，首先，集团计划在3-5年内完成南方新媒体发展有限公司的独立；其次，出于打造“广东的华谊兄弟”的考虑，也为了广东广电搭建一个新的融资平台，集团今年计划启动广东南方领航影视传播有限公司的股份制改造，将原有“三台”的影视剧生产打包到公司并准备独立上市；再次，广东广电与香港电讯盈科集团的合作也在进一步加深，除IPTV项目上的合作，集团将与香港电讯盈科集团组建粤港全媒体财经公司，同时筹划打造财经品牌节目等合作项目，未来集团还将利用广东的优势，加强与海外地区的合作。

与此同时，广东广播电视台挂牌后便完成体制基础搭建工作，同时事业运营平台（广东广播电视台）与产业经营平台（南方广播影视传媒集团公司）搭建完成，为广东广播电视台整体的组织管理、制度、干部、技术等方面都奠定了基础。而为了集中全台力量办好广东卫视，发挥广东卫视的带头作用，集团决策层投入大量的资金（8亿元投入与本省扶持集团的6000万资金全部由频道自主决定），旨在用1亿元打造在全国有影响的娱乐节目。随后，广东卫视自身也投入10亿，大力打造新闻资讯、综艺栏目、大型项目、黄金剧场四大板块。[1]

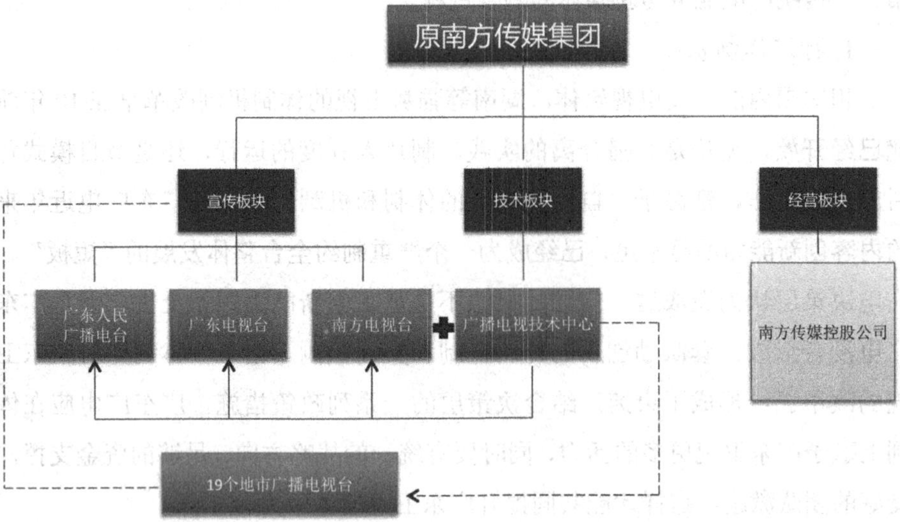

图 2：南方传媒集团“三加一”“联合”运作结构图

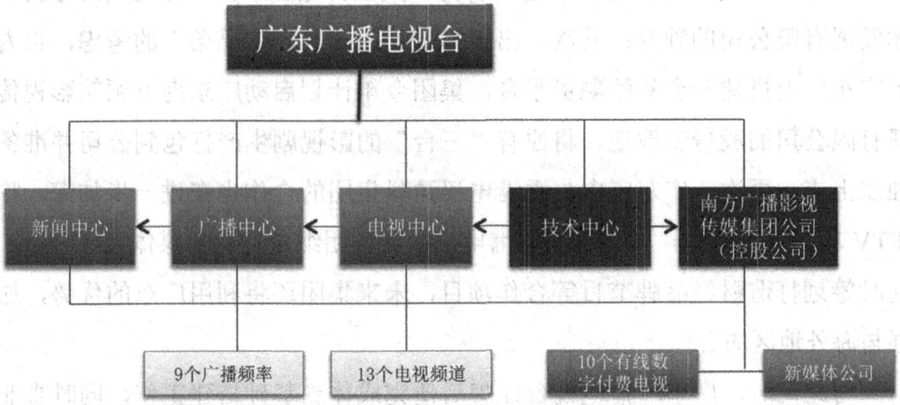

图 2：广东广播电视台“五合一”“整合”运作结构图

2. 频道制改革的深化

广东卫视的改革相对于江苏、湖南等一线卫视晚了一些，2009 年，广东卫视在没有启动频道制改革的情况下试图打造节目制作团队、适应市场竞争，

[1] 张惠建：《广东广电改革倒计时》，《中国广播影视》，2014 年 03 月 11 日

导致节目改革并没有取得明显的成效，节目部不归属于卫视管理，卫视只是内容播放的平台。此后广东广电虽然推出频道制改革，但并没有发挥多大的效力，直到2014年，广东电视台、南方电视台、广东电台“三台合一”，“广东广播电视台”正式挂牌，对频道制认识的进一步深化和频道制的公司化激活了团队的节目创新力，广东卫视面向整个集团公开招募节目制片人，鼓励制片人与其团队进行节目内容和形式的创新，直面市场竞争，接受市场考验。而在广东广播电视台组建之后，决策层开始进行“社会化”办台，“社会化办台”包括“三个创新”：创新节目生产机制、创新人才使用机制、创新引用社会资本的机制，自此，卫视拥有了包括人、财、物、频道的自主支配权；频道节目进入与退出的自主权；频道人员薪酬奖惩的自主权；全台各种资源的优先使用权。

自从2014年广东卫视频道制改革的进一步深化，其市场潜力便不断释放，截至今日，广东卫视建立了一套新的运营管理机制、形成了一条新的晚间栏目带、探索出一种新的开门办卫视合作模式、打造了《中国好男儿》和《中国大画家》等在内的一系列有影响力的节目，并提炼出一个全新的定位口号“中国力量”。[1]不少业内人士认为，广东广电要有所突破，必须集中力量打造一两档有影响力的节目，广东卫视在打造具有影响力节目上一直在进行积极的尝试。2014年广东卫视与灿星制作以委托制作的方式打造的男子偶像选拔秀《中国好男儿》是广东卫视“制播分离”的第一次尝试，是广东卫视迈出节目创新的勇敢一步，而广东卫视在节目创新与品牌节目的努力并没有停止，2015年1月1日，广东卫视推出的深度新闻节目《你会怎么做》的开播首期，在央视索福瑞全国71城中收视率为0.43%，市场份额1.22%，排名当日晚间同时段第8位。

而在2015年，广东卫视与深圳帝尊传媒联手打造大型原创汽车竞技真人秀《炫风车手》斥资1.5亿元，由双方共同投入、风险共担、利益共享，节目组在珠海为该节目专门搭建2400平米的演播厅，邀请“好声音”荷兰原班舞美团队担任舞美总设计，以演播厅与真人秀结合作为主要节目形式，将真人

---

[1] 温靖：《广东卫视：将投入超过5亿打造大型项目》，《中广互联》，2015年1月19日，参考http：//www.sarft.net/a/173664.aspx

秀和专业赛车技能有机结合，把跌宕起伏的剧情融入引人注目的汽车秀场，讲述人与车的故事，由爱车、懂车的素人参加比赛，明星队长从中挑选车手组建团队，最终选出一位冠军车手。此前，2013年12月17日，由国家新闻出版广电总局主管的《中国广播影视》杂志社主办的“TV地标中国电视媒体综合实力大型调研成果”发布会上，广东卫视的《技行天下》被评为省级卫视最具品牌影响力栏目十强之一，此外，广东电视台珠江频道被评为省级地面频道最具品牌影响力十强之一，可见，广东广电在中国广电系统中的影响力正在逐步增强。广东卫视提供的数据显示，在2014年第一季度，广东卫视通过版面的调整，将《广东新闻联播》从19：30提前至18：30，电视剧播出实现了晚间黄金剧场三集联播，收视随即以同时段60%的比例上涨，同时，广东卫视黄金剧场加大了首轮剧和二轮独播剧的购买和播出，晚间黄金时段电视剧排名大幅度提升，并带动了频道整体收视和影响力。

3. 媒体融合之路

业内人士普遍认为，新媒体的成长，是未来竞争的重点和核心。而众多资料和文献显示，广东广电在新媒体发展的道路上一直都走在前列。从2004年11月1日车载移动电视正式开播，到2012年，南方新媒体公司实现首轮战略融资，经过几年的努力，南方新媒体公司通过各业务初步发展了自己的用户，其中广东IPTV的用户数接近300万户，移动端用户超过1500万。[1]截至2014年6月12日，在拥有全业务牌照的基础上，广东广播电视台已投入巨资搭建对全媒体业务进行支撑的平台，其中包括已经建设完成的IPTV平台、手机平台、OTT播控平台、网络电视平台、地铁电视平台、车载移动电视平台，以及即将建设完成的全媒体融合平台。

自2014年“三台合一”之后，张惠建台长对广东广电的新媒体融合之路提出三点要求，第一、推动媒体融合，应当顺应大数据时代“用户为本”的趋势，运用大数据技术，深度挖掘预测用户需求，实施“用户为本”的内容创作，将数据分析融入节目内容，提升吸引力、感染力；第二、在坚持双赢原则的基础上成立并发展具有良好发展空间的运作项目，比如数字付费电视产业；

[1] 林瑞军：《南方传媒新媒体规划与实践》，《中广互联》，2014年06月12日，参考http：//www.tvoao.com.cn/a/166098.aspx

第三、打造并充分利用全媒体业务平台，从不同用户的不同需求出发，以多渠道、多内容、多终端打造出融合多屏的“云视频”服务系统，并对新媒体渠道做到可管可控。传统广电业务与新媒体的融合是否成功关系着广东广电的未来发展，然而媒体融合有近忧也有远虑，即当下如果没有传媒组织行为的融合、没有媒体行政管制的突破，没有三网融合这一必须借助的媒介融合的终端出口，“一体发展”与“深度融合”的新型传媒集团问世则也前景堪忧。

（1）“集团化”是媒体融合发展的组织基础。

媒体融合并非是新旧媒介功能手段的互相借鉴与简单的相互叠加，它要真正实现一体化发展，则要打破传媒产业事业的分界，融会贯通三网的运行，重构内部组织的结构，统一调度，统一管理，统一平台；而对传统媒体而言，首先需要的是传媒整体的变革转制，一举改变现在传媒队伍中最常见的“产事分隔”“员工身份多元化”“内部运作外部化”等等畸形变局。

（2）“产业化”是媒体融合发展的生存土壤。

传媒产业化，是指传媒在始终如一地坚持新闻的党性原则和媒体的社会公益原则前提下，同时也遵循企业运营和发展的操作规律。现今优酷土豆、搜狐视频、爱奇艺、乐视网等视频网站大鳄在与电信运营商的合作日益深化，并不断威胁着传统广电的发展，2014 年 5 月正式挂牌中国广播电视网络有限公司成立的初衷也是为了尽快打造全国有线电视一张网，但网络的分裂割据、利益分配盘根错节、各自为营使这张“网”的发展裹足不前。因此，广东广电一方面应尽快对有线电视数字化网络进行统一改造，使其具备宽带通信功能，从而和另三家运营商在市场格局分配上互相竞合；另一层面，广电应在渠道、服务上靠拢市场新生力量，在内容、版权上保持自主独立，在新旧媒体融合的磨合期保持平稳过渡。

（3）“数网化”是媒体融合发展的技术支撑。

在数字互联网时代，只有将数字化与互联网进行深度融合，才能越和颠覆传统固有架构。数网化的兼容并包改变着原先受众接受信息的习惯和需求，即从单任务阅读到多任务并行、从被动阅读到互动交流阅读、从标准化信息到个性化信息接受，广东广电应当利用网络碎片化、个性化、群落性和互动性的特点，同时强化技术的引领作用，从而打通媒体融合的技术壁垒。

（4）“平台化”是媒体融合发展的运营空间。

媒介融合的平台是一种实现双方或多方主体互融互通的介质，它强调围绕优势资源，打破以媒介或者部门为区隔、相互独立、各自为阵、资源利用低的运营惯例，确立以资源利用最优化、整体绩效最大化为目标，建设以业务流程为中轴，以用户为核心，以市场为导向的一体化运营空间，从而真正敞开技术、内容、资源、渠道交流的平台，激发出更具创新的生命力，从而最大范围地建立与受众的接触点，围绕优势资源，打造集成平台。

（5）“特色化”是媒体融合发展的市场保证。

如今，传统媒体已然不能凭借“内容为王”观点走天下，为此，转变思路、应用互联网思维、融入内容生产、为受众定制专属的服务并提供个性化体验至关重要。在融合进程中，传统媒体只有摒弃传统的运营思维、强化节目定位和服务意识、传递好的受众用户体验，才能赋予传媒集团品牌新的内涵，延伸传统媒体的品牌效应。此外，媒体融合营销传播应更加全方位、立体化从而发挥媒体间的协同优势和集群效应，让不同媒介的优势得到发挥，从而将媒介融合的集群效应得到最大程度上的彰显。[1]

2015 年 2 月 13 日，阿里巴巴影业集团和广东广播电视台达成战略合作框架协议，将基于电商定制剧模式，联合投资、制作、发行一部都市爱情题材的电视连续剧，并且广东广播电视台还将与阿里影业依托各自拥有的资源和渠道优势，探讨推出电商电视剧合作机制，这无疑是广东广播电视台推动其旗下广东卫视、南方领航、地面频道发展壮大的重要之举。此外，广东卫视在 2015 年还将与优酷、爱奇艺等视频网站，腾讯、新浪等门户网站，淘宝、京东等生活服务网站进行全方位的台网合作，打通电脑 PC 端、手机移动客户端、分众端全媒体营销平台，强化台网合作。广东广电应在“集团化”“产业化”“数网化”“平台化”“特色化”的基础上在媒介融合的道路上越走越远。

---

[1] 朱剑飞 胡玮：《主流风范 浴火重生——加快我国新型媒体集团建设的若干思考》，《现代传播》，2014 年第 11 期

三、广东广电与新型媒体集团建设

（一）认知"集团化"，做好迎接二次革命的准备

集团化管理是传媒组织对社会相关资源进行再次整合，从而实现社会效益和经济效益综合最大化的择优路径。就目前而言，备受行政化集团后遗症所困挠的主流媒体因其难以超越地域局限，传媒改革实为当下现实问题所倒逼，互联网等市场运作活跃的新媒体公司已开始发力抢摊市场利益分配格局。然而广东宽松开放的媒体舆论环境为广东广电参与全国电视发展产业、进行集团化的二次革命争取良好条件。不容置疑，广东电视媒体拥有最宽松开放的媒体舆论环境，由于批邻港澳地区，加上国家上世纪80年代中期大力动员内地各省输送好节目援助粤闵之策，做好上星卫视的海外放送服务，与港澳台等境外媒体打好一场境外空中意识形态争夺战——广东电视观众因此可以收看到八个境外电视频道，开放的电视"天空"令广东电视媒体一直处于强烈的市场竞争中，如何有效抵制境外电视附带来的西方新闻观念、审美理念和价值观，如何通过境内外电视文化交流提升自我，变压力为动力成为广东电视媒体的历史重任。在现有的宣传政策的框架内，以更开放的电视宣传理念和电视运营模式去应对挑战是广东广电宣传主管部门和电视机构的共同认识，这样，较为宽松的广东电视舆论氛围就得以形成，形式多样新颖、内容较开放的广东电视节目自然也较受各类新媒体渠道的欢迎。发达的平面媒体市场也为广东电视营造良好的宣传环境。在市场操作上以专业的分开取代实体与职业的分离，让传媒从产业角度实现个别的"点式"经营到动态的"结构"型转变，走尊重意识形态的特殊产业的发展道路，也应成为未来媒体融合过程中主流媒体的生存之道与发展特色。

（二）落实"数网化"，认清形势，居安思危

认清新兴媒体所带来的机遇与挑战。视频网站以其广大的覆盖面、影响力和高度的自由性和互动性对传统电视媒体形成巨大的冲击，这种冲击不是单靠垄断和固守用户可以避免的。通过分析外省同行可以看到，广东视频市

场的竞争不仅仅来自于新兴媒体，广东地面的省级卫视市场之争是跨地域的同行业竞争，电视经济发达省份的卫视不断挤压目前较弱势的广东卫视和省内各地面频道市场空间，作为构成当前各省电视经营最主要来源的卫视收入的减少，必然给包括电视新媒体在内的广东电视媒体产业投入造成严重影响。由于电视数网化的互联网技术平台特点，其竞争更是全方面和全国地域的，部分省外同行在 IPTV 和互联网电视方面的项目突破，已确立其在广东省的用户优势，这对广东电视数字产业发展形成了强大压力。广东广电应进一步利用好广东的“南大门”区位优势和经济发达的优势，政策上与时俱进，体制上持续谋求突破动作，加速产业化改革进程，同时为节目创新创造机制制度上的保证，并强化了社会力量的介入，以及有丰厚财力的保证。观点认为，挤压的市场竞争让传统媒体的技术革新不得不从改变思路出发，即转为提倡用户观念，满足多样化与个性化，在进行细致、周到、全面地市场细分的同时，加快实现与新媒体、大数据和云服务等三大新兴领域的有机结合[1]，从而实现传统媒体由阅读发行量、收听收视率导向移至数据量应用活跃的转变，优化传媒行业传统的决策方式和生产方式。

（三）运营“平台化”，从内容为王到产品为王

习近平总书记明确指出，要加快传统媒体和新兴媒体融合发展，充分运用新技术、新应用，创新媒体传播方式，占领信息传播制高点，媒介产业素来被称为“内容产业”，因此，“内容为王”一直是媒介行业奉行的不二法则。但是，在如今，这一法则应该有所突破。“产品为王”更能够体现当今市场竞争的特点和要求。通过分析现阶段广东广电的发展我们会发现，当内容质量的提升难以获得上行空间，或者内容要素在传媒市场竞争中的价值度有所降低的情况下，载体和规则要素的优化整合、运作模式创新就变得更为重要。其实媒介产品的三个要素中任何一个要素对于产品取得成功都是至关重要的，可见三者的系统整合所产生的合力则有更多的机会成就一个成功的媒介品牌。在媒体融合进程中，广东广电不仅要学会借力发展，更要抱团取火，不是防

[1] 朱剑飞 胡玮：《主流风范 融合发展 浴火重生 ——加快我国新型媒体集团建设的若干思考》，《现代传播》，2014 年第 11 期

范式的抱团，而是真正敞开技术、内容、资源、渠道交流的平台。传媒业担当着推进我国文化产业发展的重大使命，不应仅仅固守一亩三分地，从而一旦缺乏了传媒组织行为的融合、缺乏相关行业管制的突破，缺乏三网融合这一媒介融合的终端，一切皆成空谈。

（四）保证“特色化”：重新定位目标

特色化不是传统媒体持有“内容为王”观点走天下，而是真正转变思路，用互联网思维，以定位精准化为传播特色，从受众需求角度入手，融入内容生产，实际上需要的是产品思维。必须承认的是，广东广电从整体上收视超越境外媒体，是在政治上打了翻身仗，但今非昔比，港澳台已不足虑，但内地列强才是最大的竞争对手，必须调整心态，从政治翻身仗打到内容和产品的翻身仗，重新从一线省级台定位出发，认准目标，打好与内地列强的翻身仗。

四、对当前省级卫视不足的再认识

当大家都不看好省级卫视之时，光线传媒用行动证明了自己。2015 年 7 月，光线传媒关停了主要为省级卫视服务的电视事业部。国内电视媒体的节目创新能力呈现出整体贫弱的“亚健康”状态，节目生产克隆成风、简单复制、拙劣模仿，已然恶性循环[1]。作为以一线省级卫视为中兴目标的省级电视台，认清省级卫视当前存在的不足对广东广电的中路超车有着重要的意义。由此笔者引申出“电视猪”概念，提出两点问题，并提出改进意见。

（一）懒：节目模式以引进为主

目前国内的现象级节目存在着大量购买国外节目模式的问题。购买国外节目模式已成为省级卫视一种风尚，成为夺取众人眼球、成就现象级节目的

---

[1] 朱剑飞 李金旺：《失败容忍度低导致创新力贫弱——中国电视节目“亚健康”状态报告》，《视听界》，2009 年第 1 期

潜标志。

大量引进节目模式，省级卫视懒庸的表现，也是中国电视人缺乏创新力的表现。纵览近几年的卫视电视节目，不论是创造了收视率奇迹的《爸爸去哪儿》《中国好声音》《奔跑吧兄弟》，还是当下正在热播的《真正的男子汉》《世界青年说》，几乎所有的主力电视台都采用引进海外版权或是与海外媒体合作制作真人秀节目；江苏卫视的《谁敢来唱歌》是英国名牌节目《Who Dares Sings》的引进版，深圳卫视的《年代秀》源自比利时；安徽卫视的《黄金年代》购买的是意大利节目；湖南卫视《我是歌手》原版来自韩国，浙江卫视《中国梦想秀》引进的则是英国BBC一名牌栏目的模式，不一而足。

该类现象级节目虽然创造了收视率奇迹，但这也反映了中国电视节目当下“原创疲软”的现象。省级卫视的节目本土化创新力量一旦缺失，长此以往中国电视人将会成为“电视猪”。

不得不提的是，在这波浪潮中，广东卫视重点推出中国第一档原创汽车竞技真人秀《炫风车手》，以“要原创不要模仿”为口号，节目中的汽车元素不仅为电视节目与实体产业相接相连树立了行业典范，还带动了电视节目的“汽车热”，无疑给现今的综艺节目增添了一抹不可多得的“中国原创”色彩。

（二）弱：自制电视剧流于表面

既不参与策划又不参与制作的省级卫视将成为一个“空壳”播出平台。制作团队电视台没有足够好的制作团队，养自己的制作团队成本过高，而如今社会上有很多精于不同题材领域的制作公司，省级卫视通常都是在依据自己的需求与特色的基础上与制作公司合作，定制电视剧。这是省级卫视目前自制电视剧的思维，也是一种自己出资、“花钱购剧”的“自制模式”。

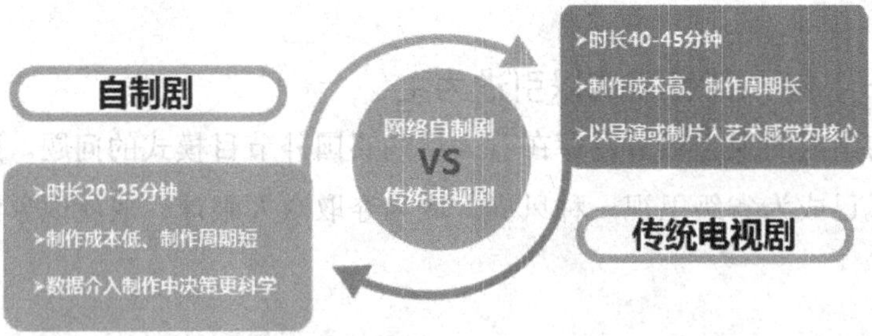

图3：“花钱购剧”的“自制模式”

自制剧的掣肘，必然带来省级卫视、中国电视剧制作行业的大洗牌，“出钱不出人、出人不出工，出工不出智”式电视剧制作模式，将会使省级卫视项目研发水平、电视剧制作水平、电视剧识别水平“沙漠化”，最终结果是，省级卫视成为一个空壳播出平台。然而毕竟媒介融合是不能以牺牲媒介独特性为代价，

权威、深入，这些传统媒体所仰仗的核心标签若被新媒体快餐文化理念所削减，安于现状则只能导致危机意识的羸弱。

（三）改进意见：广东广电：勇作广电龙头

广东卫视要作为全局龙头，则必须深化频道制公司化与节目品牌集群化，通过频道制的公司化与节目品牌集群的打造，才能有明显的进步。但问题是创新机制仍不完善，人才需求不足与制度保证欠缺是短板；而且品牌节目的开发与巩固任重道远。在人才培养和迎来新一轮的快速增长上，笔者有着如下认识：

1. 创新培养观念

人才是广电集团化发展的最主要因素，电视人才的知识结构、创新能力和运营管理能力决定着改革的成败。因此，广东广电在事业和产业发展上需要在现有的认真做节目的同时，加强机构培训和自我教育，加强对新媒体和融媒体有关知识的学习，强化市场营销、资本运作和现代企业管理知识的积累，这是新时期电视人应有的素养。只有通过不断学习，完善广电知识结构，才能不断革新省级电视的创新观念，在新的媒体环境下创新出更多更好的电视节目形式、传播形态乃至产品模式。可以说，成功的省级卫视新的创新点就是通过具备新时期媒体观的人才，以及不断的终端升级来最终实现用户粘度的提升，广东电视新媒体要取得这样的成绩，就必须重视和学会不断的观念创新，通过不断的创新在集团化变革下形成一定程度的节目品牌变化和发展。

2. 立足牌照优势

广东广电实际上介入电视视频产业开发较早，开放的电视竞争环境也使得国家广电主管部门在电视新媒体政策上给予广东更大的扶持，广东电视媒体牌照优势十分明显。南方传媒集团拥有目前所有国家批准的电视媒体开展新媒体业务的牌照。2005年6月，国家广电总局授予广东电视台手机电视牌照，

牌照许可范围为广东全省。2006年8月，广东电视台获得广电总局批准的第三张全国性IPTV牌照。2010年7月，南方传媒集团属下的南方控股公司获得第四张互联网电视内容播控集成双牌照。此外，作为全国试点省份，南方新媒体还根据电视新媒体产业布局申领了不同类别的《信息网络传播视听节目许可证》，包括视频网站、互联网手机电视、移动电视、地铁电视等牌照许可。种类繁多、内容全面且带有一定垄断性质的牌照许可为南方传媒发展电视新媒体产业打下坚实的基础。

3. 坚定发展信心

虽然普遍认为媒介融合是未来电视发展的方向，但亦应在认清集团化、产业化、数网化、平台化、特色化[1]趋势下，在理解“媒介融合（Media Convergence）”不是“媒体融合”[2]的基础上，重新理解新的形态带来的新的机制和运作模式。广东广电必须统一思想，明确现有的电视发展优势，坚定信心，坚决推进广东电视媒体改革向前发展。一、实际上广东传统电视时至今日仍具备他省电视台所不具备的竞争优势。广东电视的多年来的内容储备在业内首屈一指，信息和视频采集来源也处于相对垄断地位，为未来内容产业发展打下良好的基础。广东电视媒体在视频技术和设备上的积累是新兴媒体视频网站无法比拟的。广东电视每年三十多亿元的广告和产业经营收入可以较大程度上满足传统电视发展和为电视新媒体提供基本资金，这和新兴媒体大多采取的高负债、高投入和高产出的高风险发展模式相比有着天然的生存优势。二、广东电视新媒体仍拥有较强的竞争力。广东是国内最早展电视新媒体的省份，国家新媒体政策的持续扶持是广东电视新媒体发展的主要优势，目前广东广电是国内电视融媒体牌照最齐全的三个广电机构之一（另外两个是央视国际和上海文广），尽管近年来广东电视新媒体产业发展放缓，但是齐备的新媒体项目拓展，较为完善的新媒体机构设置，基本完成的新媒体产业布局，均奠定了广东电视新媒体接下来快速发展的基石。三、广东文化体制改革带来广东电视新一轮的发展。近两年来，广东文化体制改革不断

[1] 朱剑飞 胡玮《主流风范 融合发展 浴火重生 ——加快我国新型媒体集团建设的若干思考》，《现代传播》，2014年第11期

[2] 朱剑飞 秦空万里：《融媒≠出路：对我国传媒业数字化生存的再思考》，《现代传播》，2012年第12期

深入开展，广东广电已成为新一轮体制改革的重心，广东广电机构改革和体制革新已被提到日程上来，可以预计，广东广电的第四轮改革将对广东电视未来发展产生深远影响，有理由相信，近年来广东传统电视和电视新媒体存在的发展瓶颈将被打破，它们即将迎来新一轮的快速增长。

五、广东广电的中兴之路

走上中兴之路，必须认清的是媒体融合的前提：集团化、产业化、数网化、平台化与特色化，在此基础上再厘清几个关键性概念。

（一）认清融媒体："媒介融合"不等于"媒体融合"

当务之急是发展产业，推动三网融合，进行集团化的二次革命。媒体融合，并非是新旧媒介功能手段的互相借鉴与融通，当务之急是发展产业，推动三网融合，进行集团化的二次革命。融媒体要真正实现一体化发展，则意味着打破传媒领域产事分界，贯通三网运行，重构内部组织，统一调度，统一管理，统一平台；而对传统媒体而言，首先需要的是传媒变革的整体转制，一举改变现在传媒队伍中最常见的"产事分隔""员工身份多元化""内部运作外部化"等等畸形变局，这必然是一场深层次的改革，一次系统化的创新。

省级电视媒体的融媒体机构有相当数量上是在原来的有线电视网络的构架上发展起来的，毕竟有线网络运营商的身份和机构基础有利于融媒体工作的尽快开展。广东电视融媒体业务的拓展是和全国传统电视融媒体事业发展相一致的，较早开展电视融媒体业务并获得国家广电总局的政策扶持令广东电视融媒体发展取得了先机，作为全国最早开展电视融媒体的省份之一，广东目前已完成了电视融媒体的初步布局，也是国家电视融媒体产业发展的试点省份，相比较其他同行来看，广东传统电视媒体发展融媒体业务其优势可说是比较充足的，多年来积累的人才技术、内容、资金和牌照等大大降低了广东电视媒体进入融媒体事业和产业的门滥，这些优势因素是广东电视新媒体早期迅速发展并初具规模的最主要原因，并也是目前广东电视融媒体继续向前发展的主要支撑力量，因此只有充分认识和发挥广东电视发展融媒体的优势，才能为广东电视乃至国内电视未来传统传播渠道和融媒体渠道的可持续发展提供坚实的保障。和其他省份不同的是，上海东方传媒凭借上海文广集团的强大实力以自有资金来发展电视融媒体项目，几年来累积投入超过 10 亿元人民币，这个数字在国内省级电视媒体中是绝无仅有的，这也使上海东方传媒在融媒体产业布局和资本化进程中掌握了主导权和发展节奏。主要经营 IPTV 项目的百视通公司（BesTV) 是整个上海东方传媒集团中业务最重要、实力最强的企业，它不仅是国内最大的 IPTV 网络运营商，也是最重要的 IPTV 内容和网络服务商。2010 年 6 月 28 日，湖南广播电视台与芒果传媒有限公司正式挂牌成立，这也是湖南广电机构实行企事业分开、管办分离机构改革的重要步骤，芒果传媒通过分设，管理着湖南广电所有频道经营性资产、有线电视网络、电视融媒体产业、购物项目等共约 70 多个下属公司，借助于上市公司湖南电广传媒母体的支持，芒果传媒已开始加快湖南电视融媒体的进程。此外，国内省级电视机构专注于融媒体运营并发展较好的机构还有浙江广电的浙江华数、北京广电的歌华有线等等。

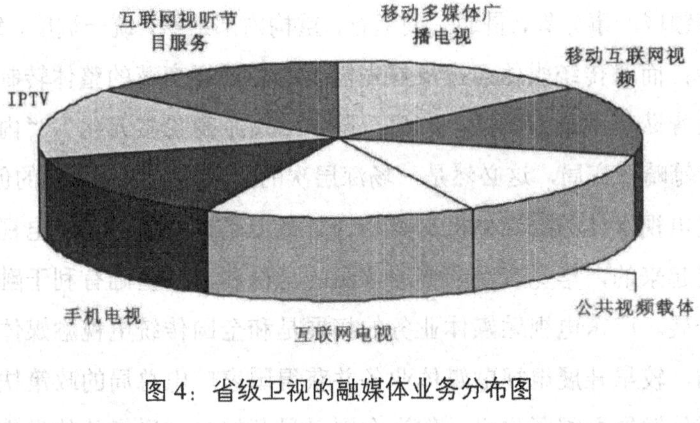

图 4：省级卫视的融媒体业务分布图

（二）区位优势：立足广东，用好区位带来的“产业化”优势

广东电视发展产业化有其独特的地域优势。广东引领改革开放之先，经过三十年经济飞速增长，为广东各项事业改革发展打下了良好的经济基础。广东是全国人口第一大省，经济实力全国第一，快消品和广告市场全国第一，是中国经济最有活力的省份之一，各项经济和社会指标均位列全国前茅，这

些因素都实际反馈到广东电视事业上，不仅大大促进了广东电视媒体的发展，也推进了节目内容“特色化”的进步，大量反映广东本地风情和本土化的各类电视节目备受新媒体渠道关注和欢迎，更重要的是广东新兴的媒体产业可以通过所处发达的经济市场获得收益，从而更容易获得金融资本和投资商的亲睐。这种现象在其他省份是较难出现的。1983 年开播的珠江频道，是国内首个以粤语方言播出的省级地面频道，粤语播出的频道设置让珠江频道开播伊始就具有天然的本土贴近优势，也使其成为当今广东省内覆盖最广、收视率最高、影响力最大的电视频道。方言的优势反映在新媒体渠道上，广东电视通过产业化改革来拓展本土粤语电视节目便有了其核心的竞争力。广东三大报业集团也十分强势，《南方日报》是全国发行量最大的机关报，《南方都市报》是全国影响力和发行量最大的都市报，《南方周末》更以其深度报道和独特视角成为全国发行量最大的周报，此外，《羊城晚报》和《广州日报》分别也是全国发行量位居第一的晚报和日报。平面媒体的强大不仅为广东电视媒体提供更多的合作互动机会和信息来源，而且整体宽松开放的舆论环境也为广东所独有，这都大大提升了广东电视的节目制作水平和媒体运作水平，为广东广电的产业化创造了良好的舆论氛围。

（三）内容为王，长期的积累可奠定广东电视的“数网化”基础

当前广东电视在全国卫视的排名虽然已经上升至 14 名左右，但发展仍是机遇与挑战并存也是客观存在的事实，树立正确的数网化发展观必须首先是要认清自身优势，同时做好对广东电视面临的挑战和竞争对手的分析，通过自身强项打目标的弱项并借力打力，尝试用互联网思维抢占制高点。观念决定出路。转变传统媒体的固化定势，就是要勇于接受互联网思维独具的平等交流与互动传播的创新和体验，着意降低主流媒体的高姿态、主动寻求传播模式在数网化方向上的革新与改变、借力发展方为上策。然而从内容来源角度看，当前网络门户和视频网站的视频内容主要来源于三个方面：从影视制作公司购买影视剧内容、网友自制上传以及各大电视媒体内容授权，其中传统电视媒体内容提供和授权占了较大的比重。多年来传统电视媒体的视频内容积累及更新是一个极其庞大的数据，其视频制作综合实力更是任何一个新媒体机构均无法比拟的。广东电视媒体是中国电视的南方门户，在国内电视

界有着举足轻重的地位，借助于改革开放前沿阵地的潮流，承接广东三十年经济高速发展的势头，广东广电无论在电视事业上还是内容生产上均取得很大的发展，成为当前及未来广东广电数网化的绝佳优势。

（四）节目内容和频道品牌优势，是广东广电“产业化”的重要凭借

“打造品牌、发展产业”是广东广电一贯的重点发展战略，为此，集团斥巨资重点开发和制作本土节目，不仅在提高十个频道的影响力、打造优质节目下足功夫，而且通过节目和频道的视觉形象推广、综艺节目活动举办、知名主持人培养等方面让广东电视媒体形象深入人心，广东台制作的民生新闻节目《630新闻》《今日关注》，南方台的《今日一线》《今日最新闻》《马后炮》等成为广东电视市场上最强势的新闻栏目，《警戒线》《社会纵横》等一大批法制、专题类自办节目在广东收视市场上也取得不俗的收视表现，自办品牌栏目对频道整体收视的贡献率甚至超过了电视剧，这些节目已经成为广东电视媒体应对新兴媒体竞争的利器，并构成广东电视产业集群的重要组成部分。在2012年全国“两会”报道中，南方传媒集团组织了138人的报道组赴京采访，及时、全面报道大会盛况，并通过珠江网络传媒、南广手机电视、悦TV视频微博、网络电视等新媒体平台，对“两会”进行报道。时任广东省委书记汪洋对广东电视媒体的宣传报道工作给予充分肯定：“今年两会报道更生动、更活拨、更深刻，真正体现了广东代表委员的参政议政水平”。电视频道是电视媒体品牌和节目品牌的载体，也是传统电视产业运营的载体，更为重要是在移动流媒体手机、互联网电视等新媒体产业链条中电视频道成为最有价值的一部分。

（五）技术优势，广东广电新媒体业务的坚强后盾

麦奎尔大众传播理论认为：“在媒介全球化和新媒体化的背后，一直都有一股强大的驱动力，其中首当其冲的就是技术和经济”[1]。传统电视媒体长

---

[1] ［英］麦奎尔，崔保国等译，《麦奎尔大众传播理论》（第五版），北京，清华大学出版社，2010年版，第36页

期重视电视技术和制作人才的积累，相比较目前新媒体视频运作机构，电视媒体在视频制作方面无疑更加专业，更加全面。此外，近年来各主要电视媒体在新媒体产业方面均有所拓展，为传统电视视频与新媒体渠道的业务融合也奠定的坚实的技术基础，这其中包括了传统电视媒体作为内容提供商进行的技术升级，如当下如火如荼的电视高清技术改造、广电行业开展互联网电视内容集成服务平台的建设和新媒体终端嵌入适配技术的开发等。广东电视媒体也不例外，针对传统电视渠道和电视新媒体链条均进行了大量的技术改造及升级，为参与视频市场的竞争做了充分的准备。

六、结语

归根结底，努力实现广东广电在新型媒体集团建设下的传统电视资源和新媒体资源的有序整合，是这一波体制变革大潮带给广东台带来的中兴机遇。习近平总书记在2014年8月强调坚持运用互联网思维将传统媒体和新兴媒体实现优势互补、一体发展，坚持先进技术为支撑、内容建设为根本，推动传统媒体和新兴媒体在内容、渠道、平台、经营、管理等方面的深度融合，着力打造一批形态多样、手段先进、具有竞争力的新型主流媒体，建成几家拥有强大实力和传播力、公信力、影响力的新型传媒集团，形成立体多样、融合发展的现代传播体系。[1]也因此我们可以说，坚持集团化、产业化、数网化、平台化与特色化，必将大大提升广东广电在全国范围内的竞争力，其中无论是体制改革还是媒介融合，均经得起市场经济条件中应以特殊产业运作规律为准绳的检验为标准。在改革进程中科学学习，理性评估，这也是我们所强调的广东广电在中兴之路上的所谓“谋定而后动”。

---

[1] 《习近平：着力打造一批形态多样新型主流媒体》新华社2014年8月18日

参考文献

[1] 区念中 . 以差异化战略构筑竞争优势——南方电视台的成长之路 [J]. 中国记者，2006，02：73-75.

[2] 许民 .“财富”之路 赢在“执行”--- 对广东卫视频道定位的审思 [J]. 南方电视学刊，2006，06：8-11.

[3] 朱剑飞 . 改革是传媒繁荣发展的根本动力之源 - 兼论广东广电“先行先试”的因应之道 [J]. 现代传播，2012，07：1-7.

[4] 朱剑飞 胡玮 . 主流风范 浴火重生 --- 加快我国新型媒体集团建设的若干思考 [J]. 现代传播，2014，11：12-19.

[5] 朱剑飞 李金旺 . 失败容忍度低导致创新力贫弱——中国电视节目“亚健康”状态报告 [J]. 视听界，2009，01：28-31.

[6] 朱剑飞 秦空万里 . 融媒≠出路：对我国传媒业数字化生存的再思考 [J]. 现代传播，2012，12：1-5.

[7][英] 麦奎尔 . 麦奎尔大众传播理论 [M]. 北京：清华大学出版社，2010：3

案　　主 苏州广电
案例作者 赵越 王倩楠 鲁锐 阮国越 武红明
内容摘要 苏州广电在城市广电中异军崛起，缔造了“苏州现象”的业界神话。通过十年的发展，苏州广电逐步形成传统产业、新媒体产业、文化产业三足鼎立之势，成为城市广电中的佼佼者。本文将立足苏州现象，对苏州广电的产业发展战略进行深入剖析，并对未来苏州广电如何继续本土化、拓展区域化、走向全国化提出进一步建议。
关 键 词 苏州广电 三足鼎立 传媒产业集团 无线苏州

三足鼎立成就现代传媒产业集团

——苏州广电

一、苏州广电改革历程

苏州广播电视总台成立于2001年，是由原苏州人民广播电台、苏州电视台、苏州有线电视台、苏州广播电视报社和原吴县广播电视系统等单位整合而成。苏州广电立足于广播电视等主产业，同时加快发展新媒体产业和文化产业。其中，代表新媒体产业的，名城苏州网和“无线苏州”app发展迅猛，影响深远。而现代传媒广场、国际影视娱乐城、演艺中心项目作为文化产业的三大基石，已经成为苏州广电的新亮点。

（一）紧跟时代潮流 找准战略定位

苏州广电总台拥有五个电视频道、六个数字电视平台、七个广播频率、两张报纸、两本杂志、四家网站，有效覆盖苏州（含张家港、常熟、昆山、吴江、太仓五个县级市）以及上海、无锡、南通、嘉兴等地2000多万人口。[1]

为应对全新的舆论传播格局，苏州广电坚守主流媒体阵地，创新节目传播形态，力图打造更多更优内容。首先，将传媒内容产业作为着力点，全方位提高内容生产、集成和传播能力，保持其广电节目收听收视率在所覆盖区域占据垄断份额。其次，在立足做强做大传媒主业的同时，顺应时代发展，加快新媒体建设，并实现传统媒体和新媒体的融合，并力图整合发展各类媒体渠道资源和内容资源，构建全媒体运营平台。再次，优化产业结构，进行多元化发展，全力推进重点文化产业项目建设，着力构建传媒主业和文化产业相互融合相互促进的发展布局。最后，为更好地进行市场化经营和发展，加快推进体制机制创新，加快建立和完善符合媒体发展规律和市场竞争规律的管理体制和运行机制，从而构建成媒体多样化、收入多元化、经营规模化的现代传媒产业集团。

2012年是苏州广电一个崭新的起点。苏州广电总台提出了四个跨越的发展目标，努力实现从地方性媒体向在全国具有影响力的媒体的跨越。努力实现从传统广电媒体向现代传媒产业的跨越。努力实现从单一的传媒集团向传媒主业、新媒体产业、文化产业“三足鼎立”的传媒文化产业集团的跨越。努力实现从传统事业管理向现代企业管理的跨越。力图到“十二五”期末，使苏州总台成为全国一流的城市现代传媒产业集团。综合实力继续保持全国大中城市（含直辖市）台前10位。总台经营总量要比2010年翻一番，资产规模达到100亿元。

（二）领军城市传媒 塑造一代标杆

经过十年的历练，苏州广电在品牌宣传、事业管理、经济收益和人才建设等方面上不断走向新台阶，也收获满满。十年来，苏州广电收入飞速增长，资产大幅增值，利润连续增长。成就主要体现在媒体影响力和媒介地位两方面。

1. 媒介影响力

（1）经营效益

据相关资料显示，按照同口径相比，2010年的总资产达到48亿元，是

[1] 参见 http：//xw.2500sz.com/news/szxw/mcbd/shxw/2012/1/1/

2001年的9.2倍。自2004年起，总台经营收入已连续7年名列全国地级市首位，连续3年在全国大中城市（不含直辖市）中列第2位，仅次于深圳广电集团。[1]2013年苏州台的电视广告收入7.6亿元，加上“第一房产”“第一汽车”、电台频率的广告经营，达到10亿。这样的业绩，超越了一半以上的省级卫视。

（2）收视率

在收视率上，苏州广电领先于国内省市媒体。2011年1-9月，苏州广电黄金时段收视份额连续创新高，一度成为国内地级市城市频道中的老大，最高时冲破65%。

（3）活动影响力

苏州广电策划和运营一系列的品牌事件和文化活动，在国内外取得了广泛的影响力。比如，2010上海世博会苏州馆获得海内外游客欣赏。中国国内旅游交易会开幕晚会、中国金鸡百花电影节、苏州工业园区阳澄湖大闸蟹文化节、亚洲城市电视媒体汇演等大型活动向海内外展示了苏州电视媒体实力。还有，策划和承办的城市形象宣传为苏州获得“中国最具经济活力城市”和“中国魅力城市”的殊荣发挥巨大作用。

2. 媒介地位

苏州广电凭借喜闻乐见的节目和独一无二的品牌策划活动，在业界获得良好口碑，深受观众喜爱。苏州广电总台广告中心曾两度荣获中广协颁发的“全国文明单位”称号，还被国家广电总局命名为首批“广播电视广告播放行业自律示范单位”；总台还先后赢得“中国阳光传媒大奖”“中国传媒产业经营管理十强”和“品牌贡献奖•影响中国十大区域电视台”等殊荣。[2]

苏州电视台虽然属于地市级别，但其实力和影响力不亚于省级。尤其是在节目内容和节目影响力、广告营收上甚至已经远超一些中西部省级电视台。苏州电视台在晚间黄金时段坐拥当地2/3的收视份额，遥遥领先于央视、各省级卫视在苏州的市场占有率。自成立以来，总台在正确舆论导向指导下，以肩负主流媒体责任和传播优质内容为己任，立足深厚的吴文化，创造了一批观众喜闻乐见、社会反响积极的品牌栏目。这一批广受观众喜爱的吴文化品

---

[1] 参见 http：//csztv.cn/a/SBSonline/

[2] 参见 http：//www.wutongguo.com/cp2AF160F998.html

牌栏目具有独一无二的品牌识别和品牌影响力，得到了苏州受众的青睐，从而扩大了苏州电视台的影响力。

3.“苏州现象”

苏州广电成立十多年来，紧紧咬住发展目标，积极开拓创新，锐意奋发图强，成就了中国广电业界独特的“苏州现象”：电视频道组黄金时段连续保持60%以上收视份额，广播频率组保持75%以上收听份额，均居垄断地位；经营创收总量连续9年位居全国地级市台第一名，连续7年名列全国大中城市（不含直辖市）第二位。电视作品先后获得全国“五个一工程”奖、中国新闻奖、国家级广播电视政府奖、国家级电视艺术星光奖、金鹰奖等多个国家级奖项，被国家广电总局艺委会誉为中国电视艺术的“苏州现象”。[1]

二、“三足鼎立”产业发展战略

（一）现代传媒产业集团的架构

1.何为三足鼎立？

在“十二五”计划中，苏州广电总台明确提出“建设全国一流的城市现代传播产业集团”战略目标，努力实现从单一的传媒集团向传媒主业、新媒体产业、文化产业“三足鼎立”的传媒文化产业集团的跨越。

2.架构现代产业的必要性

苏州总台之所以在强化广播电视主业的同时，力图发展新媒体产业和文化产业，构建“三足鼎立”的产业发展战略，主要原因是单一广告创收风险率大，经营市场开拓度与粘着力不强且盘中的蛋糕难以做大。因而架构现代产业的必要性在于优化资产结构。如今，电视广告竞争越来越激烈，越来越艰难。在发展趋势上，电视广告总有一天碰到天花板，苏州电视台领导也多次清醒地说：“将来广告肯定有封顶的一天。”2013年苏州台的电视广告收入7.6亿元，加上“第一房产”、“第一汽车”、电台频率的广告经营，达到十个亿。这样的业绩，超越了一半以上的省级卫视，但是从自身的发展来看，

[1] 参见http：//special.zhaopin.com/campus/2012/nj/gd101871

能和前两年持平就是不错的业绩，正因为这样，2014年的广告经营规模，台里的基本口径就是保稳。苏州广电总台为了突破广告天花板，开始规划新媒体产业和文化产业，向周边区域扩张各个产业的发展，使文化产业成为继“传媒主业”“新媒体产业”之外的第三条腿，形成三角依存之势，利用三角形的稳定特性来抵御市场竞争中的风险。

（二）传统广电产业的改革

1. 广电集团整合历程

2002年1月1日，苏州广电总台正式开始运营，整合了原苏州电视台、苏州有线电视台、苏州人民广播电台、苏州广电报社、吴县广电局及下属的电视台、电台等单位。

2004年1月，广告中心成立，由广告中心直接经营主体任务，进一步优化了频道、新闻、节目和广告方面的资源。成立之初，总台实行统分结合的经营管理体制，广告中心行使广告监管与策略调控职能。两年后，频道分散经营改为总台统一经营，广告中心对总台本部四个频道实行统一经营管理，从监管调控向经营实体彻底转变。

2008年，电视广告经营资源平台再度整合实现了以一至五套为核心的，包括数字频道等视频媒体的完全整合，有利于更加合理利用电视广告资源。

2. 制度改革

（1）管理模式

为了持续稳步推进管理体制机制改革，总台实行党委领导下的频道（频率）中心制，建立了总台内容资源整合运用新机制、各媒体间广告资源整合运行新机制，不断整合扩展各类经营资源，并通过目标设置、资源管理、绩效考核、制度规范、工作流程、奖惩监管等各环节，创造性地建立了节目内容生产、大型活动、广告经营“三位一体”互相促进、良性循环的机制，全面提升了总台整体作战能力，使分行业经营、影响力营销等切合市场实际需求的经营模式切实得到实行，电视经营资源的价值大幅提升。

苏州广播电视总台基本架构：苏州广播电视总台实行党委领导下的总台长负责制，党委其他成员和副台长按照工作条线分工管理并向台长负责。总台下设12个管理及运作部门：办公室、总编室、研究室、党群办、纪检室、人力资源开发中心、财务中心、技术中心、广告中心、节目购销编排中心、行政事务管理中心、东吴广电管理中心。苏州在总台之下设置了与频道并行的五个中心，分别对人力、财务、技术、广告和节目购销编。[1]

苏州广播电视总台实行的是频道中心制，既不是单纯的频道制也不是单一的中心制，是两者精髓的结合。对于需要总台统一管理和调控的资源实行中心制，如人力、财务、技术、节目购销、广告等；对节目生产则实行频道制。这种状况可以称为“一台多制型”，按照具体情况来看，分别用三种体制：第一个板块是主频道，采用频道制管理体制。受历史原因影响，苏州有线与无线合并后形成了“新闻综合”与“社会经济”二分天下的频道格局。总台根据实际情况决定采用双主频道制，鼓励两个频道的节目特别是主打的新闻节目在同一时段上竞争，从而实现了一加一大于二的效应。第二个板块是文化频道和电影频道。由于这两个频道较弱，仍沿用传统的中心制管理体制。第三个板块是生活频道，也称为第五频道。目前采用的是公司化运营。它的前身是原来东吴区的电视台。

苏州广电频道中心制具体包含以下五个内容：①人事：总台根据每个频道设立好的固定岗位数目来统一招聘，招聘进来后各个频道可以自由选人、定岗、定薪和解聘。②财务：原则上，频道总监有权自由使用经费，调整经费的比例构成，核定每个员工的薪酬水平。频道拥有购片的权力。但在电视剧购买上，总台统一购买，各频道再向总台竞价购买。[2]③广告：根据广播、电视不同的媒体特点，总台采取不同的经营体制。电视广告实行“统一管理、分频道经营”，总台设立广告中心，属于管理部门，中心的广告人员下派到各个频道，组成频道广告部，具体对接各频道的广告业务。各频道广告部之间相互竞争，并承担具体的广告指标任务。而广播广告则实行“与频道节目一体化”，分散经营，直接接受总台广告中心的统一管理。④电视剧：对于电影、电视剧、综艺娱乐由总台安排节目购销编排中心负责统一购买和编排播出。同时中心必须向总台负责收视率。而对于动画片和专题栏目则由各频道自行购买。⑤考核：针对不同的频道特性采用不同的考核要求。比如，主

[1] 参见 http：//www.docin.com/p-830105587.html

[2] 参见 http：//www.129129.com/?4

频道和第五频道最大区别在于广告经营权独立与否，因而对主频道的衡量主要是从收视方面下手。而总台对公司化运营的第五频道的考核主要是从创收的角度来衡量，对于其收视却基本不管。

频道中心制在缓解阶层矛盾、解放体制上有一定作用。虽然有所放权，但总台的总的控制权仍有所保证。按照一台多制型的模式，不管是主频道还是公司化经营的第五频道都比中心制管理的电视娱乐频道拥有更大的自主权，激发了员工积极性。频道中心制的弊端是，主频道的人事和财务上的权力还是太小，对于积极性的激发效果有限。总体来说，苏州广电的"一台多制"频道中心制实用性和操作性较强，有积极的借鉴意义。

（2）运作机制

苏州广电采用干部竞聘、员工竞岗、节目竞优、创收竞标的"四竞"运作机制，其中"员工竞岗"最重要。具体来说就是对所有在编的正式工和在册的临时工，实行"定岗、定编、定职、定酬"。正式岗位设置行政和业务两类，行政通道按管理岗位定级，业务通道分为记者、编辑、摄像、播音主持、播出维护、制作、综合七种岗位，每种岗位又分为四个等级：高级、一级、基本、助理。临时岗位按工作责任和要求的不同分为四类二级。各部门员工编制和各正式岗位职数由总台核定。奖金总额由总台核定划拨到部门，由部门按工作业绩实行二次分配，并报总台财务中心。

①内容管理

苏州电视台在晚间黄金时段坐拥当地2/3的收视份额，遥遥领先于央视、各省级卫视在苏州的市场占有率。苏州电视能够在多年的黄金时段占有本地这么高的收视份额，首先自然得益于自身节目内容的吸引力，也就是他们始终坚持的"内容为王，节目立台"传播理念，并以内容为主要竞争力，打造"销售型媒体"。

第一、在内容特色方面，苏州电视台一直坚持的一点是：坚持深挖文化内涵，向本土文化要特色。一个成功的电视栏目品牌具备的首要特征是有鲜明的个性特色。而区域文化和地域特色是个性品质构成的重要元素。媒体的竞争态势日趋激烈，城市电视台要想在众多的频道竞争中脱颖而出，唯有保持生存的空间，办出个性、办出品牌。

苏州拥有吴侬软语似的文化，具有内敛、精致、兼容深厚的特点。深受吴文化文化影响，苏州电视台在内容策略上打造了一批《苏州新闻》《谈天说地》等适合吴文化圈传播的品牌栏目，贴近民情、关注民生，是其他同行媒体不可比拟的，同时还获得了不同时段最主要的市场份额。苏州广电的吴文化栏目已经形成了以《天天山海经》《李刚评话》《施斌聊斋》《故事会》《开心茶馆》为代表的方言新闻、新闻评论、脱口秀、栏目剧、综艺等栏目齐全、观众精准的节目群。

第二、节目广告活动三位一体，加强节目内容的研发和创新，在频道本土化基础上带动电视栏目品牌化，共同打造“销售型媒体”。

很多其他的城市电视台由于局限于媒体的事业属性，因此在节目的研发上，很多都只是单独依靠节目部门来完成，导致与市场脱节，内容缺乏新意和活力，无法带来市场效益。然而，在节目研发上，苏州广电早已认识到整体协调是媒体良性发展必须解决的首要问题，过去单靠一个部门单打独斗是行不通的，必须集中精力办节目，举台一致促创收，构建节目、广告和活动“三位一体”，共同实现媒体的发展目标。在这样的思路指导下，由广告中心参与节目研发和活动策划的“市场导向”机制形成。

通过将节目内容与广告和活动三位一体结合起来，苏州广电不断推进节目创优，将自己打造成了苏州本地的强势媒体，并成功由广告销售替代节目销售，产品消费者替代节目观众，为广告主带来了实实在在的市场效益。2013年苏州台的电视广告收入7.6亿元，加上“第一房产”、“第一汽车”、电台频率的广告经营，达到十个亿。这样的业绩，超越了一半以上的省级卫视。

第三、完善栏目内容管理体制，建立科学的节目评估体系

首先，在电视栏目的运营管理上，苏州广电采用现代企业管理方式，努力成为高效创新型组织。自2006年，总台与所有下属部门和机构签订工作目标责任书，给各部门分配好具体的创收任务和所需的运作成本，同时明确回报率。将每年的考核具体到频道、栏目和个人，对工作任务、工作成本和支出、个人绩效考核等均提出了具体的要求。

其次，运用“收视率”和“满意度”杠杆完善栏目评估制度

收视率和满意度是苏州广电用来评估栏目和开发栏目的两大杠杆。最早采用收视率指标考核各栏目是始于2002年，从2003年起就开始用更为精确的收视仪来衡量，同时每隔一天发布收视率报告，每月还有月报告。进

入2008年，按天、周、季度、年等周期来生成的收视报告电子版诞生。收视率能够有效帮助苏州广电检验节目生产、配置、编排和广告资源利用效率。在“满意度”方面，苏州广电以“专家意见、阅评员主张、观众议论、偏颇率、获奖率、广告投放量等指标构成”栏目满意度“评价体系，其中专家意见是权重最高。

3. 改革理念

苏州广电总台的改革理念可以概括为一句话，就是“实现媒体资源价值最大化”；具体的方法也可以概括为一句话，就是“资源集中掌控，媒体集中经营，流程统一规范，细分行业经营”。[1]

资源集中掌控：总台集中掌控所有媒体资源，彻底改变表面由单一频道或栏目经营，实际外包给社会公司或供应商的做法。为了避免个人或小团体利用总台以权谋私，阻止浪费总台资源的行为，苏州广电还专门颁布四个“十不准”的规章，并统一管理涉商内容。

媒体集中经营：下属的广播、电视由分频率、分频道经营过渡为由广告中心集中经营。这极大地提高了总台媒介资源利用率和市场垄断优势，避免了内部恶性竞争、资源价值比不高的现象。

流程统一规范：从广告价格、折扣确定到审核审批的工作程序，从项目谈判、合同签约到输入、播出的工作流程，苏州广电总台均实现严格规范管理和电脑软件控制。同时，强化广告部门内部及经管（财务）部门的流程监管功能，这些都彻底改变了以往主观随意、“跑冒滴漏”的现象，在规范、流程上保证了总台资源的价值最大化，避免资源的流失和个人或小团体谋利现象。

细分行业经营：下属的广播和电视先后由“按地区经营”和“全民皆兵经营”的方式过渡到“按行业经营”。总台广告经营理念和方式实现了根本转变，从过去的以“时间、价格”为主要谈判内容的粗放的传统营销方式，转变为“以市场为导向，以客户为中心”的方式。这一方式能够为客户提供从市场调研、方案策划、宣传推广、信息反馈的全过程服务。

“整体作战”也是苏州广电的一大特色。从节目、广告、活动、产业、技术、

[1] 参见 http：//www.cnr.cn/gbzz/ytzmdm/201205/t20120523_509

管理等环节入手提高整体作战的效能。在重大宣传报道上采用新闻资源整合机制，总台成立领导小组，由台长担任组长，分管宣传的总编辑担任副组长，总编室、各频道（频率）、报社、网站、技术中心、广播中心的主要负责人为小组成员。按照“宣传统一指挥，人员统一调度，设备统一保障，后勤统一协调”的原则，总编室牵头组织报道策划，制定报道方案，调度采编人员，组成联合采访组；调度技术、行政部门人员提供技术设备和后勤保障。7 所有采编人员都以“苏州广电总台特派记者”的身份统一向所属各媒体编辑发表经总台领导审核的音视频、文字、图片等，各媒体需根据总编室规划要求安排节目、版面进行刊播，以扩大报道声势，形成宣传合力，提升总台影响力。

（三）新媒体产业的改革

苏州广电总台的新媒体产业在许多领域都已全面启动。之建立了苏州最大的门户网站——名城苏州，架构了手机短信业务和宽频电视业务，加盟发展了 CUTV（城市联合网络电视台）。在发布的十二五规划中提出要进一步加快建设新媒体产业，从 2011 年开始布局移动互联网平台，投入巨资创办“无线苏州”手机客户端，以此来进一步推进传统媒体和新媒体的融合发展，再造苏州广电发展优势。

1.“无线苏州”——全媒体平台

2011 年 10 月，正式启动城市信息云平台项目建设，“无线苏州”手机客户端是集团推进城市信息云平台的蓝本项目。“无线苏州”移动互联网客户端，实现了互联网、物联网、通讯网、广电网“四网融合”，是资讯 + 服务的综合应用平台。截止 2014 年 11 月，“无线苏州”下载用户量已达 160 万，日均访问量 2400 万人次，月使用流量达 52T，成为中国城市无线互联网传播平台的标杆典范和中国新媒体 30 强。[1]

目前，“无线苏州”的平台架构主要包括 4 大类别、16 大功能的。一是新闻资讯整合传播平台。主要通过视音频、图文等多媒体传播方式，进行新闻咨询的整合传播，打造社交互媒体平台。二是公共文化信息发布平台。发布包括昆曲文化、演出活动、文化产业等信息，打造智慧城市文化系列。三

[1] 邓本奇，蒋帷方，石小建，《拥抱移动互联网打造广电融合新媒体——以“无线苏州”为例》，《传媒》2015（4），第 5-6 页

是市民生活信息服务集成平台。主要提供便民服务，包括天气、物价、文化、社保公积金、地理位置、实时路况、停车引导等，实现城市综合生活信息的智能感知、采集、应用。四是移动电子商务运营平台。目前又新增了电影功能模块将实现从手机选片、定座、支付到看片的一站式服务。该平台也将成为“无线苏州”O2O移动电子商务的试水项目，公司试图通过整合城市联盟的渠道资源，在汽车、旅游等垂直行业，以城市为点，深入开发移动电子商务。其还顺应智慧医疗发展趋势上线了预约挂号的模块。无线苏州正在向着超级综合化平台方向发展，试图通过该平台一站式解决各种需求。

2. 借力资本融合 携手共建中国城市信息云平台

苏州广电在新媒体产业发展中，比较注重借助资本的力量。在“无线苏州”的打造上，将旗下的苏州世纪飞越网络信息有限公司进行股份制改造，作为无线苏州的运营主体。在无线苏州平台建设过程中，对本地一些具有良好产品、团队的“小而美”公司进行孵化培养，实现并购，丰富“无线苏州”平台的产品线。8 此外在发展过程中，还借助区域媒体间的融合力量。目前，“无线苏州”已与哈尔滨、长春、大庆、石家庄、兰州、合肥、阳泉、南通、湖州、娄底、梅州等地签订合作协议，与山东、湖北、安徽等省份签约，与贵州广电集团商定共同成立贵州城市数据股份公司。苏州广电按照互联网发展规律、市场运营规律，全力推进新媒体改革建设步伐，打开融资渠道，吸引外部资本进入，做优产品平台，做大用户规模，以开放的心态，联合一切可以联合的力量，共同打造中国城市信息应用云平台。

3. 整合社会资源 凸现服务性

“无线苏州”最大的特色是其服务特色，它不像一般媒体的客户端，只是单纯的提供新闻资讯，而是在在追求新闻资讯本土化基础上，更加注重服务性。“无线苏州”整合了苏州交警、公交、客运、电力等城市信息资源，推出了“违章查询”“实时公交”“打的”“汽车票”等多个贴近市民生活的应用，充分体现其服务性。也是因其服务性，使得无线苏州在众多广电拥抱移动互联网产品中的翘楚，在下载量和使用率上遥遥领先。2013 年“违章查询”应用上线，在全国范围率先实现了违章图片查询功能，上线一周下载量突破 5 万。8 接下来，“无线苏州”将围绕用户的衣食住行等日常需求，进一步整合市场资源，大力发展城市特色 O2O 移动电子商务业务。在目前的工具型、应用型服务平台基础上，向商用型平台发展，探寻广电新型商业模式，打造一站式综合服务商业平台。

4. 文化产业改革

（1）在影视文化项目上

十年来，总台还先后投拍《京华烟云》《半路夫妻》《万历首辅张居正》等一批优秀电视剧以及《康定情歌》《笛声何处》等电影，还拍摄了《苏园六纪》《苏州水》《水天堂》《烟波太湖》等高品质的电视文艺片，策划了大型新闻直播行动《生命 20 小时》《生命的回程》等。一批电视作品先后获得全国“五个一工程”奖、中国新闻奖、国家级广播电视政府奖、国家级电视艺术星光奖、金鹰奖等多个国家级奖项，被国家广电总局艺委会誉为中国电视艺术的“苏州现象”。

（2）文化产业发展方面

投资建设了，现代传媒广场（投资 38 亿元）、国际影视娱乐城（投资 20 亿元）、演艺中心二期（投资 2 亿元）等一批起点高、业态新、影响大的文化产业项目已经动工或即将开工建设，十二五期间将全部建成投入运营。现代传媒广场（两栋 L 型大楼）建成以后，一部分作为苏州广电总台总部，未来将集聚广播、电视、报刊等传媒主业和有线电视网络、互联网站、数字电视、手机电视等新媒体产业业态。同时，更多的空间是作为商业综合体，有酒店、电影院、停车场等。国际影视娱乐城以电影城、儿童城、演艺剧场三大文化项目为龙头，配套文化、休闲、旅游购物、酒店、餐饮等业态。电影城总投资 5 亿元，集高科技特种电影体验、普通电影观影及各类影视主题文化活动于一体，打造金逸影院全国唯一的旗舰店。还将与杭州金海岸演艺集团合作在影视娱乐城内建成集旅游演艺、夜场演出、旅游购物、休闲娱乐为一体的演艺娱乐综合体，打造苏州西部不夜城。苏州演艺中心二期工程建成后，将进一步拓展演艺中心的功能。增加 30100 平方米（地上约 15500 平方米，地下约 14550 平方米）的建筑面积，规划有大型电影院、各种风格的电影厅、多功能演艺厅、文艺培训等文化产业项目，还将引入餐饮、咖啡、茶艺等配套休闲商业设施。

（3）在商业模式上

至今为止，电视广告经营依然在苏州广电整个传媒集团中具有举足轻重的支撑作用。将广告的收入投资到影视基地和现代传媒广场建设，在这些不同的产业业态之间，就像一个家庭成员之间的资金关系一样，有一种相互之间的生成关系。影视基地、现代传媒广场一旦建成，就可以通过租赁业务、项目开发等来为苏州广电带来电视广告之外的商业财富。

三、评价与展望

（一）发展问题

以上主要从苏州广电的传媒主业、新媒体产业以及文化产业三个方面，全面解读了苏州广电的发展模式。通过互联网技术搭建多平台的传播渠道，提供具有本土化特色的节目内容，以及通过持续投资扩张文化产业，形成了苏州广电三足鼎立的传媒产业发展格局，从而使其能够在竞争激烈的省级卫视中脱颖而出，占据强势的市场份额。从苏州广电的发展模式上，也能看出它一直在紧紧抓住时代的特色，站在改革的前端，致力于求新求变，并不断巩固当地最具影响力媒体的地位，使其在城市台的竞争中立于不败之地。

（1）从传媒产业的整体发展格局上看

①市场化机制不健全

从市场的发育程度来看，经过200多年的运作和调整后的发达国家的市场经济体制日臻完善，为传媒产业进行多元化运作提供了更自由、更规范的经营空间。由于新中国成立初期一直奉行的是计划经济，还没有形成自由市场，这一定程度上破坏和延缓了我国市场经济制度的建立。而如今改革开放多年，市场逐步放开，但媒介事业由于其特殊性，市场化、产业化的速度相对较慢，市场培育依旧困难重重。例如，苏州广电在进行文化产业的投资建设时，依然还是通过苏州广电总台下面的文化产业开发中心和投资开发中心来实现，而没有专门成立专业公司进行市场化运营，因此多元化经营的传媒产业集团的形成注定将会是一个渐变的过程。

②简单意义上的“跨媒体经营”

从产业类型上看广度。国外大型传媒集团几乎涵盖了互联网、电影、期刊、杂志、出版等所有媒体产业类型，是真正意义上的跨媒体、跨行业、跨地区的综合传媒集团。以新闻集团赢利模式为例，其主营收入来自多方面，广告只是其中一个重要来源，节目内容的售卖和发，卫星电视、有线网络收视费用，其他杂志、报纸、出版、主题公园等多方面都构成集团的利润来源。近年来，广电媒体与纸媒以及互联网媒体的强强联合广受业界和学界追捧。中国的广电集团也被称为"拥有多种媒体兼营相关实业的多媒体集团"，但实际上除了广播、电视是跨媒体经营外，其它传统印刷媒体和新兴网络媒体都是各行其是，只是简单意义上的"跨媒体经营"，而没有实现真正意义上的媒体产业集团。[1] 赢利模式往往过于单一性，广告收入有的甚至高达90%。湖南广电集团也曾由广告单一主业一路扩张到地产、影视会展、期刊杂志、等多个领域，但扩张结果并不理想，它曾办的两本杂志《广告人》《母话》停办，影视会展出租率也不高。

苏州广电自2011年开始尝试进行多元化的经营方式，初步涉足到了影视，演艺等文化领域，值得肯定的一点是，当前涉足的领域大部分还与传媒产业紧密相关，并没有出现因盲目扩张导致的资源内耗和混乱。但如何借鉴以上经验教训少走弯路，也是苏州广电在以后的发展过程中必须解决的重要问题。

（2）从广电行业内看，城市广电在整个传媒格局中也面临着一系列的危机。

①资源占有率低导致影响力辐射范围有限

城市电视台在资金、技术、人才、设备和可获得的新闻资源等方面都无法与央视、省级台抗衡，这促使城市电视台在节目的质量和数量上毫无优势可言。这既体现在城市电视台与各级电视台在总体的收视市场份额的竞争中，也表现在新闻、电视剧和综艺娱乐等节目内容的辐射范围上。城市电视台对于拥有千万级别的资源配置的央视、省级媒体来说，尤其电视剧和综艺等领域的竞争力几乎为零。例如苏州电视台自制的几档娱乐节目，例如《天生我才》《伙伴计划》《城市冠军》等不管是在受众覆盖面还是在影响力上，肯定都无法跟江苏卫视相比，只能在有限的区域内实现有限的传播。

②盈利模式的单一化

[1] 李光辉，《我国广电产业多元化经营选择》，《魅力中国》，2010（22），第122—123页

大部分的城市电视台，百分之九十以上的盈利依然来自于广告。尽管像苏州广电已经开始尝试多元化的经营方式，但盈利模式大部分还是来自广告收入。而目前广告的运作方式变化万千，按时段投放的传统广告形式已经不能满足广告主的需求，他们更钟爱将节目广告营销和活动广告营销相结合，多种媒体相互捆绑的复合型、立体型广告运营模式，关注的重点也逐渐向类似“中国好声音”这种大型活动平台转移，而这些条件和能力正是当前城市电视台所欠缺的。

（二）发展出路

城市电视台要在央视和省级卫视的竞争中夹缝出击，走向跨区域、跨媒体、跨行业的产业化道路。首先要做到进一步深化体制改革，进一步解放僵硬的行政化体制，用市场的力量搞活媒体，激发媒体活力。另外，从城市广电本身来说，还要做到以下几点。

（1）要继续本土化，在本土范围内打造强势媒体品牌。

最根本的还是巩固本地节目收视市场。因为城市电视台最大的优势是本地化，不管央视、省级卫视、新兴媒体多么强大，城市电视台的本地内容依然是最牢固的基础和最有价值的资源，此外，电视台充分挖掘本地节目内容具有巨大的市场潜力。苏州广电在这个方面做的相当好，其收视率和覆盖率一度超越同类城市媒体，甚至比偏远的省级媒体还高。苏州广电获得如此成就，就是凭借其独特的本土化内容。但目前来看，这种内容优势已经成为其发展区域化、走向全国化的一个壁垒。太过于本土化的内容并不利于更大区域范围甚至全国范围的传播。受受众接受习惯和方言的限制，其传播效果会大打折扣。所以，苏州广电未来要继续立足本土化发展，坚持做好现有的吴文化品牌节目，但在内容上有所创新，创造出更多适合本土区域外甚至全国范围内传播的优秀节目。

（2）逐步走“区域媒体”发展策略，实现媒体的区域化发展。

纵观中国区域经济发展，目前具有鲜明地域特色的较大区域经济体有长三角地区、珠三角地区、环渤海地区等。但传媒并没有因此对应区域化，也没有形成区域电视媒体。而苏州广电位于苏州立足于长三角区域经济。应当依托长三角区域经济优势，首先加强与区域内其他地市媒体的合作，形成强势区域媒体集群。

媒介融合、市场重组一直被学界看来是是传媒市场发展的必然趋势。不过，中央和省级媒体的区域化兼并与重组仍面临体制束缚、市场风险大、地方保护等多重困扰，很难在短时期内实现，而对城市台来说，则比较灵活且城市台之间的区域合作和跨区域合作早在十多年前就已实现。2005 年，位于江苏的 13 家城市台合资成立了全国第一个股份制购片公司——江苏城市联合电视传媒有限责任公司。

（3）联合 CUTV，实现跨区域合作，走向全国化。

2011 年 1 月 8 日，经国家广电总局批准，由 14 家城市电视台及 5 家平面媒体共同发起的城市联合网络电视台（CUTV）在深圳正式成立。[1]CUTV 通过共享牌照资源、内容资源和技术资源，降低城市台新媒体建设成本和运营成本，成为城市台发展新媒体业务一个快速、有效的平台，目前已有 35 个城市台股东，并与 70 多个城市台开展了业务合作。[2]

全媒体时代来临，怀抱一腔热情的城市电视台在发展新媒体业务的过程中会受到资金、人才、资源等方面的阻力。而 CUTV 通过搭建新媒体云平台，为城市电视台开展新媒体业务，实现跨媒体、跨区域的整合提供“一揽子”解决方案。在这个云平台上，整体规划、硬件配置、网站建设、移动终端开发等工作都能一步到位，城市电视台只需要提出自己的需求，就可以在最快的时间内用最低的成本完成新媒体业务，实现一体化的发展。

借助 CUTV 是苏州广电走向全国化的一个有效途径，但从目前发展情况来看，CUTV 自身的影响力有一定的局限性，各大城市电视台将自己的内容简单放到这个平台上，其传播效果受到诸多限制。苏州是全国经济强市，其经济发展水平位居地市级城市前列。依托苏州经济优势，苏州广电得到显著发展，一度资产估值达到 60 亿，这在全国地市级媒体中实力是超群的。所以，通过资本运作、资产重组的方式来扩大自身实力，不失之为苏州广电走向全国化的另一个更好的选择。据最新报道，芒果 TV 已完成 A 轮融资，融资超 5 亿元，公司估值已突破 70 亿。苏州广电与其市值相当，可以有所借鉴。利

---

[1] 参见 http：//www.abp.gov.cn/GBYDSJS/QKLLDetail/bbefd05da262475bbd0ea848b6ea8549

[2] 参见 http：//www.abp.gov.cn/GBYDSJS/QKLLDetail/bbefd05da262475bbd0ea848b6ea8549

用融资是互联网时代企业解决资金的问题的一大利器。这次融资在一定程度上解决了芒果TV资金流的难题。因为，传统的广电系的管理制度并不利于互联网事业的发展。利用资本革新有利于推进企业治理结构向更有活力的现代企业转变。同时，还能解决芒果TV终极市场化，有助于探索股权激励制度，向更加市场化、职业化转变。

参考文献

[1] 陈菲 . 区域性传媒单位的人力资源管理研究 [D]. 苏州大学，2013.

[2] 本刊编辑部 . 稳定广告价格和经营政策苏州广电总台 2013 电视广告推介会举行 [J]. 声屏世界·广告人，2013，01：94.

[3] 熊金凯，顾文斌 . "无线苏州"：城市信息云平台蓝本计划——苏州广电传媒集团的新媒体探索之路 [J]. 传媒，2013，10：50-51.

[4] 陆玉方 . 媒体责任·城市形象·品牌价值——苏州广电公益传播创新范式解读 [J]. 中国广播电视学刊，2011，01：40-43.

[5] 王晓红，金璐 . 扬媒体社会责任显城市文化形象 [J]. 中国广播电视学刊，2011，01：47-48.

[6] 胡利霞 . 十年，铸就中国电视的苏州模式 [J]. 广告人，2011，11：186-188.

[7] 彭若男 . 发挥电视优势强化媒介融合——苏州广电总台应对新媒体的实践 [J]. 视听界，2011，06：33-35.

[8] 金珠，单文婷 . 栏目活动化活动品牌化——记苏州广电总台的活动营销 [J]. 视听界，2008，06：42-47.

[9] 王美诗，石红梅 . 用"苏州精神"成就一流城市广电集团——苏州广电总台副总台长顾强谈塑造现代化强势媒体 [J]. 广告大观（综合版），2008，04：95-98.

[10] 陈旭明 . 苏州广电：牵手奥运赢在苏州 [J]. 广告人，2008，01：96.

[11] 陈伟 . 城市台自办栏目创新与节目资源整合研究 [D]. 苏州大学，2010.

[12] 冷述美 . 传统电视媒体向现代传媒产业的跨越发展——谈苏州广电产业发展模式 [J]. 南方电视学刊，2014，01：14-17.

[13] 熊金凯，顾文斌 . 在移动互联网和融媒体潮流中的“无线苏州”——苏州广电的城市 App 探索 [J]. 电视技术，2014，16：19-20+22.

[14] 吴国明 . 转变营销模式，成就跨越发展——苏州电视广告经营的变革之路 [J]. 中国广告，2014，10：135-136.

[15] 吴国明 . 苏州台的“五个转变” [J]. 广告大观，2005，03：128-131.

[16]. 消费市场井喷电视台“贴身耳语”——苏州广电 2006[J]. 广告人，2005，12：56.

[17]. 苏州广电：创造传播服务新价值 [J]. 广告大观（媒介版），2006，01：45-46.

[18] 顾强 .“精耕本土”成就地方超强媒体——苏州广电推进品牌建设策略 [J]. 广告人，2006，08：23-25.

[19]. 苏州广电：携手新苏州共赢大未来 [J]. 广告人，2006，12：104.

[20] 唐坤 . 创新创意创造——苏州广电总台活动营销策略 [J]. 市场观察，2007，08：68-69.

[21] 邓本奇，蒋帷方，石小建 . 拥抱移动互联网打造广电融合新媒体——以“无线苏州”为例 [J]. 传媒，2015，04：21-23.

[22] 顾强 . 苏州电视台：努力成就超强媒体 [J]. 大市场（广告导报），2004，11：117-118

案　　主　牡丹江新闻传媒集团

案例作者　胡玮 杜若礼

内容摘要　牡丹江作为首家地市级媒体，以新闻传媒业微观主体的改革进入到转企改制阶段，成为文化产业发展的重要组成部分。回首转企改制的过程中，张宝才带领他的牡丹江战队在市场化的道路上亦步亦趋，顶着争议、踩着冰霜、受过心酸却也收获一定的阶段性成果，他和牡丹江已然成为业界和学界研究传媒集团产业化运作的一个典型范本，在目前中国大体制环境下，张宝才和他的牡丹江注定只能成为孤独的先行者。

关 键 词　牡丹江新闻传媒集团 转企改制 媒介管理

孤独的先行者

——以牡丹江新闻传媒集团转企改制为案例研究

自2002年，国家提出文化体制改革的战略思想后，牡丹江作为首家地市级媒体，以新闻传媒业微观主体的改革进入到转企改制阶段，成为文化产业发展的重要组成部分，在回首转企改制的过程中，张宝才带领他的牡丹江战队在在市场化的道路上亦步亦趋，顶着争议、踩着冰霜、受过心酸却也收获一定的阶段性成果，他和牡丹江已然成为业界和学界研究传媒集团产业化运作的一个典型范本，但英雄永远是孤寂的，在目前中国大体制环境下，张宝才和他的牡丹江注定只能成为孤独的先行者。

一、行动的力量

处于转型时期的中国媒体既不能选择西方私有私营的管理体制，也不能囿于只做宣传工具的政党体制，而是要探索出一条适合中国国情的改革之路。自2000年开始，就陆续能听到关于牡丹江广电局的传闻，有人称之为“牡丹江模式”。[1]诸多的议论和传闻中的轶事曾引起业界和学界极大的兴趣，伴随而来的还有不小的争议。一种论调认为其大胆、抗上，按照自己的想法把广电局更改，上级主管部门意图进行封杀；另一种赞扬其墙内开花墙外香，在牡丹江这一边陲城市弄得风风火火，各地业界学界专家络绎不绝来此学习，但广电系统采取不鼓励、不宣传的态度。这两种论调折射出牡丹江新闻传媒集团在向前发展的态势中，冒险的成分直击现今中国传媒体制中被认为可以忽略的漏洞，也反映出一个地市级媒体自主寻求变革的主观能动性。

在当今中国，近年来以行政整合手段强力推进的广电传媒集团化的战略实施，由于大多没能跳出翻牌的泥淖，缺乏质的飞跃，总的来说步入“问题多于成绩，困惑大于思路”这一踯躅徘徊的境况，事实上那些挂牌的事业性集团已到了频频叫停决定暂缓实施并进行深刻反思的阶段；出人意料的是，在处东北边陲、人口不多、经济不够活跃的牡丹江却一枝独秀，成为传媒垄断体制内孤独的市场领舞者，连创中国广播电视改革史上的三个第一：全国广电第一家地市级企业集团；全国广电第一家实施政企分开的传媒集团；全国广电第一家实施兼并进行跨媒体重组的新闻传媒集团。连续五年，牡丹江广电同仁在业内不能提产业化、在地市级媒体中不能提集团化这种缺乏理解、缺乏大舆论支持的境况下，采取不争论、不动摇、不张扬的行为准则，率先完成了媒介集团化公司化改造、政企分开和区域内跨媒体重组这三次重大的

[1] 郑亚楠：《地市级媒体转企改制研究——以牡丹江新闻传媒集团为例》，上海：复旦大学博士学位论文，2011年

跨跃，执著、低调、艰辛地行进在中国媒体发展大势所趋之路的前端。[1]

自2003年社会整体改革的深入，事业单位人事制度改革浮出水面。新闻出版业体制改革的目标是实现“一个体制、两个格局、三个体系”。基于此，转企改制就自然成为新闻体制改革的阶段性选择，也是新闻传播业全面走向市场，参与竞争的必然归属。其实，在地市级媒体的改革范本中，印象深刻的还有无锡广电集团。但它与牡丹江新闻传媒集团最大的不同是，无锡广电在成立之初定位为事业性质，直到08年才实行宣传与经营双分开，将经营性资源重组，组建无锡广播电视发展有限公司。而牡丹江新闻传媒集团从组建初期就牢牢定位在产业集团的性质，并且张宝才清楚地强调：“所谓的事业是做出来的，不是单靠说出来的”。于是，在改革的前五年，他拒绝学界和业界的一切调研，专心致志搞改革、提创收，当时由于人们对黑龙江省牡丹江市缺乏了解，形成固有的标签印象，抱有边陲城市不可能实现传媒文化体制改革的想法。或许当时牡丹江的领导如果有些许的自恃的理由，那也应该会是牡丹江市作为黑龙江省的非省会中等城市，其传媒改革固然无法与广东、浙江等发达地区相比的话，也不会有太多的非议丢脸。可一旦成功，如此不顺理成章的事情发生的话，那么必然会给中国传媒改革注入一剂强心针，对目前现存的“自上而下”与“自下而上”的路径进行鲜活的注解。

二、十余年转企：路漫漫、修远兮

牡丹江新闻传媒集团的几经起落伴随中国历史与政治体制的变迁，可以说是新中国社会转型、媒体转型的缩影。1978年前围绕计划经济，作为组织宣传的强大力量而存在。1978年以后围绕市场经济，朝着大众传播的方向裂变。这条锁定市场化、引入竞争意识、变行政事业型为产业经营性媒体的核心定位道路艰巨却坚定，尽管也有很多不得已而为之的时候，但张宝才携手传媒

[1] 朱剑飞：《心无界 志高远——牡丹江广电五年改革发展启示录》，《南方电视学刊》，2004(5)，第10-15页

集团上下员工共同走过，一条改革的路径清晰地被勾勒出来。也许正是因为这样，牡丹江新闻传媒集团的改革之路也可以理解为中国社会转型期中媒介体制改革的一次筚路蓝缕的探索之旅。[1]

回看历史，或许可以窥探牡丹江新闻传媒集团不得不逆势而上的转企改制的决心。牡丹江新闻业拥有相对丰富的地市级媒体发展历史，到了事业管理、企业经营的年代，也能够迅速成立经济广播电台等机构跟上时代潮流，但恰恰是这种变化，使原有诸多不符合市场经济规则的矛盾暴露出来。1998年1月，原任市委宣传部副部长的张宝才出任广电局长，在上任时却发现局长不再兼任各台台长，原来的副台长均升为台长且兼任副局长。这样权利集中却岗位空置的架构使得统筹调配变得难上加难，为了改变这种局面，广电局经过一年的深思熟虑，拿出成立广播电视集团公司的改革方案，力图通过政产分开，解决局与集团的矛盾。与此同时，牡丹江日报社的集团化改革也于2000年率先启动，却遗憾的是不到三年就出现资不抵债的窘境，负债2000多万，日报和晨报每年亏损150万，在职人员和退休人员共计500人，工资难以支付。于是找到广电集团董事长商议兼并，后经由市委市政府同意采取“市场运作谈判，不下达行政干预命令”顺利实施兼并。

局与集团的矛盾也好，或是报业集团负债累累的窘境也罢，最终的结果都是阻碍媒体的市场主体塑造。社会发展的市场化转型要求媒体必须适应政治、经济体制改革的要求，不单传播信息，本身也是作为信息产业应具备的社会商品属性进行市场化的运作。为了保持牡丹江区域内两大媒体能够平稳正常地运作，必须选择有利的改革条件，改变现存的结构性障碍。因此，牡丹江新闻传媒集团的改革势在必行。[2]

（一）六大时间点见证蜕变历程

从1999年牡丹江广播电视集团的挂牌，定位于产业性质。2000年6月，将节目制作中心拆分为二，保证宣传功能的同时，模拟市场化运作模式，新

[1] 郑亚楠：《地市级媒体转企改制研究——以牡丹江新闻传媒集团为例》，上海：复旦大学博士学位论文，2011年

[2] 郑亚楠：《地市级媒体转企改制研究——以牡丹江新闻传媒集团为例》，上海：复旦大学博士学位论文，2011年

闻中心与编审中心仍为事业单位，抽调非新闻节目的节目制作和播出部分组成播出系统，从有线台分出来的有线网组成网络传输系统，广告公司等组成产业系统，实行政产初步分开，由广播电视局和广播电视集团实行双重管理。2001年10月，将广播电视局和广播电视集团在管理职能上实行相对分开，广电局负责广播电视节目的导向和行业管理，广电集团公司负责资产管理和产业经营。原有属于一套人马，两块牌子共同管理的内容，如新闻中心、编辑播出中心等从广播电视局的所辖范围内摆脱出来。而节目制作全面实行频道、频率的专业化管理和运营，建立节目评审机制，实行制片人、频道监制、总监制三级审片制度，力求节目评议多元化。2002年，广播电视集团内部再次调整宣传系统和产业体系，把节目制作中心更名为广播电视台，下设广播和电视的新闻频率、频道；生活服务、交通文艺频率和公共、教育频道。产业公司整合为3个分公司、4个子公司、1个参股子公司。广播电视台的各个频率、频道对内按分公司模式运作，同集团其他分公司和子公司进行内部成本核算。2003年6月，经牡丹江市政府批准，广播电视局和广播电视公司彻底分开，由一套人马、两块牌子彻底改为两套人马、两块牌子。2004年，牡丹江广播电视集团公司以资本运营方式合并牡丹江报业集团，是中国第一个通过兼并构成的地市级跨媒介产业集团。[1]

十余年的时间牡丹江新闻传媒集团不断革新、寻求探索，它虽如履薄冰却也胆大妄为，经历行政拷问、员工意识引导、体制机制的彻底翻牌等一系列纷纷扰扰的事情，但最后都归结为一种身份的变化。

（二）重组：从存量到增量的开拓

中国的国有企业改革必须走出一条自己的改革路径，无论从思路、方针到措施都应从中国实际国情出发。现阶段已经进入集团化的广播电视就整体而言，属于经营性的文化产业；它以创新体制、转换机制、面向市场和增强活力为重点，实行跨媒体、跨行业、跨区域的重组与扩张，期求做大做强媒体产业。牡丹江新闻传媒集团采取重组的办法，一次次地进行资源的整合，

[1] 周鸿铎：《牡丹江新闻传媒集团发展报告》，北京：社会科学文献出版社，2006年9月第1版

从存量资源到增量资源的开拓，产生聚合反应，反对简单的叠加效应，在市场份额的扩张中，牢牢地给集团脱胎换骨打上重组的印记。

首先是搞跨行业重组。1998 年率先建成全国第一个 IP 宽带网，以此为资源搞合资合作，于 2001 年与原中国网通实行跨行业联手，在广电与电信系统间组建了东北第一个合资公司——牡丹江网通信息港有限公司，当时就以网带宽、容量大，且速率快和内容丰称雄当地网络市场；后来中国网通与中国北方电信合并，新网通为避免内部恶性竞争，商定以 1：1.4 的溢价形式回购广电股份，无形中实现了一次以市场为平台，以资本为纽带，以法律为依据的成功的资本运作。

其次是跨区域重组。牡丹江演艺公司副总经理纪怀良意识到在行业内的跨区域重组在现阶段不具备条件，但跨区域的合作则是方向，并有成形的可能。于是，兼并绥芬河广播电台，结成联盟合作，并积极谋划与东北三省的地市级电台的联盟，打破画地为牢的办台模式，尽管由于当时政策不明晰，又是跨省域的合作导致最终规划的流产，但此次与吉林台、鞍山台的联合开始让外界逐渐知道牡丹江台的存在。随后，纪怀良又琢磨以牡丹江市为中心，联合东部六个地市的电台成立东北亚交通旅游广播有限公司。2006 年 12 月 20 日，以资本为纽带的六家电台联盟揭牌，这种区域网的平台构建，将原先小作坊式的制作变成规模化的生产，增强内容生产规模效应和辐射覆盖范围。然而，牡丹江新闻传媒集团广播领域的开风气之先，必然引发既成利益格局的动荡，东部地区的广告变动因直接触及省广播电视局的广告占位而不得不下马。三起三落后，牡丹江重整旗鼓，以北京分公司为核心，准备组建全国地市级广播联盟——全国城市旅游广播网。从 2007 年 5 月到 2008 年 7 月，节目王的运作覆盖范围越来越广，最多的时候各地市加盟的电台达到 110 多家，进账近百万，可惜在经营理念和与广告客户的关系上产生分歧，又错过最佳解决时机，最终这个全国联盟走向股份实业的理想再次受阻。

再就是搞跨媒体兼营到跨媒体重组。当中，有重组无门，合作有路到合作开始，重组在望的不同过程与层次之分。牡丹江新闻传媒集团先后与黑龙江文化音像出版社、大庆日报社达成合作协议，经营《影视集萃》《魅》两本精装杂志和《科学生活报》。同时，和浙江传媒学院达成协议，创办了牡丹江成人教育分院；把集团内部诸家小网站进行整合，建立相当规模的大鹏新闻网。正是在这种跨媒体兼营、跨媒体开发的基础上，广电集团整体实力和市场竞争能力日益加强，从而赢得了跨媒体重组的先机。[1]

针对重组战略的实施，张宝才肯定阶段性收获的成果，但他自己也坦言，“牡丹江新闻传媒集团的重组历经第一次的广播电视内部高度融合，属于战略性重组；第二次是和区内平面媒体的战略性重组。但遗憾的是第三次——传统媒体和新媒体的战略性重组：平面媒体、广播电视和新媒体的高度融合。这件事我想到了，但是没有做到。”

（三）集团旗下媒介产品经营

配置资源的优化，充分调动媒介资源的整合效能，牡丹江新闻传媒集团的每一次整合产业资源，都是依据市场导向和传媒产业的关联度，按照壮大本源产业、拓展延伸产业和开发关联产业的原则，对原有节目的生产资源、广告资源、网络资源和其他经营项目进行整合重组，形成符合媒体自身特点的产业发展体系。[2]这里将牡丹江新闻传媒集团经营的媒介产品可分为：可经营性媒体产品生产、本源产业产品、延伸产品和关联性产品的生产。

（1）可经营性媒体产品生产

集团旗下除了“一报两台”的喉舌媒体外，按照产业关联度，集团将其他媒体对节目生产、报纸出版、广告、发行、技术和网络等资源进行重新整合配置，成立相应的集团子公司和分公司。[3]

（2）本源产业产品生产

牡丹江新闻传媒集团致力抓好广播节目、电视纪录片、电视电影的生产；抓好有线电视数字化的升级改造；拓展大鹏新闻网业务；形成报纸、期刊出版发行强势产业体系从而进一步提升广告收入贡献率。2010年9月21日，由中央新闻纪录电影制片厂和黑龙江省旅游局、牡丹江新闻传媒集团联合摄制的大型纪录影片《龙江行》在凤凰卫视欧洲台播出，藉此扩大集团的融资渠道，

---

[1] 朱剑飞：《心无界 志高远——牡丹江广电五年改革发展启示录》，《南方电视学刊》，2004(5)，第10-15页

[2] 郑亚楠：《地市级媒体转企改制研究——以牡丹江新闻传媒集团为例》，上海：复旦大学博士学位论文，2011年

[3] 王超：《产业化转型中牡丹江新闻传媒集团运行机制探索》，哈尔滨：黑龙江大学硕士学位论文，2009年

又能生产出广播电视节目的衍生产品，更能延伸人才的使用链条。[1]

（3）延伸产品和关联性产品生产

包括动漫、动画产业；网络科技开发和大鹏新闻网网上业务；提高印务产业贡献率；开发传媒教育业；涉足文化娱乐业开发，提高旅游业经营水平；利用地缘优势和集团的技术优势，积极开发以俄罗斯为重点的域外网络工程项目，以日韩和东南亚为重点的劳务输出业务。

2009年9月，由牡丹江新闻传媒集团出品的《镜泊华章》作为国庆六十周年献礼隆重演出，总投资1400万元，分为《碧水红罗之海东盛国》《热血江涛之林海雄风》《镜泊华章之恋曲牡丹江》三个部分，以牡丹江历史文化精髓为线索，全方位展示牡丹江城市精神和文化气质的大型情景乐舞诗画。[2]

此外，牡丹江开始涉足动漫产业，在仔细分析目前国内动漫发展现状和趋势的基础上，牡丹江新闻传媒集团明确搞动漫产业一定要抓两头：原创和市场，把中间的制作环节扔出去，省去花时间、费人力的环节，将成本降到最低。从2005年开始，牡丹江新闻传媒集团通过技术、人才资源整合等方式投入固定资产700多万元和自筹资金600多万元，专门组建动画中心，成立牡丹江大鹏盛艺影视动画公司。2006年10月出资控股长沙盈博数码科技有限公司，并且集团自主研发的动画智能支撑系统软件CaisserV成为黑龙江省重点科研攻关项目。[3]

总之，牡丹江新闻传媒集团旗下的这些公司运作可高度被概括为以市场为导向、以项目为牵引，精心做强本源产业，积极开发延伸产业和关联产业，形成以本源产业为核心，关联度高、布局合理、市场前景好、后续发展能力强的主辅产业格局。[4]

---

[1] 牡丹江新闻传媒集团办公室：牡丹江新闻传媒集团产业结构资料，2009年12月

[2] 郑亚楠：《地市级媒体转企改制研究——以牡丹江新闻传媒集团为例》，上海：复旦大学博士学位论文，2011年

[3] 牡丹江新闻传媒集团办公室：牡丹江新闻传媒集团产业结构资料，牡丹江：牡丹江新闻传媒集团办公室，2009年12月

[4] 郑亚楠：《地市级媒体转企改制研究——以牡丹江新闻传媒集团为例》，上海：复旦大学博士学位论文，2011年

（四）“二次创业”助推新一轮产业升级发展

张宝才自己回顾2005、2006年两年中的业绩还是较为满意，但满意的背后仍然有当时不得不面对的困境——资金链的缺口。一个企业的发展其实就一个马鞍形，高低有序，当由于2005年2006年中进行的大型项目较多，特别是07年，整个资金运转出现了很大的困难，领导层没想到报社带来的包袱那么重，外加05、06两年产业扩张速度太快，造成资金紧张，07年的情况最突出。倘若这些移驾到像无锡、苏州等地市级广电集团，也许牡丹江新闻传媒集团领导口中所谈及的资金缺口只能算是小菜一碟，但对于2007年央视和省级卫视和地方卫视市场竞争白热化最甚的时候，当时广电总局、省局发的政令都是在为中央级媒体和省级媒体保驾护航，在一定程度上肯定会限制地方的发展，牡丹江新闻传媒集团当时的困难程度显然不可同日而语。

于是在2008年，在充分剖析集团发展态势的基础上，提出“二次创业”的概念，牡丹江人也将2008年称为战略调整年，而不是战术调整。因为他们坚信即使碰到资金受限的困难，但不证明他们所做的改革努力是无用的。张宝才自己坦言，“05、06、07年做的这些事，没有一件是错事，但是对的东西，在一个不恰当的时候，在一个不恰当的单位，那就错了。或者左，或者右了，至少是时机不成熟，或者是整过了。辩证法正好，要么过了，要么不及。我们的改革也是这样。”

近年来，牡丹江新闻传媒集团将改革发展的重点转移到实施“二次创业”，推动新一轮发展上来，依靠项目扩张促进产业升级，进而扩大产业规模。确定并实施一批发展潜力大、市场前景好、延伸能力强的重点项目——《特遣——1931》《抗联女兵》两部电视剧的拍摄阶段；《青果校园》在央视播出；《鹿的灵芝原》获央视题材创意优秀奖；和上海文广新闻集团、上海炫动卡通卫视联合出品的电影《超能少年之烈维塔任务》的上映；2010年承办中国卡通产业论坛，并首次提出“海纳百川、后来居上、志存高远、永不言弃”的中国动漫精神，这字眼似乎也映射着牡丹江新闻传媒集团十余年走来的心路历程。

此外，双向交互数字电视整体平移基本完成，相关增值业务开发同步启动。以呼叫业务、数据录入处理业务、数字产品制作、影像处理等为内容的服务外包项目也已完成。在新媒体方面也取得一定成果，手机报由消息节选发布逐步实现整版发布，手机电视、手机动漫合作也有新进展。到2011年底，集团已基本形成内容产品的集群品牌效应，符合牡丹江新闻传媒集团不断历练出的企业文化和建立起的可持续发展的产业基础和框架。[1]

（五）今夕对比

改革后的牡丹江新闻传媒集团是一家拥有新闻总社、广播电视台、报业公司等多种媒介资源，涵盖有线传输网络公司、网络科技开发公司、广告公司、技术设备公司、出版印务公司、黑龙江大鹏传媒学院、旅游与对外公司、北京分公司等多种产业结构的国有独资公司。这样一家一体化的传媒产业集团，数量的绝对增长和结构的明显优化发展成为其衡量改革的归依。

据统计，截止到2010年底，牡丹江新闻传媒集团公司产业经营收入由改革前的3000万元左右，增加到2.83亿元，增长8.4倍；职工月收入由750元增加到3150元，增长3.2倍；纳税实现1500万元，比改革前的150万元增长10倍。[2]十余年中没有向政府财政索要一分钱，自筹近2.1亿元用于事业发展，基础设施在全国地市级媒体中处于领先水平。媒体的发展不仅仅是数量、规模和收入的增加，还在于对改革之后的结构优化、社会影响力的增益和媒体多元类型化。牡丹江新闻传媒集团除了经营创收外，把工作重点放在全面推进重点项目的建设，精心打造内容产品品牌，努力提升员工的幸福指数，从而更加明确清晰地打造企业文化的价值追求。

反思才能进步。真理的演进往往由回顾历史进行总结。牡丹江新闻传媒集团从90年代中期就开始进行有意识的变革，这种意识愿望和最终能达成的改革效果之间，牡丹江新闻传媒集团走了很多年。还记得1999年9月17日，时任广电局长张宝才向全体员工做了题为《面向新世纪，在改革中再创广播电视发展新优势》的改革动员报告。他说："这次改革的核心是面向市场，走向市场，塑造广播电视主体，实现由行政事业型向产业经营型的转变。"同时对于牡丹江传媒未来的发展走向和改革原则，张宝才也有着自己独到的见解，"改革将遵循五个有利于的原则，即有利于合理开发、配置和利用现

[1] 严三九，樊凡：《牡丹江新闻传媒集团发展与改革的产业经济学分析——写在牡丹江新闻传媒集团实施"二次创业"之际》，《现代传播》，2010（12）

[2] 蔡尚伟、冯洁兰、阚玉娜：《以效率为重心的媒体发展效益评价——以牡丹江新闻传媒集团为例》，新闻界，2011（7）

有广播电视资源；有利于坚持喉舌功能，提高广播电视宣传质量；有利于构建和培育广播电视产业，增强事业发展后劲，促进区域发展；有利于形成于市场经济和现代科技相适应的工作机制，用人机制和分配机制；有利于调动各方面的积极性和创造性。”[1] 当然，事业不在于说了什么，而在做了什么，从那时起，牡丹江新闻传媒集团就开始了至今为止仍在探索和努力前进的改革之路，没有停歇、没有迟疑。[2]

三、集团的掌舵者在路上——不孤独

可能是牡丹江实在不出名，新闻传媒集团也没有地缘优势作为倚仗，尽管与无锡广电同一时间改革，甚至比无锡改得更彻底，但却缺少更多关注的焦点和名气。这也从侧面反映出黑龙江社会发展中不可避讳的矛盾属性，虽然在某种程度容忍试验性的改革，但又只能锁在深闺。其中，固然有黑龙江当地政策的阻碍，同时不可忽略的是行业管理中广电决策层的认可态度和决心。

如果把牡丹江新闻传媒集团转企改制的探索辐射到全国地市级媒体中会发现，它的战略调整、战略选择、战略实施的一系列管理过程都可圈可点。既考虑到实际操作的可行性，也有解决具体实际问题的现实层面考量，还有不断进取、撑起一片天的理想抱负。既有依靠政策性扶持，同虚拟的地域竞争对手对抗，也有不甘落后，挑战自我，总要在摔打中成长的不服输的意识。或许，这也得归功于牡丹江新闻传媒集团有一位极具战略眼光和实干意识的领军人——张宝才。都说张宝才是一个实干的企业家，对于政策和发展趋势的把握有着独到的眼光和分析，或许从他对于牡丹江新闻传媒集团付出的心力中笔者也只能用邓小平的白猫黑猫理论来肯定这类“改革，先干了再说”

[1] 张宝才：《面向新世纪 在改革中再创广播电视发展新优势——在牡丹江市广播电视局党员大会上的讲话》，牡丹江：牡丹江新闻传媒集团办公室，1999 年 9 月 17 日

[2] 郑亚楠：《地市级媒体转企改制研究——以牡丹江新闻传媒集团为例》，上海：复旦大学博士学位论文，2011 年

的求实作风。

“张宝才能够认识到文化事业、产业发展面临的症结性问题，如分散没有规模效益等带来的一些问题。”时任黑龙江省委常委、省委宣传部部长的衣俊卿肯定张宝才在对于新媒体和市场机遇的把握上的理念和思路确实比较在行，也赞扬张宝才无与伦比的实干魄力。当时在黑龙江甚至全国，好多改革主要负责人都给自己预留着退路，而张宝才走马上任的时候，他放弃所有保障条件，那种义无反顾的精神或许给当时的很多领导都留下深刻的印象，也因此得到了当时不少领导或多或少的支持和帮助，这对于一个要破除原有体制桎梏、打破原本利益分配格局的先驱者是莫大的鼓舞和动力。

所以无论在业界或学界，张宝才带领出的牡丹江新闻传媒集团被冠以传媒业“孤独的先行者”，但幸运的是，这种孤单却并没有体现在集团的管理理念上。千军易得，一将难求。张宝才在集团里面始终有着一股很强的凝聚力，自其 1999 年履新之际，他深感干事业机会难得，于是毫不顾及到位伊始动为下策的官场禁忌，以一篇题为《面向新世纪，在改革中再创广播电视新优势》的主题报告拉开了牡丹江广播电视改革的序幕。在没有掌声、没有鲜花，下台是必然、留任是偶然的处境下义无反顾的改革经历，这位牡丹江新闻传媒集团的风云人物让我们看到在突破传统观念、廓清体制障碍、铲除既得利益的时代中造就的时势英雄。华南理工大学新闻与传播学院副院长朱剑飞教授在其 2004 年执笔的《心无界 志高远——牡丹江广电五年改革发展启示录》中这样描述张宝才：

“其一，不争论、不动摇、不张扬，在逆境中崛起——性格中的坚韧因素和智慧人生态度，是成就大业不可忽视的个人品质元素。

其二，善思考、善学习、善总结，在实践中成熟——职场中的理论素养和高超领导艺术，是成就大业不可缺少的人生历练元素。

其三，懂趋势、懂民心、懂国情，在闯荡中不倒——改革中的敏锐触角和扎实人缘基础，是成就大业不可取代的生存环境元素。”[1]

正如张宝才自己所言，“集团在改革发展的过程和从事宣传业务的过程

---

[1] 朱剑飞：《心无界 志高远——牡丹江广电五年改革发展启示录》，《南方电视学刊》，2004(5)，第 10-15 页

中，不是量的竞争，是质的竞争，是品牌的竞争。整个集团的上上下下都必须抱有同样的目标，这样的改革才是有意义的。”确实，牡丹江新闻传媒集团的员工和这位董事长始终坚守在改革的最前沿，实践着最初的梦想，至于被一些人所诟病的改革手段，笔者认为，之所以牡丹江的改革会受到黑龙江省委领导的支持，可能都基存于整个文化体制改革后社会效益的评价中。评价一个单位改革是否成功，一看出发点、二看效果。当牡丹江新闻传媒集团改革后舆论宣传功能更加凸显、职工收入显著增加、当地社会产生巨大影响力，这样的改革能说是不成功的吗？

四、后记

（一）有生命力的改革突破起源于基层、萌发于理念、成形于实干

牡丹江新闻传媒十余年不断深化改革、锐意进取的态度在带动中国传媒业的巨大冲击的同时也给予更大的启迪。从传媒产业经济学的角度来看，牡丹江新闻传媒集团秉持革新理念，依靠项目扩张促进产业升级，实现跨越式增长，坚守住传媒改革发展就要按传媒自身的发展规律。

真正有生命力的改革突破起源于基层、萌发于理念、成形于实干。牡丹江新闻传媒集团创造的全国三个第一，每一个第一都是真正的原创和革新，凝聚了集团领导层和全体员工、牡丹江市委市政府领导班子“革自己命”的勇气和魄力。以张宝才董事长为首的集团军，长期扎根在传媒一线，深刻洞察我国传媒体制弊端，才能引发主动变革的自主性。当然，改革最艰难的地方就是思想观念和行为方式的转变，这远比所谓的更改体制机制更艰辛。但牡丹江新闻传媒集团领导层攒着一口气，用坚持发展才是硬道理的铁律让员工切实体会到改革的必要性和意义。从表面上看，牡丹江新闻传媒集团的变革是紧紧结合市场经济元素来挖掘媒体的产业功能，实质上是党管媒体模式在新的社会转型期提出的新路径和新课题。牡丹江新闻传媒集团的改革初衷绝不是削弱媒体的政治属性和宣传功能，而是要调整适应于市场化运作的机制创新调动媒体生产的积极性，提高媒体的产品质量，满足人们在社会主义

初级阶段呈现出来的日益增长的文化需求的矛盾点。

需要承认的是，兼并、重组、融合这类词眼对于中国的媒体来说一度是相当陌生的。伴随改革开放和媒体产业化进程，才逐渐进入业界和学界乃至公众的视野。牡丹江新闻传媒集团在政策允许的基础上，在本地和跨地域、跨媒介、跨行业的联合方式提高自身产出能力，不仅锻炼集团自带的运营管理团队来应对市场真刀真枪的搏杀，还提供给地市级媒体一条产业化路径范本。

2006年，经中央文化体制改革领导小组和省委批准，集团被确定为全省唯一一家地市级文化体制改革试点单位。2009年，被评选为新中国成立以来"感动龙江团队"，并被授予"中国文化产业创新机构推动奖"。2010年中国新媒体年度盛典暨第三节新媒体节活动中牡丹江大鹏新闻网荣登2010中国新媒体领军榜，荣获"2010中国新闻网站影响百强网"年度大奖。这一系列的奖项让一个边陲市的媒体在中国传媒业的舞台上熠熠生辉，能获得这样有含金量的荣誉，背后承载和推动的是理念的革新和无数人的努力。任何媒体的改革都是一部痛并快乐的历史，伤害自身利益时，要确信痛苦只是短暂的；享受阶段性成果时，要明白快乐连着希望。牡丹江新闻传媒集团十余年的改革中，扎扎实实、稳步前进的步伐探索出一条值得借鉴的传媒改革路径：每年突出一个重点，而且每次改革都体现随着时间的推移、员工的承受和经验的积累渐次深化的特点，节目生产由专业化走向市场化、公司化运作，分配改革由效益工资浮动到零工资，政企分开的相对彻底，都承上启下地将改革递进推动。

诚然，牡丹江新闻传媒集团在更换集团领军人物的基础上，近年的一些战略作出些许的调整，市场化的力度和手笔也有大幅度的收敛，一些隐患性的问题在人员更替的基础上呈现出来，这也是企业化运作模式下无可避免的症结。但笔者也借此文提出个人希冀：我国传媒和文化体制是大势所趋，传媒的三重属性：政治属性、经济属性和社会属性三者关系如何理顺，传媒的意识形态特征和产业化功能如何协调才是每一任领导人应摆在首位思考的问题。其实，借鉴三个代表的理念，在实行改革进程的抉择上，判断实施与否的标准可采取"三个有利于"原则：是否有利于传媒集团生产力的发展、是否有利于传媒集团核心竞争力的升级、是否有利于集团员工生活幸福度的提升。实践是检验真理的唯一标准，牡丹江新闻传媒集团未来的发展路还很长、战略决策还很多、市场应战还很激烈，这一切还须仰赖与时俱进的改革深化，但只要坚持传媒发展的自身规律来发展传媒，道路必能越走越宽。

鉴于媒体改革本身就是一直是行走在路上的动态过程，因此，牡丹江新闻传媒集团的改革仍是任重而道远，关于它的探究也将一直进行下去并会生生不息！

第二部分

PART 2

报纸类案例

案　　主　浙江日报

案例作者　何泽新 鲍恩 陈文超 马士英

内容摘要　近年来，在面对互联网新媒体的一系列冲击过程中，传统报业也不断尝试转型，但成功者鲜为人见，而浙江日报集团通过整体转制成功探索出一条报业转型的成功道路。浙报集团自2002年开始进行体制改革，使集团的体制、机制与经营格局发生了根本性的转变。经过十几年的整合发展，在2011年终于成功借壳上市，成为全国首家家媒体经营性资产整体上市的省级报业集团。

在内容产品方面，市场出现明显的分众化、长尾化趋势，设计和生产适合新媒体特征的内容产品成为媒体的新课题；在传播模式方面，平等、互动的社会化传播正日渐成为传播的主流范式；在媒体经营方面，基于网络社会交互信息的精确定向和分众化的广告营销模式日渐兴起，社会化媒体与零售业的界限日渐模糊；在技术支撑方面，新媒体时代的媒体与技术支撑结合日渐紧密，技术应用能力将成为媒体的核心竞争力之一。相应的浙报集团在资本、技术、营销、服务四个平台化方面进行了全新的建设，以此来实现传统媒体集团的转型与突围。

浙报集团从组织架构、资源配置、机制优化等方面进行了整体的产业化转型。通过实行“一媒体一公司、两分开一本账”的微观运行体制。围绕内容创新，重点打造具有“党报特质、浙江特点、原创特色、开放特征”的“三圈环流”新媒体矩阵。通过搭建起浙报传媒资本平台实现传媒控制资本，资本壮大传媒的宏大格局。

关 键 词　转制 产业化 平台 资本

勇立潮头

——浙江日报的整体转制之路探讨

近年来，传统报业的转型问题一直受到人们的关注，当年强势如虹的报纸由于受到新媒体等方面的冲击，出现了发行量下降、大量报纸停刊、广告下滑等现象。而在面对互联网新媒体的一系列冲击过程中，报纸也不断尝试进行转型，例如网络化、数字化、移动化、全媒体化等。但在与新媒体不断博弈的过程中，大部分报业集团依然处于营收不断萎缩以及读者不断减少的困境之中。而浙报传媒在面对新媒体的冲击过程中，成功找到了一条转型之路，浙江日报报业集团（简称浙报集团）成立通过整体转制上市，借助资本壮大自身的产业发展。

一、浙报集团发展概述

（一）发展历史

浙江日报作为浙江省委机关报，创刊于1949年5月9日。2000年6月，在报业集团化浪潮中，成立了浙江日报报业集团（简称浙报集团）。浙报集团当前拥有浙江日报、钱江晚报等传统主流媒体38家，浙江手机报、大浙网、边锋浩方网络平台、“浙江新闻”客户端等新媒体产品200多个，现有独资、控股子公司36家[1]。2011年9月29日在上海证交所成功借壳白猫股份上市，成为全国第一家媒体经营性资产整体上市的省级报业集团。

[1] 参见 http：//www.8531.cn/index/index.htm.

在面对互联网新媒体的一系列挑战下，为了寻求更好的转型，浙报集团自2002年开始进行体制改革，使集团的体制、机制与经营格局发生了根本性的改变。2002年8月，浙报集团出资成立了浙报传媒控股集团有限公司（简称浙报控股），建立了党委领导和法人治理两个相结合的领导体制，实行党委领导下总编辑负责宣传业务、总经理负责经营业务的领导体制，在集团层面实现办报和经营的分线运行[1]。2003年7月，全国报刊治理整顿拉开序幕，根据整顿的标准和要求，县市报可以由地市级党报或省级党报有偿兼并，浙江省有9家县市报加盟浙报集团。县市报加盟后，浙报集团在全国范围内首创”一媒体一公司，两分开一本账”的体制贯彻实施到了县市报层面。在2009年，又成立了浙报传媒控股集团公司，积极推进公司上市，现有独资、控股子公司36家，经营业务涉及传媒及相关产业等。经过十几年的整合以及发展，浙报传媒在2011年终于成功借壳上市。浙报传媒的成功上市，不仅使得浙报集团提高了国有资本在意识形态领域的影响力、控制力，也提供了更多的发展机遇。在成功上市之后，浙报集团也进行了一系列资本运作，通过投资、并购新媒体的项目和公司，快速切入新媒体领域。通过整合传统业务的内容优势和投资、收购标的的新媒体特性优势，以及双方在用户、渠道、广告客户等方面的资源优势，通过协同效应实现由传统媒体经营向跨媒体、跨业态经营的快速转型和跨越式发展。

对于“转制”的内涵，新闻出版总署副署长柳斌杰对新闻出版业“转制”的剖析为：“转制有两层含义，第一是指在计划经济体制下的事业体制迈向市场经济的过程中，一部分经营性的事业单位要转制为企业；第二就是已经转制为企业体制的新闻出版单位，由单一的国有企业转变为股份制多元企业体制，就是由单一的国有制转变为股份制。”概括起来就是“事转企”“独转股”。学者朱剑飞教授指出所谓传媒的“整体转制”，就是对传媒单位的法人属性进行重新定位，对纳入经营性文化产业的传媒单位，明确其企业法人地位，获得包括出版权、播出权和经营权在内的完整权利，以实现内容产品生产和经营的统一，作为企业法人参与市场竞争[2]。整体转制的核心任务在

[1] 参见 http：//www.chinaxwcb.com/2010-06/24/content_199546.htm

[2] 朱剑飞，郭哲涵：《刍议中国传媒整体转制的是与非》，《视听界》，2008（5），第20—21页

于建立传媒集团真正的市场主体地位，首要目标是解决集团层面企业法人主体问题。

在互联网媒体蓬勃发展的形势下，传统的报业缺乏互联网基因，相关的投融资机制不完善，缺乏互联网技术方面的人才以及聚集大批互联网用户的平台和渠道。浙报传媒正是基于这样的出发点，在2009年确立了“全媒体、全国化”的战略，并确立了“内部转型、外部扩张、孵化未来”三步走的转型策略。第一步，在2010年前后年启动了转企改制和经营性资产整体上市的相关筹划工作，通过上市搭建浙报传媒资本平台。第二步，2011年发布了全媒体行动计划，通过五年时间投入累计20亿元推进以新媒体为核心的全媒体转型。同时启动了中国首个媒体孵化器——“传媒梦工场”，建设新媒体研究、孵化的技术平台。第三步，2012年起借助上市资本平台并购边锋网络游戏平台，与腾讯合作创办”大浙网”生活服务平台以及一系列项目投资等。通过三步走的战略，实现传媒控制资本，资本壮大传媒的宏大格局。近年来，国家相关部门出台了一系列促进传统媒体与新媒体融合发展的相关政策方针，报业经营也发生一定困难。而浙报传媒业正是抓住文化传媒业蓬勃发展的机遇，积极布局相关产业的发展。

（二）转型背景

报业的转型不是最近几年才有的事情，互联网技术的兴起给传统报纸带来了巨大的冲击，在近20年的转型道路上，各报业集团都根据自身情况摸索了各自的转型之道。浙报传媒整体转制上市的背景主要包括以下几个方面:

1. 传统报业面临新媒体的重大冲击。

近年来，互联网新媒体迎来的快速的发展，这也使得整个传媒格局发生剧烈的变动。传统媒体的受众、内容、营收、影响力等一系列方面都受到了严重影响。传统媒体依赖单一广告收入的局面难以为继，新的商业模式有待探索。作为一家省级党报集团，如何巩固其自身的宣传舆论阵地并抢占互联网新媒体的有利地位是浙报集团在新环境下面临的首要挑战。在此背景下，积极推动媒体经营性资产上市，成为浙江日报报业集团贯彻中央和省委关于深化文化体制改革的决策部署、应对传媒格局变化、建设国内一流党报集团的必然选择[1]。

2. 国家政策扶持数字传媒的发展，特别是国家对大型国有报业集团的上市持支持态度。

2010年3月，中国人民银行会联合中宣部、文化部等部门发布了《关于金融支持文化产业振兴和发展繁荣的指导意见》，旨在推动符合条件的传媒文化企业上市。新闻出版总署2010年8月又发布《关于加快我国数字出版产业发展的若干意见》，意见明确指出了到“十二五”末，我国数字出版总产值力争达到新闻出版产业总产值25%。[2] 在这样的背景下，一批出版传媒企业也为IPO或者借壳上市不断努力。而国内资本市场上也有一批新闻出版发行方面的上市企业，如《成都商报》通过子公司借壳四川电器上市，与浙报传媒性质相似的上海解放报业集团借壳新华传媒上市。在已有相关案例的前提下，浙报集团也抓住发展机会，积极筹划转制上市。

3. 拓宽融资渠道需要。

早在2002年，浙报传媒集团董事会就已提出“传媒控制资本、资本壮大传媒”的发展理念，指出传媒产业与资本市场、资本运作之间是相互融通、相互支撑的“伙伴”关系。报业在互联网的冲击下广告营收不断下降，在缺乏其他有力营收渠道下，报业经营也发生一定困境，更不用说积极拓展新兴业务了。要实现报业的成功转型，缺乏资本的支持是难以实现的，而通过上市往往是最好的融资渠道。

4. 整合集团内优势媒体资源。

浙报传媒通过借壳上市置入资产主要为浙报集团旗下报刊广告、发行、印刷和新媒体经营等优质传媒资产，其中报刊经营性资产又细分为综合类、专业类和县市报板块。集团为了充分发挥这些优质资产的经济潜力，推进内容、介质、渠道等媒体资源的相互融合，通过将这些资产创新性组建成一家跨地区、跨媒体的出版传媒上市公司。报业集团一方面面临互联网等新媒体受到了很大的冲击，另一方面集团下各媒体间资源利用效率比较低。原本各地区之间

[1] 张雪南：《传媒控制资本 资本壮大传媒——浙报传媒上市三年的实践与探索》，《传媒》，2014（12），第35页

[2] 张雪南：《传媒控制资本 资本壮大传媒——浙报传媒上市三年的实践与探索》，《传媒》，2014（12），第35页

的媒体间相互竞争，资源利用效率比较低，在媒体大融合的背景下不利于集团的发展，因此通过整合上市之后能够很好地进行整合资源，提升效率。

5. 地方政府的支持。

浙江省新闻出版产业总体经济规模综合评价在全国地区排名中位列第三，可见文化产业实力之雄厚。为保持行业领先水平，加大出版传媒骨干企业培养力度，浙江省政府先后提出了进一步加强企业上市工作的指导意见和“122工程”计划。浙江省政府提出自2010年起的3年内重点培养100家文化企业，20家重点文化企业园区，20家文化企业上市。对有条件上市的企业加大政策引导与扶持力度以及多层次、多渠道上市融资力度，鼓励实力企业借壳上市，尤其是省内企业异地借壳上市后将注册地迁至浙江。在此背景下，浙报传媒借壳白猫股份上市得到了政府的大力支持，上市过程进展顺利。

浙报传媒借壳上市而不是单独IPO上市其原因主要是双重审核下报业等出版传媒企业IPO上市难度大。当前，出版传媒尤其是报业传媒企业IPO实现障碍难以逾越，这是浙报传媒选择借壳上市的最直接原因。报业传媒推行采编、经营“两分开”模式，这就决定了报业类等传媒改制上市的特殊性，采编资产或编辑业务暂不能上市，只能以经营性资产上市为主。这样会导致拟上市主体与控股集团关联交易比例增高，同业竞争难以避免。而证监会对传媒IPO上市审核要求资产完整、业务独立、没有同业竞争以及关联交易。国有报业媒体大多是事业单位，肩负着宣传喉舌的使命，通过直接上市有一定的限制，而借壳上市则可以为传媒机构逃避一些政策限制，加快上市时间。

（三）战略定位

近年来，浙报传媒秉承“传媒控制资本，资本壮大传媒”的发展理念，以《浙江日报》为核心，积极推进传统媒体与新媒体的融合。在经营业务上，除了报业外，也积极探索新的盈利点，尤其是新媒体、房地产投资、金融投资等，不断尝试多元化经营。通过不断的探索，公司确立了“互联网枢纽型传媒集团”的发展目标。这就要转变理念，确立用户中心理念，在确保舆论宣传正确引导基础上，进一步集聚、发展和服务用户，以用户为导向来创新商业模式。而在过去，报业集团对于用户的概念仅停留在发行量上，仅仅进行新闻的传播和引导，而在互联网时代需要为用户提供更便捷和有用的信息服务。另外还要积极拓展新兴业务，加快布局和发展新闻传媒、数字娱乐和智慧服务产业。通过打造新闻传媒、互动娱乐、影视三大产业平台及文化产业投资平台的“3+1”大传媒产业。

近年来，加快实施全媒体全国化的战略，是浙报传媒上市后的核心目标。因此浙报传媒上市后，在完善和拓展原有业务的基础上，实行全国化战略外，要积极借助资本渠道进行新兴业务的拓展。例如发起成立浙江魅力新水乡发展联盟，用全媒体营销房产等。此外浙报传媒又加快构建以互联网用户为基础的智慧服务产业平台，重点推进”钱报有礼”社区电商、网络医院、养老服务产业和县市区域门户集群等创新项目建设。

（四）行业影响力

浙报集团当前拥有超过6.4亿的网络注册用户，4000万活跃用户、2000万移动用户。2013—2014年，浙报集团两次入选“世界媒体500强”，被评为全国首批“数字出版转型示范单位”。《浙江日报》连续6年入选中国500最具价值品牌排行榜，品牌价值近70亿元；《钱江晚报》八度荣膺亚洲品牌500强，十一度入选中国500最具价值品牌，世界品牌实验室评估的品牌价值超过80亿元，居浙江省媒体第一位[1]。浙报传媒入选上证公司治理板块，上证180指数及沪深300指数样本股，并荣获“2014年度最受投资者尊重的百强上市公司”。当前集团总资产超过70亿，年营收超过30亿，产业规模在全国位居全国报业集团前列。在报业营收整体大幅下滑的形势下，浙报传媒保持了营收和利润的持续稳步增长。借助资本平台优势，浙报传媒积极推进传统媒体与新媒体融合，以用户为中心，为用户提供更多的便利和价值，全力构建新媒体时代的新型传媒集团。

浙报传媒还积极拓展传媒和文化产业投资，以东方星空创投公司为主要投资平台，积极整合资源，构建有利于浙报集团转型升级的传媒产业生态链。东方星空自运行以来，累计对外投资6.07亿元，投资市值达19.1亿元，先后投资了华奥星空、起凡游戏和唐人影视等，此外通过参与或者发起新媒体等文化传媒类的基金，积极布局新媒体产业。

通过一系列的资本运作以及产业拓展，浙报传媒的主营业务也发生了结

[1] 参见 http：//app.finance.ifeng.com/data/stock/ggzw/600633/14952132

构转换，原有主要依赖报纸发行广告业务的营收格局发生根本性变化。2014年公司互联网业务利润贡献将首次超过传媒主业，而且公司快速形成了一个成熟、良好的互联网用户集聚平台和技术研发平台。公司旗下拥有超过六百人的互联网技术专业人才，而这为公司和集团推动传统媒体和新兴媒体融合发展提供了宝贵的人才基础。

二、浙报集团产业化转型

（一）组织架构

1. 集团领导

集团领导所遵循的是“两纵三横”的集团化管理框架。所谓“两纵三横”，即在办报和经营方面实行自上而下的“两分开”（两纵），同时形成三个层面的集团化管理格局：一是集团党委和集团公司董事会，对集团舆论导向、发展战略和重大的人、财、物事项进行决策和实行统一领导；二是集团总编辑和集团公司总经理分别通过编委会和总经理办公会议对宣传业务和经营业务实施决策管理和指挥；三是各媒体和公司，负责本单位日常营运管理的决策和指挥。这种体制设计，使集团公司专注于战略和重大决策，对人事、资产、财务、信息技术、印务、物业等实行统一管理，对重要经营政策统筹协调，充分发挥集团的整体优势，形成明晰的统分结构。[1]

2. 集团管理部门

浙报集团部门设置按照“两分开，一本账”的原则进行。主要指的是办报和经营实行自上而下的“两分开”，由编委会主管编辑出版业务和总经理办公会主管经营业务。

为了推进浙报集团的品牌化打造，专门设立了市场与品牌部，具体负责集团整体品牌塑造。在集团内部，党委作为品牌建设的最高决策机构，规定了各单位负责人要抓品牌建设工作，初步形成集团市场与品牌部、各级单位

[1] 陈洁、王一义：《探索新形势下报业集团创新发展之路——访浙江日报报业集团副社长、总经理王一义》，《新闻与写作》，2006（5），第10-11页

品牌管理部门、品牌管理员的基本管理架构。集团市场与品牌部还经常组织单位一把手、品牌管理员参加培训，将品牌的理念、方法引入，逐步形成品牌化的管理流程。单位员工采用聘用制，不再享受事业编制，工资和绩效挂钩，激发员工热情和工作效率。

3. 集团旗下媒体

浙报集团积极打造多媒体平台，形成媒体矩阵。目前集团拥有浙江日报、钱江晚报等传统主流媒体38家。新兴媒体包括浙江在线新闻网站、“浙江新闻”客户端、浙江手机报、腾讯•大浙网、边锋浩方网络平台及APP、媒体法人微博、微信公众号等200多个。

4. 集团旗下公司

集团旗下现有独资、控股子公司36家，经营业务包括传媒、房地产、物流、贸易等产业。浙报集团积极推进采编和经营业务的分开运营，构建媒体层面的市场主体。逐步将媒体内部的经营性资产分离出来，分别组建媒体公司，扩大收入来源，媒体与公司实行“一媒体一公司”。公司依托媒体统筹运用媒体资源，独立开展经营，实行印刷、发行、广告的整体营销，这对双方是一个互赢的局面，媒体和公司都得到了壮大，逐步由过去的“报纸经营”向“经营报纸”转变。

（二）资源配置

1. 由多元经营转向主攻传媒文化产业和以用户为中心

浙报集团成立之处定位多元化经营战略。2005年8月，浙江日报报业集团和房地产开发商绿城集团进行资本合作，共同组建了浙江报业绿城投资有限公司，公司借助浙报集团和绿城集团的资金、品牌和团队优势，进军二三线城市的房地产市场。

除了房地产投资之外，浙报集团还积极向外进行财务投资。从投资项目上看，刚开始的投资方向比较多元，什么产业都有，是真正的跨行业跨产业。2001年成立了浙江新干线传媒投资有限公司，这是浙报传媒控股集团全资的资本经营管理平台。在文化传媒产业、战略性新兴产业、高新技术产业和金融领域寻找投资项目。已实施项目十余个（其中大立科技、亚厦股份等已成功上市），浙报传媒获利颇丰。新干线投资公司目前还管理募集社会资本的两只基金，运作资金超过10亿元。[1]

经过多年的探索和发展，浙江日报报业集团逐渐找准了自己的方向，目前投资的主攻方向是传媒文化等与报业集团主业相关的项目。例如2008年投资成立的东方星空创业投资有限公司，目标是投资培育文化传媒类细分领域龙头企业；投资培育新兴文化传媒企业；参与国内文化传媒领域的行业并购；参与国内有影响力的文化影视项目投资等。再如宋城演艺、阜博通、随视传媒、百分点、华数传媒等，都是与传媒文化密切相关的产业。

用户导向型。（用户驱动新平台的发展）传统媒体的转型，向数字化的转变，离不开互联网基因，对于传统媒体来说，在互联网上最缺的也就是用户，尤其是现在的年轻用户群首选网络媒体获取信息，所以要实现传统媒体的转型，必要条件是要有可观的用户。此外，通过对互联网用户的分析，可以实现精准营销，这就是大数据的魅力。针对不同用户不同的个性化需求，从内容资源库提取资料进行分类整理和深层次加工，以最大限度地发挥信息产品的价值。2009年浙报和阿里巴巴集团合作创办了《淘宝天下》杂志，看重的就是淘宝强大的用户群。2013年浙报集团媒花费32亿收购盛大旗下的杭州边锋和上海浩方，目的同样在于他们的网络用户群体。他们拥有3亿注册用户+2000多万活跃用户+1000万移动用户。

积极建设用户数据库。浙报传媒从2012年开始着手数据库建设，“数据库建设是互联网发展的一个核心问题，有了数据库，就有了发现用户和吸引商家的法宝。”浙报集团积极培养自己的数据库建设人才，同时从其他互联网公司高薪挖来高级人才。大数据的核心不在于大，而在于数据本身的挖掘性价值和预测性，集团有近30个数据库工程师进行数据的挖掘、运行、服务，得出的信息及时分享，可以服务于整个集团的决策。

2. 全媒体打造和内容差异化

浙报集团积极布局自己的全媒体战略，打造媒体生态圈。目前已经覆盖传统媒体包括报纸、杂志，新媒体有微博、微信、网站、新闻客户端、数字报刊等，形成了强大的媒体生态系统。

尽管报系众多，但是集团有效避免了同质化，细分市场，形成集群效应：一、

[1] 陈国权：《浙报集团：寻找报业转型基因变革之路》，《中国记者》，2013（9），第78-81页

以《浙江日报》为核心，《共产党员》杂志、《浙江法制报》为两翼，组建党报发展平台，引领浙江舆论制高点；二、以《钱江晚报》为核心，整合《今日早报》、钱报网、电视频道中心、手机客户端和《星期8》杂志等媒体和公司，组建钱江报系发展平台，打造集团都市报方阵；三、以《浙商》杂志、《美术报》《浙江老年报》为主体，打造专业传媒发展平台，推进行业整合；四、整合乐清、瑞安、海宁等9个全国百强县的县市报品牌，组成九星传媒发展平台，打造区域中心城市第一传媒。[1] 通过这四大方面的定位，彼此相互补充基本覆盖了各类人群的需求，形成了强大的品牌聚合效应。

3. 人才资源配置

（1）创新人才使用机制，努力实现人尽其才、人尽其用。这里最重要的一点就是采用聘用制。2004年，浙报集团实施了以全员聘用制为核心的用人制度改革，2006年又进行了第二轮全员聘用制改革。在这两轮改革过程中，集团在明确岗位职责、建立岗位管理制度的基础上，通过双向选择、竞争上岗，重新确定了每个员工的工作岗位。这一改革，打破了员工原有的身份界限，以岗位管理代替身份管理，建立了以岗定人、平等竞争、按岗聘用、优胜劣汰的用人机制，初步实现了人力资源的合理配置。

（2）以用户、产品为导向，促进人才资源优化配置，建立统一的人才使用和管理体系。

学习借鉴优秀互联网公司的成功经验，以用户考核为导向，创新绩效考核制度。目前，浙报集团正在加紧培养自己的新媒体内容生产、运营管理、技术研发等方面的人才。此外，通过建立自上而下的能力学习和立体培训体系，使新媒体人才的培养逐步体系化、规范化、制度化。互联网公司产品经理的职位非常重要，360老总周鸿祎首先给自己的定位就是产品经理人，在传统媒体的互联网转型过程中，同样需要这种产品思维，产品成为人才培养的方向，要培养适合具体产品的采编、运营等人才。定期在采编一线推出业务细分、实践性强、贴近性强、实用性强的业务培训，通过合理的人才培养机制激发员工的学习热情。

（三）机制优化

[1] 丁晓琴：《浙江日报报业集团：决胜品牌力》，《传媒》，2012（11），第19-21页

1. 管理集团化

浙报集团从微观体制到宏观架构，从产业格局到管理体系，都试图探索适应报纸双重属性特征的最优化模式，在不割裂生产链条和利益传输机制的前提下实现资源的优化配置，以内容产品为主导的价值链整合，从而发挥多条产品线的价值聚合效应。

（1）建立分线分层运行的集团

构建“分线分层运行”的集团化管理体制，办报和经营实行“分线运行”。同时，形成三个层面的集团化管理格局：一是集团党委和集团公司董事会，对重大事项进行决策和实行统一领导；二是集团总编辑和集团公司总经理分别对宣传业务和经营业务实施管理和指挥；三是各媒体和公司，负责本单位日常营运管理的决策和指挥。对经营性资产和非经营性资产实行分线运营，相互独立，确保正确的舆论导向，事业性质资产不参与融资，不承担分风险。集团公司通过有限出资形成产权纽带，管理经营性资产，对下属子公司实行专业经营、分级管理，通过现代企业制度和子公司专业化经营的制度安排，有效控制风险，确保传媒出版主业不受经营风险影响，加快报业经济的发展，提高报业集团的竞争力。[1] 这样就在兼顾报业双重属性的前提下盘活了资产，壮大了报业集团的整体实力。

（2）重塑和激活微观市场主体

实行“一媒体一公司、两分开一本账”的微观运行体制。在微观层面上，从机构、人员、业务、分配等四方面对办报和经营实现“两分开”。各媒体的经营性资产被分离出来，分别组建媒体经营公司。公司依托自身媒体资源，独立开展经营。

2. 经营企业化

按照现代的企业制度，积极推进集团的公司制建设。打破传统事业单位的管理体制，建立扁平化的管理部门，提升办事效率。目前的互联网公司普遍实行事业部的管理体制，各大项目分别交由各个事业部去管理经营，权责明确，大大提升了业务效率。

（1）完善法人治理结构

---

[1] 周志懿：《浙报集团现象考察》，《传媒》，2008（5），第6-34页

通过制定一系列规章，理顺了党委会和董事会、董事会和经理层、集团公司和子公司之间的关系，建立和逐步完善集团公司的法人治理结构和以产权为纽带的资产关系。[1]

（2）探索多元产权制度

集团坚持采取多元产权结构，由集团公司控股，推动股份制改造。目前集团拥有全资和绝对控股的一级子公司；集团控股、民营资本参股的公司；外资参股和经营者参股四种股权架构。

（3）深化劳动用工制度改革

目前已在集团内部建立了“全员聘用制”为核心的人事管理制度。实行竞争上岗、优胜劣汰的原则。这是充分尊重市场化的需求，是提升员工积极性、提升工作效率的手段。

（4）配套基础管理制度

集团建立了新的制度管理体系，制定并实施《规范集团公司对子公司管理的若干规定》《集团财产管理办法》《加强财务监管的若干规定》《重大责任事件追究的规定》《责任赔偿和经济处罚规定》和内部审计制度，集团对各个单位每年内部审计一次。

3. 报业产业化

浙报集团通过不断的产业创新，在围绕传媒这一主业的基础上，形成了“以报为本、多元发展”的集团产业格局，实现了“传媒控制资本，资本壮大传媒”的良性循环。

（1）主业结构调整和产品开发

媒体阵营，是报业集团产业链的核心和龙头。《浙江日报》《钱江晚报》《今日早报》是浙报集团媒体阵营的“一体两翼”。《浙江日报》在做大做强正面报道的同时，确立“百姓视角”，服务读者，先后推出服务专刊、社会周刊，贴近性有了明显增强，成为集团第二盈利支柱。《钱江晚报》积极改版创新，内容分类分叠，晚报早出，特色优势明显。《今日早报》作了新一轮改版。[2]根据市场变化，集团适时调整报业结构，研发新产品，推出《浙商》杂志、《罗

---

[1] 姚民声：《从“三化”建设到“三力”建设》，《新闻实践》，2006（6），第3-5页

[2] 姚民声：《从“三化”建设到“三力”建设》，《新闻实践》，2006（6），第3-5页

迪欧·国际时尚》《城市假日》、和淘宝合作杂志《淘宝天下》、推出浙江新闻APP，浙江新闻客户端的用户数成功突破500万，成为国内省级媒体中用户数最多的新闻客户端。建立新体制的9家县市报迅速发展，成为集团主业的重要增长点。

（2）以报为本，多元经营

以媒体为核心，广告、发行、印刷支持互动的报纸产业链已逐步成熟，推进报纸相关业态的产业拓展。发行、信息技术、物业管理等公司在确保为集团主业服务的基础上，都积极拓展对外业务。

（3）报业以外的多元投资，现在重点投资传媒文化产业

建立集团统一的对外投资平台——新干线投资公司，在非报业领域开展投资经营，以财务性、策略性投资为基础，逐步形成战略投资。目前浙报集团已形成了高新技术、房地产、资本经营三大报业以外的重点多元投资。

（四）内容创新

内容为本，浙报集团重视内容创新，积极打造“三圈环流”（核心圈、紧密圈、协同圈）的新媒体矩阵。

1. 以核心圈的浙江新闻客户端为例

（1）发展史：2014年6月16日，浙报集团新媒体矩阵的两大核心产品，“浙江新闻”移动客户端和浙江手机报（升级版）亮相；到2014年底，“浙江新闻”客户端的用户数成功突破500万，成为国内省级媒体中用户数最多的新闻客户端。

（2）定位：“浙江新闻”客户端定位为浙江政经新闻第一平台，每日及时提供省委、省政府主要领导活动报道，省内外重大时政、财经、文化、体育等资讯，在新媒体平台与各级党委、政府间建立快捷的信息沟通渠道，关注要闻热点，及时唱响唱好“浙江声音”，在移动端传递党的声音，抢占网上舆论制高点。

（3）特点

①基因再造，“中央厨房”改造传统采编流程

“浙江新闻”的内容生产源于浙江日报报业集团“中央厨房”——数字采编中心，这里没有专职记者，有的是编辑、设计、运营和技术人员。他们

精准分析用户心理、策划轻松有趣的内容、对内容进行生产和再加工。所做的一切都为了增强用户黏性。这个“中央厨房”打通浙报集团现有媒体的采编力量，最大限度整合资源生产优质内容。浙报集团各平台上千名记者，全省 11 地市分社人员第一时间向“中央厨房”提供初步过滤加工的新闻素材。这些素材由一线记者上传至浙报集团自行研发的“数字采编系统”，再由数采中心编辑结合用户喜好、客户端内容定位和互联网传播规律进行选稿，并进行二次加工处理。与此同时，从中央厨房出来的信息也供其他媒体平台分享——如数字采编中心也及时向大浙网、边锋新闻专区、钱报网、浙报旗下传统版面等内容平台提供可视化新闻作品和互动化新闻内容，使内容变得更有趣可读。[1] 中央厨房的信息满足了全媒体的需求，大大提升了新闻采编的效率。

②为了适应移动化、碎片化阅读，将复杂信息精简化，推出大量原创视频、图文组合等适合新媒体传播特点的报道形式，强化可视化和趣味性。专门设立的“话图侠”版块充分体现了热点话题、图像式表达、饱含情感色彩的特点。

面对复杂、枯燥、深度的稿件，通过可视化处理，理清思路，提炼重点，帮助读者轻松读懂。此外，改变原有的报道思路，通过漫画、图表等可视化手段解读政府的中心工作，使传统报道以全新的面貌呈现。如提振信心看浙江总共做了六期系列报道，每一期都是通过简单的信息图表，轻松直观地向读者呈现信息。原本相对枯燥的稿件被处理成有趣、直观的图片报道，收获了较好的传播效果。

③实现精准定位，在分析受众需求的基础上推出“浙江时局”等栏目，代表主流舆论价值。

浙江新闻本身定位就是政经新闻，属于党报，密切关注报道政府领导的日常事务和活动，有其稳定的公务员群体，属于高端用户群体，一开始就确定了目标受众，这样在内容的制作上也就更具针对性。

一是凸显高端，和一批业内的专家写手建立合作关系

首先，为了确保其权威性和及时共享最新信息和研究成果，与省级相关研究机构形成战略合作。其次，积极打造品牌栏目，通过品牌栏目将强与手

[1] 周翌：《浙江新闻客户端的差异化竞争实践》，《中国记者》，2015（4），第 60-63 页

中的线上线下互动，最强用户粘度。

二是主题报道策划，为浙江代言，为浙江发声

浙江时局还承担着一定的政治使命，通过不断策划的主题活动，如解读国家经济新政策新动态，为政府发言。针对富贵门等微信公众号对比苏浙模式并质疑浙江速度时，时局栏目第一时间约请省政研室副主任应雄撰写了《万字雄文再论苏浙之争》，得到多位省领导的高度赞许，大大增强了“浙江新闻”客户端的影响力。[1]

④通过嫁接“航班查询”“违章查询”“我要挂号”等民生服务平台，“热门活动”介绍近期各类活动信息，实现新闻信息和本地服务的有机结合，充分利用用户流量。

用户打开客户端不仅能够获得及时的资讯信息，同时可以在客户端上直接获得服务链接，例如我要挂号就是这件在线与省卫生合作的挂号系统，注册用户信息后就可以直接在平台挂到医院的门诊号，提供了极大的便利。这些服务平台都这有非常强的实用性，和百姓生活密切相关。

⑤加强与用户的互动，重视用户体验，通过引入应景的游戏等应用来增加用户粘度。

互动和分享是互联网的特性，浙江新闻客户端同样鼓励用户分享，重视与用户的互动。通过引入应景小游戏，使用户在享用资讯快餐的同时能够通过游戏放松心情，强化用户粘度。同时，不断植入的服务链接使得客户端的实用性越来越强，功能越来越强大。

三、浙报集团平台化建设

当下，信息革命浪潮带来传媒变革于，技术进步极大降低了信息的创建、传播和搜索成本，媒体运营模式的环境发生重大变化。这种变化表现为四个趋势：第一、在内容产品方面，随着市场出现明显的分众化、长尾化趋势，

[1] 参见 http：//www.xmtnews.com/p/832

设计和生产适合新媒体载体特征的内容产品成为媒体的新课题；第二、在传播模式方面，平等、互动的社会化传播正在日渐成为传播的主流范式；第三、在媒体经营方面，基于网络社会交互信息的精确定向和分众化的广告营销模式日渐兴起，社会化媒体与零售业的界限日渐模糊；第四、在技术支撑方面，新媒体时代的媒体与技术支撑结合日渐紧密，技术应用能力将成为媒体的核心竞争力之一[1]。以此为出发点，浙报集团进行了以下平台化方面的建设。

（一）资本平台建设

以新媒体为核心的全媒体转型是一个系统工程，需要巨额资金的投入[2]。世界范围内的互联网企业巨头，几乎都通过资本市场来解决投入的问题。换句话说，新媒体项目是资金密集型、人才密集型的项目，仅仅用传统媒体的盈利模式去支撑会显得力不从心。传统媒体需要加紧拓展融资渠道，为自身的转型提供充足的资金支持。

浙江日报报业集团为了产业效能优化，制定了以传媒控制资本，以资本壮大传媒的资本建设宗旨[3]。2005 年 8 月，浙江日报报业集团和浙江省的房地产企业绿城集团进行资本合作，合资组建了浙江报业绿城投资有限公司，股份比例五五开。整合浙报集团和绿城集团的资金、品牌和团队优势，进军二三线城市的房地产市场，收益颇丰。从经营风险角度来看，浙报集团与绿城集团的房地产项目合作，回报高且风险锁定。2007 年 7 月 23 日，浙报集团投资 1500 万元控股 75% 的福建宁德九龙房地产有限公司股权转让，经拍卖以 2 亿元成交，收益 1.8 亿元以上，实现国有资产大幅增值[4]。到 2010 年浙报集团，集团已经拥有独资、控股的一级子公司 28 家、二级子公司 31 家，经营业务涉及传媒、资本运营、印务、物流、贸易、高新技术、房地产、物

[1] 王刚：《梦想照亮现实，创新成就未来——浙报集团全媒体转型的路径选择与初步探索》，《新闻战线》，2012（1），第 10-13 页

[2] 魏浩俊：《传统媒体转型发展之路》，《上海经济》，2012（6），第 61-62 页

[3] 王慧：《论国有资本在我国传媒业发展中的责任和作用》，《中州大学学报》，2010（5），第 61-64 页

[4] 麦尚文，张宁：《“用户战略”视域下的报业转型路径——基于浙报集团创新实践的梳理与思考》，《新闻与写作》，2014（3），第 38-40 页

业管理等领域。除了房地产投资之外，浙报集团积极向外进行财务投资[1]。投资方向是传媒文化等与报业集团主业相关的项目。比如东方星空创业投资有限公司，东方星空是2008年10月在浙江省委宣传部倡议下，由浙报集团牵头，联合中国烟草总公司浙江省公司和浙江省财务开发公司共同组建，基金规模为5亿元人民币，作为浙江省第一只文化产业投资基金，开创了国内文化传媒业以媒体集团牵头组建文化产业投资基金的先河。2011年9月29日，浙报集团旗下浙报传媒借壳ST白猫登陆资本市场，浙报集团成为国内第一家经营性资产整体上市的报业传媒集团。这一系列的资本经营不仅为集团发展提供了坚实的物质基础，同时也实现了集团整体效能的最优化。

（二）技术平台建设

无论国外的脸谱、谷歌，还是国内的百度、腾讯，它们既是媒体公司又是新技术公司。技术创新开发出了用户对媒体的新需求点。而传统媒体从技术人才的储备到新技术的研发，都处于后发地位，同时借用外部技术进行传媒的技术支撑也不现实。所以2010年浙报集团把技术升级工程作为“全媒体、全国化”战略的重要举措来抓。在信息过载的互联网时代，传统媒体的最大优势就是内容资源整合能力。浙报集团2011年全面部署“全媒体、全国化”战略，报社新的采编大楼建立了以万兆为核心、千兆到桌面的基础数据网络。目前正致力于建设具有强大技术支撑、高端经营模式、可实现多元媒体资源整合等特点的“云媒体中心”，将各种分众市场的内容综合到一个内容资源库下。只有内容资源在主流先进技术下进行集聚与分类，才能实现对用户的精准投放，生产适销对路的信息产品。根据长尾理论，不同用户所具有不同个性化需求，从内容资源库提取原材料进行分类、深层次加工，以最大限度地满足市场消费者的需求，发挥信息产品的价值。

2013年3月，浙报传媒斥资32亿元收购拥有3亿注册用户、2000万活跃用户的边锋浩方网络游戏平台，成为浙报集团打造全媒体价值链的里程

[1] 陈国权：《浙报集团：寻找报业转型基因变革之路》，《中国记者》，2013（9），第78-81页

碑[1]。南都全媒体、南都嘉华首席内容官栾春晖认为："传统媒体的新媒体转型，在原有商业模式基础上修修补补而不从根本上改变基本的价值观，不拿互联网的游戏规则和互联网新媒体竞争，永远是拿着刀枪对坚船利炮的局面。这个技术平台是传统媒体在技术驱动的互联网环境中树立核心竞争力，弥补传媒技术短板的最快捷径，此次整合边锋浩方在业务层面上收获了介入和掌握互联网世界一个成熟商业模式的可能，也收获了弥补自己全媒体战略技术短板的强援。"[2]

数据库建设是2013年浙报集团全媒体转型的核心，边锋浩方平台3亿注册用户、2000万活跃用户，加上既有500万读者数据库，这些用户资源的整合，浙报集团成为了国内第一家拥有自主用户平台的传媒集团。通过分析这些用户的行为、习惯、偏好，深度整合、挖掘数据库，从休闲游戏出发，开发健康向上的竞技体育，提供用户需要的资讯、视频、娱乐、体育等内容，成为浙报集团目前的发展思路。有了用户，优秀的内容才能发挥价值；而有了优秀的内容，就能不断的吸引新的用户。基于此，浙报集团举全力来打造属于自身的用户平台、及用户资源库，未来在数据挖掘的基础上，根据用户区域属性特征，针对性的向地方区域媒体开放用户数据库，以便协助地方区域媒体开发出更适应本地区用户的的本地化应用，更好地满足本地用户需求，并在此基础上，帮助区域媒体逐步建立自身的用户平台。

新媒体建设上，创新的设立了数字采编中心。将"浙江新闻"客户端与大浙网、边锋网、钱振网、浙江手机报实现实时打通，同时进行多屏融合、立体化的云媒体探索，抢占互联网发展的主导地位，对主流话语进行符合主流价值观的引导。2013年浙报集团成立的数字采编中心，成为集团负责"红色新媒体建设工程"的核心机构，主要承担集团新媒体产品的研发和牵引集团媒体融合发展的重任。数字采编中心主推的"浙江新闻"是经由省委常委会研究讨论一致通过的省内唯一权威移动端媒体，率先发布省内权威信息，

---

[1] 麦尚文，张宁：《"用户战略"视域下的报业转型路径——基于浙报集团创新实践的梳理与思考》，《新闻与写作》，2014（3），第38-40页

[2] 张德君，张宇宜：《从"全媒体元年"看浙报集团全媒体转型实践》，《传媒》，2013（3），第18-21页

更是省内发布重大政策、人事任免和突发事件回应的重要渠道[1]。作为浙报集团“三圈环流”（核心圈、紧密圈、协同圈）新媒体矩阵中的核心之一，“浙江新闻”和集团其他媒体一起，互为依托与联系，把推动主流新闻传播、占领互联网制高点作为目标，覆盖浙江省内2000万主流人群，构成了“四位一体”（浙江新闻客户端、浙江手机报、浙江在线和视频新闻）的网上党报格局。数字采编中心肩负着重构新闻生产流程的重任，是新媒体内容生产的“中央厨房”[2]。中心在全媒体内容制作、发布过程中起核心汇集点作用，和各兄弟部门、媒体密集协作，形成内容生产的全媒体闭环，实现全面融合与互通，做到新闻信息一次采集，多种生成，多态传播。数字采编中心和集团每个采编部门建立沟通机制，以便快速及时获取大量优质的原创新闻稿件。中心在此基础上根据互联网各媒体形态的不同传播规律来选取稿件，并进行二次加工处理。处理完成的稿件，从中心流向APP、大浙网、浙江在线、边锋新闻专区、钱报网等内容平台和分发渠道进行最终的发布。近期，“浙江新闻”还成功上线视频、游戏、推送等功能，力求开辟出一条多元化、立体化的云媒体信息传播之路。未来浙报的发展之路是，以数字采编中心来打通各数据库之间的壁垒，积累更多的用户和线上行为信息，进一步发掘用户对资讯、阅读习惯、产品服务的使用偏好，以便更精确地推送新闻内容。

利用社会智力大脑资源，积极孵化未来，建设中国第一个媒体孵化器——传媒梦工场。将浙报集团的传媒运作经验、内容生产组织与传播能力与互联网界的创业、孵化、投资机制相结合，催生影响中国传媒未来的团队，同时让浙报集团站到新媒体产业的最前沿[3]。梦工场入园的项目是科技与人文相结合的产品与团队。他们既要有专业内容作为核心竞争力，又要求产品必须具有互动、社会化等适应新媒体时代的特性，同时必须拥有自己的赢利模式，这些条件保证了项目的优质性。浙报集团会根据产业布局的需要，优先吸纳优质的、有前景的项目和团队，来充实自身的全媒体发展布局，最后对这些

[1] 浙报集团数字采编中心：《“浙江新闻”：新闻APP样本——浙报集团抢占移动互联网高地的创新探索》，《传媒评论》，2014（7），第8-15页

[2] 陈国权：《浙报集团：寻找报业转型基因变革之路》，《中国记者》，2013（9），第78-81页

[3] 王刚：《梦想照亮现实，创新成就未来——浙报集团全媒体转型的路径选择与初步探索》，《新闻战线》，2012（1），第10-13页

成长起来的公司，上市公司浙报传媒有优先收购的权力。

通过这一系列的内外联合措施，浙报集团慢慢地丰富起了自己的技术品台，有了更多的新媒体特征。

（三）营销平台建设

据各方资料显示，浙江报业集团多元化经营表现出积极稳定、快速发展的特点，在很多方面走在了全国前列，包括它在营销方面的探索。浙报通过举办各种会展，重构广告代理、广告策划，积极介入到路牌等户外广告方面，积极开拓广告合作经营的新领域。在充分发挥“内容提供商”优势的基础上，利用自身多年积累起来的新闻媒体品牌影响力，来整合新闻资源和社会客户资源，全新性的创建了电子阅报栏的广告模式。此外还通过竞拍取得了萧山候车亭广告经营权，与阅报栏相互补充，并以此为基础，占领了当地的户外广告市场。萧山日报社还通过跨地区竞拍，得到了河南省三门峡日报的广告经营独家总代理权。浙江报业充分利用报社的信息优势，提供信息增值服务，包括举办各种会展，为企业举办研讨会、文化活动策划、新闻发布会、举办大型论坛和教育培训班，开展品牌活动及专项社会活动等[1]。

大数据是媒体转型的关键性利器，能催生媒体的多元变化。利用数据监控， 企业可以更加快捷的找到用户，通过数据分析也能洞察用户到底需要什么。数据库建设是新型互联网态势下发展的一个关键性的问题，有了数据库，就有了发现用户和吸引商家的好用工具。浙报集团从知名互联网公司高薪挖来了首席数据官，其工程师团队都来自各新媒体公司的专业人员。目的是从传统的报纸读者到开拓多元化的用户，实现集团信息流的传播从大众到分众，从单一性的新闻资讯平台转变为提供综合文化服务的信息传播中心，进而实现信息传播从“大水绕田”到“滴水灌溉”，也就是精准传播[2]。这就需要探索再造“技术专家+专栏作家+产品经理”的采编融合机制，实现“内容产品化、产品务化、服务众包化”转型之路。数据库的价值并不仅仅只是概念上的，报业集团主业报纸的转型完全有望基于数据库来实现。

---

[1] 吴锋：《2008年中国报业发展回眸》，《编辑之友》，2009（1），第20-22页

[2] 陈国权：《浙报集团：寻找报业转型基因变革之路》，《中国记者》，2013（9），第78-81页

作为适应集团大数据战略的举措，钱江报系提出了分众化传播和社区化运作两个路径。浙报分众化的实践才刚刚开始，但作为纸媒生存发展的重要途径，如何精准把握人们的不同需求？现在只是在地方版上得以体现，将来必定会基于浙报集团的大数据来实现。同时浙报的社区家庭用户都拥有报纸网站和“窝里快购”（社区电商）的登录密码，报纸网站发展成为一个服务平台。这个服务平台也和报业集团的边锋浩方紧密结合，可以在小区等实体地点进行线上线下互动的活动。浙报集团目前对于报纸转型的总体构想，就是把主报作为“车”，再加上分众化、社区化两个车“轮子”，来实现报业集团的转型。在广告经营中，钱江报系的广告已经开始对数据库资源加以开放利用，用数据库来分析房地产市场，并生成文字报告，同时与房地产商进行联合营销，在楼盘的定位、销售方案制定等方面由报业的经营人员提前介入，这是区别于以往的经营模式的，最后报纸得到的是房地产客户的销售佣金，而不是广告费，与销售业绩挂钩，这样与以前的广告费相比，“推广费”的模式使报业集团具有了更可观的营业收入可能，同时也激发了报业与地产商之间的合作力度与紧密程度。结果也是往良好的方面在发展，依靠这个模式，提升了《钱江晚报》房产广告的份额。总的来说，大数据理念的核心仍然是用户，无论怎样，找到用户就能找到市场，就能找到未来。

不管是传统营销手段，还是新的电商市场的探索，浙报集团都将用户放在首位，通过大数据平台的运用，构建起自己的营销平台模式。

（四）服务平台建设

以用户为核心的价值传播，构建以综合文化服务为主体的“传媒文化金字塔”[1]，重新聚拢用户。随着收购拥有3亿注册用户、2000万活跃用户的边锋浩方网络游戏平台，浙报集团开启了以新闻资讯为核心的综合文化服务创新之路。本次收购之后，浙报集团将构建自主性互联网用户平台——边锋浩方网络及既有的大浙网和浙江在线。浙报集团社长高海浩认为，互联网遵循的逻辑是“开放分享，用户中心”，传统媒体不能只是纠缠于内容为王、

[1] 麦尚文，张宁：《“用户战略”视域下的报业转型路径——基于浙报集团创新实践的梳理与思考》，《新闻与写作》，2014（3），第38-40页

渠道为王的狭隘视角，必须紧紧围绕网络用户来展开。传统媒体转型，根本上还是就是把原先属于传统纸媒的用户找回来，服务好，吸引住。据此，浙报集团在已经具备的各方面的基础条件下，着力构建以综合文化服务为主体的“传媒文化金字塔”大战略，在满足用户文化娱乐需求基础之上，来更好的实现传媒集团的核心价值传播。因为浙报本身不具备互联网的基因与用户基础，如何打入现在的互联网受众大群体，浙报集团选择了全资收购盛大旗下的边锋浩方游戏平台，对于浙报集团为什么要选择网络游戏平台？浙报集团社长高海浩认为，适合传统媒体的网络平台必须具备三个基本条件：一是气质近，即文化服务的内涵是相通的；二是可持续，网络游戏是经过时间检验的最热门应用、最成熟盈利模式；三是本土化，尤其是管理团队能否与浙报整合融合，第三点是决定性的因素。全力建造传媒文化“金字塔”，基础和主干是面向广大普罗市场的大众文化服务，塔尖则是发挥主流媒体的价值传播力量。如果浙报把文化服务做得越大，集聚的用户越多，塔尖就会立得越高[1]。针对当下O2O的快速发展，同时加快探索“新闻＋服务”商业模式的构建，推动公司加快开拓智慧服务产业。浙报集团采取了，利用传统报纸媒体的发行渠道，来发展电子商务的O2O模式，进而密切联系受众生活的方方面面，为之提供信息，服务其生活。在具体布局上，具体有：浙报采取了重点推进以“小电商，美生活”为特色的“钱报有礼”电商平台建设；同时加快扶持并推进县市区域门户网站建设，自建的“永康生活网”在运营不到一年的情况下，已发展成为当地龙头性的生活服务网站；为加强公司在无线互联网领域新媒体业务和互联网健康服务业的战略布局，全力建设东彩科技、网络医院这两个新平台；与修正药业合作，加快布局养老服务产业，推动养安享养老服务在浙江的落地实施，并通过小棉袄惠老服务中心承接政府机构服务[2]。

---

[1] 张德君，张宇宜：《从“全媒体元年”看浙报集团全媒体转型实践》，《传媒》，2013（3），第18-21页

[2] 参见 http：//stock.10jqka.com.cn/20150402/c572291798.shtml

四、浙报集团整体转制之鉴

（一）转型效果评估

1. 总体业绩方面

经过三年努力，浙报传媒控股 28 家子公司，负责运营超过 35 家媒体，拥有 600 万读者用户和 4000 多万的互联网活跃用户。2014 年全国报业广告降幅高达 18.3%，但浙报传媒称，凭借互联网枢纽型传媒集团的战略，构建了新闻传媒、数字娱乐、智慧服务和文化产业投资“3+1 平台”大传媒产业格局，使得互联网的营收占比 40%，利润超过 50%。根据浙报传媒 2014 年年报显示，公司在 2014 年实现营业收入 30.66 亿元，同比增长 27%；归属于上市公司股东的净利润 5.17 亿元，同比增长 26%。经过这几年的发展，浙报传媒总股本从 4.3 亿股扩展到 11.88 亿股，公司市值从重大资产重组完成后恢复上市首日的 52 亿元，提升到目前的 300 多亿元市值，资产增值了近 5 倍。

截止 2015 年 4 月 21 日收盘市值比较

公司	粤传媒	华媒控股	人民网	浙报传媒
市值 / 亿	175	104	334	308

浙报传媒近 4 年营收变化[1]

年份	总营收 / 亿元	净利润 / 亿元	营收增长率	利润增长率
2011	13.42	2.18	10.62%	5.50%
2012	14.38	3.31	6.95%	0.25%
2013	23.56	4.12	59.67%	86%
2014	30.66	5.17	27%	26%

[1] 数据来源：浙报传媒 2011—2014 年年报

2014 年浙报传媒各项业务营收构成[1]

项目	营业收入（万元）	营业利润（万元）	毛利率（%）	占主营业务收入比例（%）
报刊发行业务（行业）	38914.86	6357.24	16.34	12.69
广告及网络推广业务（行业）	89689.87	43477.83	48.48	29.25
印刷业务（行业）	5707.67	1555.72	27.26	1.86
无线增值服务业务（行业）	6255.6	1245.08	19.9	2.04
在线游戏运营业务（行业）	80225.98	70931.61	88.41	26.17
衍生产品销售业务（行业）	2816.1	1244.21	44.18	0.92
平台运营业务（行业）	3325.99	1708.27	51.36	1.08
商品销售业务（行业）	34304.32	182.75	0.53	11.19
其他业务（行业）	40616.13	13347.98	32.86	13.25
其他业务（补充）（行业）	4738.2	3269.92	69.01	1.55
合计（行业）	306594.73	143320.61	46.75	100

华闻传媒、粤传媒与浙报传媒近三年来净利润比较[2]

华闻传媒	2015-3-31	2014-12-31	2013-12-31	2012-12-31
净利润（万元）	23.98	18866.53	16128.65	2145.8
净利润增长率（%）	-87.59	16.98	651.64	-33.55
粤传媒	2015-3-31	2014-12-31	2013-12-31	2012-12-31
净利润（万元）	22964.24	30800.62	27568.3	37227.87
净利润增长率（%）	-25.44	11.72	-25.95	2134.53
浙报传媒	2015-3-31	2014-12-31	2013-12-31	2012-12-31
净利润（万元）	51730.11	41108.34	22123.83	22067.6
净利润增长率（%）	25.84	85.81	0.25	5.51

2. 投资收益方面

在 2014 年，浙报传媒新设、增资或正在募集的基金共 8 个，包括新设立先睿掌奇、星焕游戏基金、华数元启文化产业投资基金，增资翰墨艺术品基金、新线影视基金，正在组建人民浙报文化产业并购基金、体育产业基金等。

在投资方面，重点投资了数据服务、游戏等新媒体相关领域，包括唐人影视、起凡、东方嘉禾、先睿掌奇等共 11 个项目，2014 年累计投资总额 2.08

[1] 数据来源：浙报传媒 2014 年年报

[2] 数据来源：华闻传媒、粤传媒与浙报传媒 2012—2014 年年报，2015 年一季报

亿元[1]。此外，浙报传媒还注重开拓新业务，例如在钱江晚报上推出以“小电商，美生活”为特色的钱报有礼电商平台建设。在县市方面，加快推进县市区域门户网站建设，例如自建的永康生活网运营不到一年，已成为当地龙头网站。此外，全力建设东彩科技、网络医院两个新平台，加强公司在无线互联网领域新媒体业务和互联网健康服务业的战略布局。通过与修正药业合作，加快布局养老服务产业，推动养安享养老服务在浙江的落地实施，并通过小棉袄惠老服务中心承接政府机构服务。通过借组资本不断跨业布局，当前已初步建立首批超过 40 万条活跃用户的老年数据库，并在杭州推出了第一个社区老年服务试点，为 9600 多位老人提供居家养老服务。

3. 用户方面

浙报已有 600 万传统媒体读者资源，2014 年上线仅半年的“浙江新闻”移动客户端，用户数突破 500 万，省内人均用户密度接近 1/10，创造了省级新闻 APP 的新纪录。浙江手机报和浙江在线全新改版，浙江手机报用户数快速超过 600 万，浙江在线日均访问量超过 1200 万人次。浙报已率先建成同行业最大的用户数据库，拥有 6.4 亿注册用户，4000 多万活跃用户[2]。

4. 舆论引导方面

2014 年度，浙报传媒通过浙江日报、钱江晚报、今日早报等浙江省主流平面媒体，海宁、上虞等 9 张县市报，浙江老年报、浙商、美术报 3 家专业报纸和杂志，浙江在线等新媒体平台，制作刊播了一系列的公益广告。其中，浙江日报刊发公益广告 190 多个版面，钱江晚报和今日早报共刊发公益广告 200 多个版面，浙江在线刊播公益广告超过 1600 条，均大幅度超额完成了浙江省文明办下达的宣传任务。这些公益广告积极传播社会正能量，起到了良好的舆论引导作用。紧紧围绕宣传中国特色社会主义、“中国梦”以及社会主义核心价值观，积极倡导富强、民主、文明、和谐，自由、平等、公正、法治，爱国、敬业、诚信、友善，形成良好的宣传氛围。在贯彻执行好浙江省统一部署的基础上，公司运营的各主要媒体自行策划、创作了一系列的优质公益广告，如刊登于浙江日报的“五水共治”“两美浙江”“政务网开通”“路

[1] 数据来源：浙报传媒 2014 年年报

[2] 数据来源：浙报传媒 2014 年年报

线教育”“美丽乡村”“文明出境游”“抗洪抢险”“垃圾分类”等，钱江晚报的“防暑公益系列”“榜样系列”“关爱老人”“低碳生活”“垃圾分类”等。另外，浙江日报新闻发展有限公司还承办了第二届浙江省公益广告大赛，牵头成立浙江报业公益广告宣传联盟，积极推动浙江省报业提升公益广告原创设计水平[1]。

（二）转型经验总结

1. 创新组织架构

浙报集团为了面对新媒体新技术的冲击，并更好地开展新业务，先后成立了数据库业务部、数字采编中心等适应媒体融合发展战略。例如，2013年11月，浙报集团集聚集团优秀采编、技术骨干，组建了集团数字采编中心，承担新媒体产品的开发、运营和采编发布任务。在集团内设置近20个新媒体专业编辑室，依靠千余采编人员和遍布全省的通讯员队伍，形成规模庞大的专业网络队伍。并且学习借鉴优秀互联网公司成功经验，突出用户考核导向，探索创新绩效考核和薪酬分配制度。浙报集团根据新环境下传媒业的发展状况来对自身的业务部门和组织架构进行适当的调整，这样更能适应业务的发展要求，提升效率。

2. 优化人才配置

媒体融合关键还在于人的融合，缺乏人才的支持难以实现报业转型。在当前，报业集团营收面临巨大冲击的环境下，传统主流纸媒既要吸引聚拢优秀外部人才，更要充分激活优化内部人才活力，树立互联网思维，才可获得发展之计。浙报集团从顶尖的互联网公司引入先进技术人才，全集团目前已经形成了近700人的互联网专业技术研发团队，从事新媒体的员工也已经超千人。并且集团适度向技术人才倾斜，力争培养出既懂技术又懂采编，还会运营的新型复合新媒体人才。集团还在筹划建立完备的新媒体人才体系，创新人才评估和管理体系，为专业人才建立特殊的发展通道，用事业吸引人才，用机制留住人才。

---

[1] 浙报传媒：2014年度社会责任报告，http：//app.finance.ifeng.com/data/stock/ggzw/600633/14952132

除了常规的培训外，浙报集团还积极鼓励员工参与资本投资实践当中，通过鼓动员工的积极性更好促进相关业务的开展。在早几年，通过组织员工参与”打新股”，在尝到甜头后，成立浙江新干线投资有限公司，主营投融资业务。目前该公司已实现从把集团和公司自有资金委托证券专业机构运作，到自主运作资金，再到帮助其他国企、社会机构等运作投资资金和产业基金的”三级跳”。2009 年起，该公司受托管理浙江省第一支国有文化产业基金，总规模达 2.5 亿元的东方星空基金，如今已同宋城旅游发展股份有限公司、浙江横店影视制作有限公司等合作方签订了合作协议，涉及旅游、演艺、电影电视等多个文化领域。

3. 借助资本平台，积极拓展新型盈利模式

报业转型发展离不开资本的支持，尤其是在报业营收不断下降的情况下，需要积极借助资本来拓展新业务，实现转型。浙报传媒如今的巨大成功离不开其成功上市筹集资本，借助资本平台筹集资金进行产业转型。当然，从传统纸媒转型、走向融合的这条道路是否成功，一个重要的判断标准就是浙报集团是否能够改造自身的盈利模式。除了传统的盈利方式，浙报集团在转型的过程中也在积极探寻其它的方式，例如衍生品、在线游戏等。浙报集团参与了一些影视剧的投资，除了电视剧的投资收益之外，积极发展产业链末端的影视营销和影视衍生产品开发也为浙报集团提供了更多的收入。尤其是衍生品开发，还可以与浙报集团现有娱乐平台进行资源整合和协同，产生更大的产业价值。除了这些现有的盈利模式之外，浙报集团搭建的 O2O 商业服务围绕本地生活，整合线上线下的服务也会给集团带来新的营收增长点。

此外，浙报传媒近年来不断加强文化传媒业以及养老产业的布局，通过投资发展相关项目，为集团的发展拓展更多的盈利渠道。但在这个过程中，浙报传媒仅仅围绕自身内容相关性较强的业务进行拓展，通过整合将传统业务整合到新兴业务中去，以此拓展自身的优势。

案　主　广州日报
案例作者　李振森 黄明顺 吕行 王月洁

内容摘要　在基于互联网技术的新媒体浪潮冲击之下，广州日报作为珠三角地区最具影响力的党报，以锐意创新的姿态坚持着“以媒为本，多元多赢”，通过内生、外延并驱方式，实现了从平面媒体经营业务向综合性多媒体经营业务的跨越。本专题主要从回顾广州日报的发展脉络，抓住其战略转型中的关键节点，通过SWOT分析总结广州日报转型中的得与失，进而展望未来广州日报的发展方向。

关 键 词　媒体融合 “1+N” 全媒体 转型

“以媒为本，多元多赢”

——大数据时代广州日报媒体融合探究

中国人民大学新闻学院喻国明教授就曾表示，未来媒介发展中的核心价值并不在于激烈地竞争对抗，而在于“整合”。所谓的整合强调的是内外之间的融合发展，不仅要实现各媒介内部要素的有机整合，还要实现从更高层次的媒介与媒介之间、媒介与受众之间以及媒介与社会之间进行更的有效整合。

2009年以来，受到基于互联网技术的新媒体的冲击，《基督教科学箴言报》《新闻周刊》等纸质版纷纷停刊，直接原因是读者流失，商业模式出现严重问题。中国的平面媒体也开始进入艰难时世。从广告收入来看，根据CTR的数据，2012年报纸广告刊例收入下滑7.5%，2013年下滑8.0%。2014年1月1日起，中国上海《新闻晚报》宣布停刊。

改革开放以来，中国传统媒体的发展一直处于行政化结构与市场化竞争的怪圈中。长期以来，传统媒体的建立、设置都是基于行政需要，而不是在市场竞争中优胜劣汰选择出来的，但是彼此之间却要进行激烈残酷的市场竞争，而且没有市场退出机制，这种纠结于行政与市场的竞争无疑成为传统媒体产业发展的羁绊。在互联网冲击下，需要倒逼行政管理部门加速传统媒体的体制改革，以便尽快走出行政化结构与市场化竞争的怪圈。这是粤传媒面临的重要问题。[1]

此外，在网络技术和云计算技术突飞猛进的现实环境下，信息的发布渠道、沟通方式、消费者的媒体接触习惯已发生了巨大的改变，这些因素推动当前的媒体环境进入一个云媒体环境的新时代。在数字化媒体环境下，对于品牌而言，新的数字传播环境既带来了机遇，也带来了挑战。如何在数字媒体环境中成功地制定并实施传播策略，成为粤传媒不得不面对的另一个重大考验。

一、《广州日报》概况

（一）行业地位

《广州日报》是全国发行量最大的党报之一，日均发行量达到185万份，在珠三角有着广泛的影响。1996年1月15日，经中宣部和国家新闻出版署批准，中国第一家报业集团——广州日报报业集团。[2]

2007年1月，广州日报集团旗下“大洋网”在2007首届中国报网互动共赢高峰论坛获得“2006最具创新力报纸网站”称号。

2008年1月31日，由中国传媒论坛学术委员会、史坦国际STANCHINA主办的第四届最具投资价值媒体评选活动在北京揭晓，广州日报报业集团旗下多家报刊、公司获奖。《广州日报》《第一财经日报》被评为“第四届中国最具投资价值媒体”报纸类媒体，《南风窗》被评为“第四届中国最具投资价值媒体”杂志期刊类媒体，粤传媒被说为“07中国十大传媒投资案例”，《足球报》获“07中国年度十大体育传媒奖”。

[1] 参见 http：//www.gmw.cn/media/2014-02/24/content_10488157.htm

[2] 参见 http：//www.chinadengbao.com/baozhi/319.html

2006年至2010年，《广州日报》连年获得全国报纸印刷质量评比最高奖项——“精品级报纸”称号。

2010年，广州日报报业集团荣获影响中国十大传媒集团。集团刊物《南风窗》也一举拿下“影响中国最具品牌传播价值期刊”大奖。

2010年中国报业协会授予公司《舞台与银幕》2009年“中国报业创新奖”。

2011年1月，集团《羊城地铁报》在中国传媒大会2010年会上荣获“金长城传媒奖•2010中国新锐传媒”奖。

2013年12月公司荣获中国报业协会颁发的2012-2013年度中国报业物资采购“先进集体”称号。

2014年5月15日，广州日报报业集团荣获“中国报业融合发展奖”。

（二）品牌价值

广州日报多年来注重通过新闻报道、市场推广、自身建设、业界创新等方面塑造品牌价值和影响力，成为华南第一报媒和最具品牌传播力媒体。

- 广告收入连续16年全国第一
- 中国第一家推出独立的《导读和索引》版
- 印务中心印刷能力亚洲第一
- 单日大报出版数量全国第一
- 珠三角发行订户数量高，零售量最大
- 数字报纸在中国出版科学研究所的数字报纸综合评测中排首位[1]

2009年10月，世界报业与新闻工作者协会在巴黎发布了“2009年世界日报发行量前100名排行榜”，《广州日报》以发行量185.0万份排名世界第20位、中国第3位，在国内仅次于《参考消息》和《人民日报》。

2010年中国广告协会资料显示《广州日报》广告收入连续16年获国内媒体第一。尼尔森媒介研究监测的最新统计，09年广告刊例花费再次稳居全国报纸媒体广告收入第一。

2011年，《广州日报》首度超越《参考消息》，位列中国报业品牌价值第二。

---

[1] 参见 http：//www.mjceo.com/newspaper/8063/introduction.html

2012年跻身品牌价值百亿集团，继续引领中国报业发展。[1]

2013年，世界品牌实验室昨天在北京发布了2013年（第十届）《中国500最具价值品牌》排行榜。《广州日报》以165.68亿元品牌价值，继续稳居中国报业品牌第二名，仅次于《人民日报》，位列500强102位。[2]

2014年，《广州日报》以185.39亿元品牌价值再创新高，继续稳居中国报业品牌第二名，仅次于《人民日报》，位列500强105位。至今，《广州日报》已连续十年在"中国500最具价值品牌"排行榜上名列中国报业三甲、华南地区之首。

（三）媒体规模

广州日报报业集团一直致力于探索传媒发展的最优模式，以锐意创新的姿态勇往直前。2007年11月，由集团控股的广东九州阳光传媒股份有限公司（股票简称"粤传媒"，股票代码002181）在深圳证券交易所正式挂牌上市，成为第一家经过国家新闻出版总署批准的在境内主板上市的传媒公司。目前，集团旗下共拥有1张主报、15张系列报、5份杂志和16个网站，业务涉及广告运营、发行物流、报刊出版、印刷包装，同时重点培育游戏、彩票、电子商务等新媒体业务。既有主报《广州日报》，还有《足球》《老人报》《信息时报》《舞台与银幕》《篮球先锋报》《羊城地铁报》等，杂志有《新现代画报》《南风窗》《看世界》《共鸣》等，网站有大洋网、云彩彩票网、NB游戏、2181等。另外，集团还拥有广州传媒控股有限公司、广州市报刊发行公司和广州大洋实业有限公司等一系列经济实体。

主报《广州日报》是广东省发行量第一、订阅量第一、零售量第一和传阅率第一的报纸。《广州日报》同时也是全国经营最为成功的报纸之一。集团旗下的《足球》报是全国销量最大的足球类报纸，被誉为"足球第一媒体"，在全国有较大影响；大洋网是95年国内最早在互联网提供新闻资讯的三家媒体之一，首批获得国务院新闻办公室批准有新闻刊载资质的新闻网站。此外，《南风窗》《看世界》《舞台与银幕》等报刊在全国都具有相当的影响力。

---

[1] 参见 http：//news.dayoo.com/guangzhou/201206/29/73437_24686529.htm

[2] 参见 http：//life.dayoo.com/money/201306/27/120375_31328048.htm

（四）发展历程

1952年12月1日《广州日报》创刊。

1972年8月1日，改出日报并恢复《广州日报》名称和沿用毛主席手写的报头。

1987年，《广州日报》首开全国地方报纸从对开4版扩为对开8版的先河，其后从对开8版再扩为对开12版、16版、20版等举措，在国内均属首创。

1996年5月29日，广州日报报业集团正式挂牌运行，宣告了中国第一个报业集团的诞生。

1999年，广州日报报业集团出资创办的大洋网是经过国务院新闻办公室批准的有新闻登载资格的重点新闻网站。

2004年10月18日，广州日报报业集团与上海文广新闻传媒集团、《北京青年报》社，在上海联合签署了合作协议，跨地区办报，于2004年11月15日推出全国首家综合性财经类日报《第一财经日报》。

2005年底，集团成立了战略运营领导小组及办公室，并以此为基础，成立"品牌战略运营中心"。

2007年6月，广州日报滚动新闻部成立，成为《广州日报》印刷版和广州日报新媒体（包括互联网、手机和视频在内）的跨媒体平台，负责报纸、手机和网站三个部门的联动发稿，使广州日报能够依托其网站展开每周7天、每天24小时全天候连续不断跨媒体传播，为网民提供更快捷立体的新闻内容和服务信息。

2007年11月16日，广州日报报业集团正式在深圳证券交易所上市，成为首家在境内主板上市的传媒公司。股票代码"002181"，证券简称"粤传媒"。

2012年4月，成立集团战略品牌部，下设品牌运营中心、研究室、情报资源室、新闻研究所和博士后工作站。

2012年6月，广州日报报业集团经营性资产整体注入上市公司，粤传媒重大资产重组成功，并正式更名为广东广州日报传媒股份有限公司，成为华南地区第一家经营性资产整体上市的报业集团。

2014年12月，粤传媒更进一步，以风投的形式直接连接创新企业，携手德同资本成立5亿元人民币规模的"德粤基金"，专注于投资文化传媒的热点领域和创新服务领域，直接到市场最前沿连接创新点。这种连接在较短时间内较好地带动了粤传媒的转型。

2015 年 1 月，粤传媒在参股悠易互通的同时，还合资成立了广州悠广通公司。悠广通的主要目标是在传统媒体经营中引入互联网思维，引进技术，取长补短，培育合格的粤传媒跨媒体广告融合人才，带动内部转型，推动媒体经营融合。

二、广州日报集团的转型策略

自 2012 年资产重组开始，粤传媒坚持“以媒为本，多元多赢”，通过内生、外延并驱方式，实现了从平面媒体经营业务向综合性多媒体经营业务的跨越，广州日报按照既定的“产业化、平台化、移动化、大数据”的三化一大发展战略稳步推进，加快媒体转型、融合的步伐，以做强做大核心广告业务为主，通过外延内生并驱方式，打造集广州日报“1+N”全媒体矩阵、子报子刊子网矩阵、户外 LED 大屏联播网、移动情景式广告投放平台 ADShow、程序化多屏广告购买平台悠广通、产品展销电商平台、一站式“负距离”广告服务的全国立体化广告平台，建立一个共生、互生、再生的新型综合传媒集团。[1]

（一）整合“1+N”全媒体矩阵，构建立体化传播体系，形成强大的覆盖能力。

广州日报积极打造“1+N”全媒体矩阵，除主报外，还拥有相当影响力电子版报纸、手机报、官方微博、官方微信、广州日报 APP、大洋新闻及细分领域分子报集群等，读者规模已达 600 多万，已形成强大的覆盖能力。[2]

在电脑端，对大洋网进行全新改版，整合推出广州 24 小时、广州观察、广州镜头、广州政务、广州服务等五大本地资讯服务板块，使网站定位更加明晰，页面清新炫动，引起了业界关注和网友点赞。据第三方监测数据显示，

---

[1] 参见 http：//data.eastmoney.com/notice/20150408/2Wvl2W9MMEf67n.html

[2] 参见 http：//www.gdgzrb.com/html/companynews/201503/24/information_companynews_323.html

改版短短一个多月，由于《广州日报》优质采编资源的注入，大洋网日均点击量和日均访问用户迅速攀升。

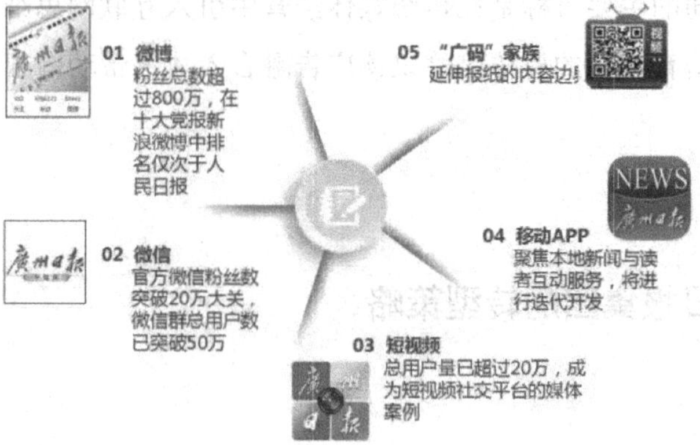

在移动端，《广州日报》新闻客户端全面改版上线，数字新闻实验室基本组建完成，全媒体采编系统正在建设之中；《广州日报》新浪微博粉丝560多万，腾讯微博粉丝360多万，总粉丝数突破900万大关，长期稳居全国报纸官方微博影响力前五；《广州日报》官方微信用户数36万，阅读数在纸媒中仅次于《人民日报》官方微信；集团有影响力的微信公众号达到30多个，涵盖了新闻资讯、生活服务、互动娱乐、电商平台等方方面面。这样，围绕《广州日报》这一共同品牌，各个全媒体产品既有不同的分工，又能形成强大的传播合力。

打通内容经脉之后，粤传媒初步解决了微博、微信、网站、APP等新媒体“标配性项目”的新闻生产问题。接下来，它将通过新媒体项目孵化机制，动员采编力量全员投入，组建多个扁平化、项目化、模块化的团队，深耕行业板块和垂直领域，推出一系列有市场竞争力和商业转化能力的新媒体产品，充分利用互联网的长尾效应，重塑积少成多的营收价格体系，通过广告、流量变现、线上线下活动等，探索多种模式赢利的可能性。[1]

---

[1] 参见 http：//www.bkpcn.com/Web/ArticleShow.aspx?artid=122934&cateid=A1802

（二）完善组织架构，再造业务流程，形成中枢平台内容生产一体化

1. 完善组织架构 建立中枢平台

2014 年 12 月 1 日，在广州日报社成立 62 周年这个特殊日子里，广州日报报业集团全媒体编辑部正式成立运行。作为中央厨房式的全媒体数字化采编部门，全媒体编辑部由《广州日报》夜编中心、全媒体中心（含数字新闻实验室）、音视频部以及大洋网等组成，主要承担新闻的组织策划、内容采集、信息集成、把关发布等职能，包括《广州日报》官方微博、官方微信、新闻客户端、大洋网等新媒体产品的维护与更新，以及《广州日报》主要新闻版面的编辑工作，是集团推进媒体融合发展的中枢平台。

在全媒体编辑部的统筹指挥下，广州日报报业集团变革内容生产方式，创新采编业务流程，建立起了“统一指挥，统一把关；滚动采集，滚动发布；多元呈现，多媒传播”的全媒体内容生产体系。[1]

“统一指挥，统一把关”，是指全媒体编辑部统合集团多个采编部门进行一体化运作，并将之前分属不同部门的新媒体发稿权限，全部归口到全媒

[1] 参见 http：//www.bkpcn.com/Web/ArticleShow.aspx?artid=122934&cateid=A1802

体编辑部统一进行发布，确保每个平台和终端上的内容都事实准确、导向正确。

“滚动采集，滚动发布”，意味着要打破报纸原有的出版周期，记者采集回来的文图、音视频等多种形态的新闻素材，经过全媒体编辑部加工、把关、集成之后，在多个平台和终端上24小时不间断地滚动发布出去，随时为用户奉上色香味俱全的资讯大餐。

“多元呈现，多媒传播”，就是按照平媒、网媒、掌媒各自的传播规律和特点，做到新闻内容的一次采集、多次发布、多元呈现、多媒传播，达到传播效应叠加和效果最大化，进一步提升传播力、影响力和舆论引导能力。

2. 再造业务流程 内容一体化生产

推进媒体融合发展，必须对沿袭多年的报业采编流程进行改造，包括编前会议、主任值班、记者采写、稿件编辑、审核发布等诸多环节。具体来说，粤传媒进行了如下尝试：

人员集中办公。为了便于一体化运作，全媒体编辑部的所有主任和编辑全部集中在同一个空间内办公。各位主任在负责自己分管工作的同时，还要轮流值全媒体编辑部的班，负责组织召开编前会，统筹新闻的策划、采集、编辑、把关工作。根据实践情况来看，物理空间的改变可以让大家“一目了然”，沟通的效率比以前明显提高，工作的协调性也大大增强。

记者即时交稿。对于突发新闻和需要滚动发布的新闻，要求记者到达现场确认可靠信息后，10分钟内发回140字左右的快讯，2小时内发回500字左右的消息，如有可能全部要求配发照片和音视频。对于非紧急稿件和提前策划的稿件，要求采访完毕后根据新闻事件的特性尽快发回快讯、消息或完整稿件。最后，记者还须采写一条最为完整、纵深的新闻稿件，且最好与新媒体平台上已经刊发的稿件形成递进、差异和错位，晚上提交供报纸版面采用。

稿件加工改写。从全媒体编辑部新设的基础编辑岗位，抽调10名素质全面的资深编辑，组成类似“内部通讯社”一样的编辑小组，负责新闻策划、采编对接、稿件改写等工作，并将合格稿件放到成品库供新媒体终端编辑选用。基础编辑就如同报纸采编和新媒体之间的一个“转换器”，将采访部门的优质新闻资源激发、挖掘出来，源源不断地引流到新媒体平台上来。

稿件审核把关。为了确保舆论导向正确，所有新媒体终端发布的稿件须经采访部门和全媒体编辑部值班主任双重把关，如遇重大事件和敏感题材还须请示值班老总。此外，还特别增设了新媒体检查审读员，专门负责未刊发稿件的审读和已发布稿件的检查，确保把好出口、及时纠错。

稿件发布原则。新媒体的特点是“快”和“新”，纸媒的特点是“全”和“深”。根据不同媒介的传播特性，在发稿时注意把握如下原则：对于大家都有的、通用的即时新闻，尽快在新媒体上先发，争抢第一落点；独家新闻和深度稿件则由纸媒先发，新媒体可以提前导读并于见报次日转载。[1]

（三）建设立体化广告平台，拓展全媒体广告运营渠道，提升主业的核心竞争力

2014年粤传媒积极打造全国立体化广告平台，推动“报纸+户外+新媒体”的全媒体整合营销模式。

在平面媒体广告业务方面进行经营模式创新，扩大包销、展销等非常规营销合作方式，推行差异化营销、个性化营销、整合性营销，同时建立O2O营销模式，推出“广州日报报业商城”微信电商平台，提升公司广告运营能力。在完成收购香榭丽传媒之后，互动营销广告平台扩展至新媒体户外LED大屏领域，公司开展一系列的资源整合，有效的将平面媒体广告渠道与户外LED大屏新媒体营销网络进行优势互补，为客户量身定制全媒体整合广告营销方案。

广州日报加快新媒体产品开发力度，先后合作研发了“哇喔wow平台”和ADshow项目，以媒体优势和资源优势打造了自媒体营销平台和移动互联网营销平台，形成公司“立体化广告平台”不可或缺部分。

ADshow是粤传媒在收购上海香榭丽广告传媒股份有限公司之后，一起推出的移动互联网广告平台。平台核心的3S系统，可记录分析每个手机用户在点击广告时的状态，用海量大数据，还原用户的使用情景，再通过LBS定位技术综合分析辨识用户，从而实现精准投放。[2]

---

[1] 参见 http：//www.bkpcn.com/Web/ArticleShow.aspx?artid=122934&cateid=A1802《中国图书出版网》

[2] 参 见 http：//www.gdgzrb.com/html/companynews/201503/24/information_companynews_323.html

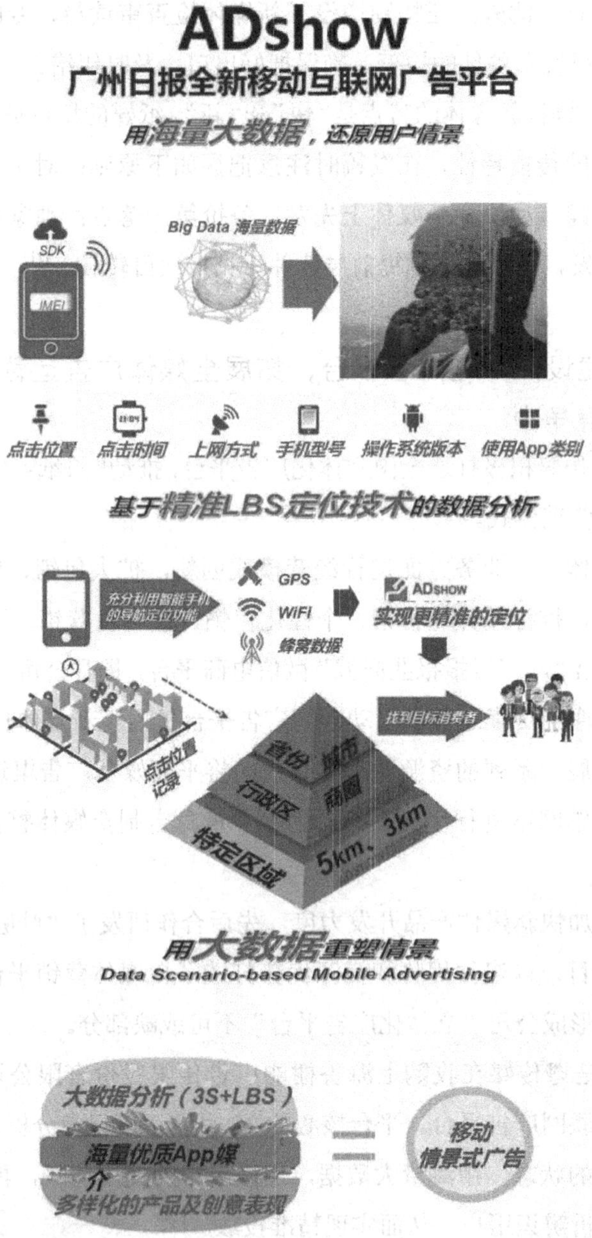

同时，粤传媒快速切入互联网广告领域，参股国内首个推出互联网广告DSP平台的全媒体数字营销广告公司-悠易互通。借助悠易互通庞大的数据库资源和领先的技术实力优势，有利于公司掌握在线数字营销领先技术，与公司的平面媒体、户外LED媒体广告形成协同效应，最终实现打造集平面、户外LED大屏、互联网和移动互联网于一体的全媒体数字营销广告互动平

台。[1]

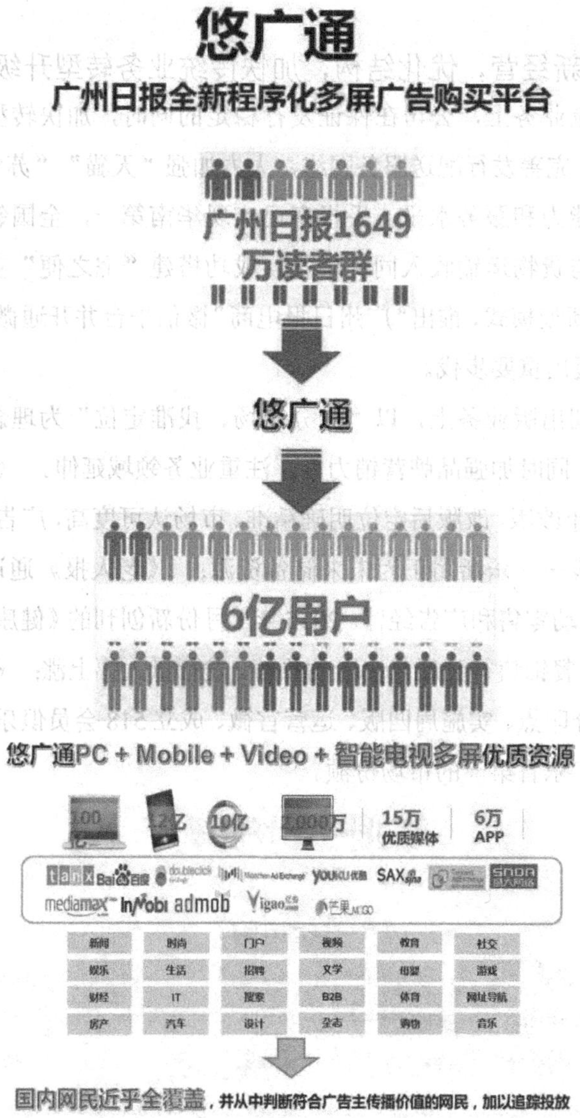

悠广通即北京悠广通广告有限公司，由粤传媒与国内程序化购买的领军者悠易互通合作成立，未来将全面进军互联网广告领域。悠广通平台可以帮助客户把品牌和产品影响力从千万级优势读者，直接向 6.49 亿的互联网用户延伸。目前，悠广通平台拥有国内最大、最准的人群数据库，能为广告客户

[1] 参见 http：//data.eastmoney.com/notice/20150408/2Wvl2W9MMEf67n.html

提供用户的精确数据。

（四）创新经营，优化结构，加快传统业务转型升级

在发行物流业务上，公司在保证发行稳定的同时，加快转型的速度。在物流经营方面，完善发行配送服务网络，大力加强“天猫”“苏宁”“京东”等业务的配送能力和服务水平，妥投率已实现华南第一，全国领先的地位，同时物流配送与货物运输收入同比增长。成功搭建“宅之便”实体店平台并探索O2O餐饮新型模式，推出“广州日报电商”微信平台并开通微信支付功能，向媒体电商化迈出重要步伐。

在子报子刊出版业务上，以“细分市场、找准定位”为理念，围绕定位做好产品本身。同时加强品牌营销力度、注重业务领域延伸。《羊城地铁报》于2014年下半年改版，改版后定位明确精准、市场认可度高，广告转化率明显，同时延伸产品线——乐活团正为未来储备资源；《老人报》通过改版、增刊和促进发行，带动零售和广告经营。2015年1月份新创刊的《健康参考》与《老人报》绑定的套餐销售得到新老读者的热捧，发行量大幅上涨；《舞台与银幕》通过建立广西分印点、实施周四版、运营官微、成立518会员俱乐部创造收益，稳居娱乐周报广东省第一的市场份额。[1]

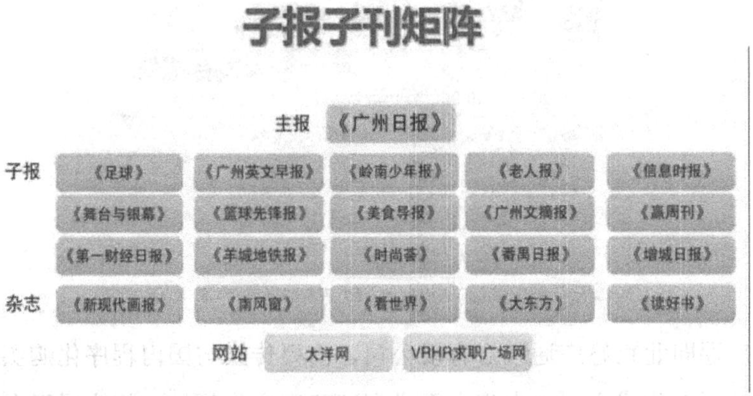

（五）借力资本，推动外延式扩张，促进媒体融合转型发展

在产业融合的大趋势下，粤传媒以资本整合资源、以资本培育新媒体、

---

[1] 参见 http：//www.docin.com/p-1118566930.html&stock=1

以资本谋求融合，通过借助资本的力量实现传统媒体和传媒产业的融合转型、跨越式发展。

粤传媒发起设立德粤基金，作为公司产业并购整合及创新领域投资的平台，以产业整合与并购重组等方式，专注于投资文化传媒的热点领域和创新服务领域的相关性企业。2015 年 3 月，德粤基金以 3500 万元人民币投资北京影谱互动传媒科技有限公司，打造原生视频广告第一平台。不同于其他广告平台，影谱所做的是从视频后端云计算浮窗广告，利用数字技术将广告形象嵌入视频，这种原生的广告展现形式对用户的观看体验没有打扰，实现广告商、视频平台及用户的多方共赢，代表了视频广告未来的发展趋势。[1]

同时，粤传媒通过新设、参股、合作等多种形式进行入互联网游戏和互联网彩票行业，打造互动娱乐板块，加快发展互动娱乐新媒体业务，实现经营多元化。同时分别与华南理工大学、甲骨文（中国）软件系统有限公司签署战略合作协议，强强联手推动公司的转型和创新，探索打造媒体大数据业务样板工程。

（六）开展企业内部控制工作建设，提高风险防范能力

为了进一步规范企业运作，提高风险防范能力，粤传媒在加强制度建设的同时，全面启动了风险管理及内部控制建设工作，成立全面风险管理及内部控制建设领导小组、项目小组和项目小组办公室三级工作机构。按照“总体规划、重点突出、分步实施”的思路，走“先试点、后推广、再提高”的路线逐步推进公司全面风险管理暨内部控制体系建设。从公司各职能部门纵深到各经营单位经营环节，分步梳理公司现有制度流程，提出合理化改进建议，在进行内控体系运行测试和完善的基础上，编制风险管理暨内部控制手册，有效提高企业经营管理和各种风险防范能力。[2]

---

[1] 参见 http：//data.eastmoney.com/notice/20150408/2Wvl2W9MMEf67n.html

[2] 参见 http：//www.docin.com/p-1118566930.html&stock=1

三、广州日报集团的 SWOT 分析

第三部分笔者将对广州日报进行 SWOT 分析，确定其自身的竞争优势、竞争劣势、机会和威胁，从而将广州日报的战略与公司内部资源、外部环境有机地结合起来。

（一）优势

分析广州日报的自身优势，从而使其优势发挥最大价值。第一、强劲的品牌优势。广州日报多年培育的品牌价值是公司宝贵的财富，使公司在开展各项经营活动中获得极大的合作优势和竞争优势。根据世界品牌实验室发布的《中国 500 最具价值品牌》排行榜：广州日报以 185.39 亿元品牌价值，继续稳居中国报业品牌第二名，仅次于人民日报。第二、丰富的全媒体广告平台优势。广州日报是国内市场化程度最高的党报，公司通过外延内生式的发展已经构筑完成包括平面媒体、户外 LED 媒体、网络媒体等多媒体的广告经营业务发展平台。第三、充沛的资金优势。粤传媒的上市，使其资金充沛，公司现金流状态良好，对公司未来的业绩增长提供保障。第四、专业的物流发行优势。公司拥有广东珠三角地区大规模的、高效的、覆盖率高的发行物流网络，目前妥投率已达到 99%，位列华南第一名。

（二）劣势

广州日报的劣势分析，主要表现在四个方面：第一、城市党报性质给报纸的市场化运作带来了一定局限。广州日报一直扮演着中国市场化党报领跑者的角色，但其党报性质则会一定程度限制其市场化发展。第二、单一广告经营模式问题凸显。移动互联网下的新媒体对传统媒体的冲击，单一的广告经营模式已不适应现代社会的发展。第三、传播手段盲目低效。纵观现代的传播模式，社交平台的病毒式传播直击人心，效果显著，而传统的电视、纸媒广告效果则大打折扣。第四、整合风险。公司通过多种方式先后收购、设

立和参股了跨地区、跨行业的公司和业务，会增加公司在经营决策、组织管理和风险控制上的难度。

（三）机遇与挑战

这是个最好的时代，对于广州日报来说也合适，需要抓住机遇，加快发展。媒介融合是新时代传媒业发展的国家战略，习近平也指出要着力打造一批形态多样、手段先进、具有竞争力的新型主流媒体，建成几家拥有强大实力和传播力、公信力、影响力的新型媒体集团。同时信息产业内外关联性增强，技术的发展改变了媒介生态环境和产业结构，网络通信技术的发展以及数字技术的诞生为信息产业各产业组织相互间合作、并购和整合提供了必要的技术支持。其三，大数据等先进技术成为融合的引领和支撑力量，广州日报要利用大数据等新技术和新应用，大力发展新媒体业务，整合内外资源加快媒体融合。

这也是一个最坏的时代。首先传统纸媒行业受宏观经济和新兴媒体影响，下滑趋势明显，新兴媒体对公司平面媒体业务的影响愈发明显。其次，新媒体技术下的受众形态变化，在今天网络传播时代，各种新的信息终端层出不穷，人人都可以是一个“自媒体”，记者编辑的传播对象不再是“受众”而是网站的网民、手机等移动互联网终端的用户。同时近年来广州文化产业整体发展迅猛，知名文化品牌多、民营企业多、产业基地和园区多，文化传媒、文化龙头企业实力强。在文化产业竞争日趋激烈的当下，传统党报若不及时改变观念，转型升级，必将在激烈的市场竞争中惨遭淘汰。

（四）小结

进行SWOT分析后，广州日报需要抓住机遇，充分利用其优势，实现可持续发展。SO战略层面，广州日报要抓住媒介融合的国家战略，从而实现全媒体发展，同时要利用大数据等现代信息传播技术，以丰富多样、个性化的形式满足受众的需求；WO战略层面，广州日报实施媒介融合战略，促进党报的市场化运作，广州日报作为一份党报，具有事业属性，其主要功能仍然是新闻宣传。在现行体制下，广州日报作为党报的主要宣传功能的性质不会变；但同时又要强化其产业化发展。ST战略层面，广州日报要充分利用其上市优势，合理利用其资金资源，增强自身文化产业竞争力，同时通过全媒体平台，满足受众信息接收喜好。WT 战略层面，广州日报需要规避风险，进行资源的重新整合，砍掉利润最低的部分文化产业，同时加大对新媒体平台的投入。

四、总结与建议

（一）总结

日新月异的技术进步改变了我们的生活，新闻传播也概莫能外。随着微博、微信等自媒体的兴起，舆论场比以往任何年代都更纷繁复杂，人们在充分享受海量信息之时，也饱受信息爆炸带来的困扰。

在过去的 20 年里，广州日报一直扮演着中国市场化党报领跑者的角色，新技术的到来，既是挑战者，更是同行者，广州日报并没有把新技术看作是威胁，反而当做进一步发展壮大的必由之路，这也是广州日报实现从一张报纸向一个覆盖全媒体平台的文化传媒集团转型的历史机遇。总结广州日报的发展，即为以平面媒体资源为依托、以创新网络媒体为突破点，以“新闻媒体”与“媒体产业”为两大发展平台，把握导向大局 创新内容形式。

1. 以平面媒体资源为依托、以创新网络媒体为突破点

对于快餐式阅读的读者，广州日报以平面媒体资源为依托、以创新网络媒体为突破点，能更精准地实现内容传输与受众注意力的匹配，创造价值。比如报纸记者应用多元化形式呈现新闻内容，包括文字、图片、视频等；再次，新闻报道周期应由每天报道转变为全天报道，利用新媒体提高报纸的时效性。[1]

2. 以“新闻媒体”与“媒体产业”为两大发展平台

大多数报纸在宣传和市场或者在专业和喉舌之间是有矛盾的，这个矛盾通常无法取得很好的调和，无法形成张力，但是广州日报自上世纪实施市场化改革以来，它既是一份党报，也是一份都市报，这样把党报与都市报结合在一体的案例，在全国是独一无二的，目前为止也是绝无仅有的。对于探讨宣传和专

[1] 参见 http：//chuansong.me/n/987017

业之间如何取得平衡，广州日报是难能可贵的样本。[1] 广州日报作为一份党报，具有事业属性，其主要功能仍然是新闻宣传。在现行体制下，广州日报作为党报的主要宣传功能的性质不会变；但同时又要强化其产业化发展。

3. 把握导向大局 创新内容形式

地方党报作为党和政府的喉舌，是上情下达、沟通民意的桥梁和纽带，对地方党委政府的中心工作负有宣传报道的责任和义务。随着新媒体的迅速崛起，地方党报要因势而谋，顺势而为，把握好新闻宣传的导向和大局，发挥媒体的特性和优势；要主动融合新媒体，创新内容、创新形式、创新方法。

（二）建议

移动互联网给传媒产业带来了巨大的变化，新技术是变化的技术基础，而碎片化则是结果。现在对于读者很重要的时政新闻，已经完全可以被政务微博替代，娱乐新闻可以被短视频等视觉化的内容所替代，社区新闻在朋友圈都有了。那么我为什么要看报纸？所有的报纸现在面临的一个问题是报纸的信息和服务价值在哪里？

1. 公信，永远是广州日报的核心价值

公信，永远是广州日报的核心价值。作为一份主流大报，权威、客观、公正要成为每一个铅字、每一行标题背后的度量标准。站在喧嚣的新闻现场，“最笨”的方法做新闻，那就是核实、核实、再核实。广州日报刊发的信息，代表着主流价值观对新闻事件的态度与判断。随着社会化媒体的出现发展，信息爆炸时代，国家重大事件出现，总会有无数的小道消息在网上散步，调查显示，人们在重大事件发生时，更会关注人民日报，广州日报的官方微博，因为在民众看来，广州日报代表的是公信力。

2. 内容为王，渠道为先

平面媒体的竞争优势在于内容，这是不争的事实。生产出好内容，永远都是最重要的。无论报纸如何发展，做优质的内容都是很重要的。都在争论是“内容为王”，还是“渠道为王”，抑或是“平台为王”。其实这些说法之间其实并不矛盾，对于报纸新闻生产而言，内容好永远是最核心的东西。

[1] 参见 http：//www.aiweibang.com/yuedu/news/4160140.html

纸张也许会死，但新闻不会死。对于正在面临的互联网的冲击，其实新闻都是给人看的，人脑相对于技术来说是相对稳定的，能够触动人的感情的东西也是相对恒定的。展望媒体转型发展前路，更觉坚守内容价值之必要。优质的内容生产，无论是在什么平台之上都是有价值的。[1]随着网络媒体，手机客户端等各种新兴媒体渠道的兴盛，纸媒在强调内容为王的同时还需兼顾“渠道为王”，构建其个性化的服务平台。

3. 服务要成为广州日报的鲜明特色

广州日报要做一份“贴心到教老百姓煲汤的党报”。把最优质最贴身的资讯最快速地传递到老百姓的手中，无论是关心民生政策，还是了解生活资讯，抑或听听股市评点，或者学学健康知识，都可以在广州日报全媒体集群中找到需要的东西。[2]

同时要坚持本土新闻。本土新闻始终是广州日报的拿手好戏，本土情怀更是广州日报与众不同的情感标记。寻味广州的大街小巷，驻足珠三角的厂房乡间，讲讲老广自己的新鲜事、说说街坊自己的心里话。如社区报是一种差异化的发展方式。社区报不仅局限于人们生活的小区，而是将社区报定位为“小区域报纸”，着重“小城镇化”元素。比如能否针对广州大学城办一份大学城报，服务 20 万人数的大学生。

4. 技术为重，从细分领域构建数字化产品平台

我们已经进入了一个大数据时代，这个时代的特点是信息、决策等以数字为载体存在。数据将成为决定未来成败的根本因素，成为人类最重要的自然资源。新媒体是一种形态而不是形式。新媒体的蓬勃发展正是符合时代特征，本质上就是数据处理。而传统媒体的软肋正是它的数据过去是没有或者只有很少的稀缺资源，仍处于凭经验、凭直觉去办媒体的传统阶段。

报业需要构建数字化产品平台，与现有经营模式、发行模式、内容模式的优化、提升和转型紧密结合，以报纸的公信力、影响力优势和内容、发行、经营资源基础为依托，寻找具备比较优势的细分领域，开发适应市场和用户需求的新型信息或内容服务产品，构建包括报纸、网站、微博、微信、手机

---

[1] 参见 http：//chuansong.me/n/987017

[2] 参见 http：//news.ifeng.com/a/20141201/42610522_0.shtml

客户端等多样化的信息服务平台。在为商家和用户提供服务的过程中，逐步形成细分领域商家和用户的有效数据库，逐步加载数字化、移动化、系列化的城市生活服务产品，逐步建立用户对数字化产品的使用习惯，逐步积累规模化的数字化产品用户基础。通过各项业务的整合，逐渐淡化纸媒在产品体系中的地位，突出其服务特性，最终构建数字化服务平台。[1]

参考文献

[1] 吴国华．与中国城镇化共成长—广州日报社区报之路初探 [J]. 新闻战线，2014（1）

[2] 夏凌，孟书强．互联网思维：中国社区报转型的关键 [J]. 中国记者，2014（7）

[3] 严瑱，郁晶陶，东铭．全市场化运作的小城镇报—广州日报社区报运作模式分析 [J]. 新闻记者，2013（7）

[4] 林晓鸿．社区报的发展机遇与创新之道 [J]. 新闻知识，2014（7）

[5] 李玮．《社区报的运营模式与发展对策—以 < 新民晚报社区报 > 为例》[J]. 新闻实践，2012（3）

[6] 刘劲松．社区报能否拯救报业—对新媒体环境下我国社区报发展的思考 [J]. 中国记者，2014（1）

[7] 乔平．广州日报报业集团经营转型之路 [J]. 新闻战线．2012（07）

[8] 王文君．报业集团整体上市探讨——以粤传媒为例 [J]. 东方企业文化．2012（04）

[9] 文远竹．由“报办集团”向“集团办报”转变——广州日报报业集团创新管理模式初探 [J]. 青年记者．2010（04）

[10] 曾春光．广州日报：内外借智创新制胜 [J]. 青年记者．2008（03）

[11] 任琦．党报能否面向市场赢得市场——看《广州日报》的实践与回答

[1] 陈国权：《大数据时代的报业转型思索：城市综合服务体》页，《. 中国记者》，2013（7），第 74-75

[J]. 新闻实践 . 2008（04）

[12] 刘万超 . 广州日报的经营成绩缘何高位攀升 [J]. 今传媒 . 2008（07）

[13] 肖欢欢 . 报纸的路还很长——访广州日报报业集团董事长戴玉庆 [J]. 青年记者 . 2008（28）

[14] 刁孝华 . 抱团出海——报刊业与金融业双赢谋略 [J]. 中国产业 . 2011（12）

[15] 陈伟军 . 报业集团发展文化产业的路径 [J]. 中国出版 . 2012（23）

案　　主 上海报业集团
案例作者 陆欣 梁柳湘 冯慧珊

内容摘要 本文通过对上海报业集团整体转型成效与媒体融合战略的分析与解读，试图反映我国传统媒体应对互联网变局的一条改革路径。基于上海报业集团的诞生背景、组成架构等信息，重点解读其实施媒体融合的策略，对核心平台澎湃、界面及上海观察进行个案分析。另一方面，从资本营运、结构调整和人事改革三方面梳理上报集团整体转型所取得的成效。认为上海报业集团实现报系合并，报业结构调整不断深化，同时在媒体融合领域取得破局式进展。最后，对于上海报业集团融合战略存在的问题与解决思路，本文提出应把握整体化转型节奏，在技术、机制、商业模式方面寻求新的解决思路，内容生产需加强数据分析。

关 键 词 上海报业集团 报业转型 媒体融合

静水流深，有“融”乃强

——上海报业集团融合战略研究

一、上海报业集团的诞生及概况

2013年10月28日，在上海市委的强势推动下，上海解放日报报业集团与文汇新民联合报业集团合并重组为上海报业集团（Shanghai United Media Group），成为国内最大的报刊集团，一举占据了上海滩报业的大半江山，迎上中国报业真正的拐点时刻[1]。此举意味着在各种新生媒体形态和媒体业务快

[1] 参见 http：//weiwuhui.com/5774.html

速拓展的剧烈竞争环境中，上海率先启动了报业集团兼并重组的改革步伐，探索直辖市内“一城一报团”的区域发展模式。

（一）合并概况

上海报业集团（以下简称为“上报集团”）由上海解放日报报业集团与文汇新民联合报业集团合并重组而成，在整合过程中，上海的报业资源在政府主导下被统一配置，实现再分配。

原上海解放日报报业集团成立于2000年10月9日，以中共上海市委机关报《解放日报》为龙头形成“九报三刊一网一剧院”的布局，旗下有《解放日报》《新闻晨报》《新闻晚报》《报刊文摘》《申江服务导报》《上海学生英文报》《人才市场报》《时代周报》《房地产时报》《支部生活》《上海小说》《新上海人》、解放日报电子网络版、上海沪剧院等资源。原文汇新民联合报业集团成立于1998年7月25日，由创刊60年的文汇报与创刊69年的新民晚报整合而成，旗下有三大核心业务群，包括由17家报刊杂志、1家出版社和新闻网站等组成了媒体产业群；由集团印务中心、控股印刷集团组成了印刷产业群；以音舞、会展、动漫和影视为主，组成了11家公司、1家剧院和1个院团的文化产业群。

在整合过程中，上海报业集团旗下的《新闻晚报》于2014年1月1日正式休刊，《房地产时报》也因房地产市场降温于2014年7月宣布休刊，国内读书类报纸的老品牌《文汇读书周报》也作为一个周刊被并入《文汇报》。合并后的上海报业集团旗下有《新闻晨报》《东方早报》《新民晚报》等15份报纸，以及由依托于报纸而运行的新民网、文汇网、解放网和新成立的媒体项目网站澎湃、界面等组成的16家网站阵营，其中10家具有新闻登载资质，此外还有《今日上海》《新民周刊》等8份杂志，和上海三联书店、文汇天下两家出版社。

图 1 上海报业集团旗下媒体

（二）合并动力

传统报业在各种新生媒介的冲击下已经举步维艰，上海报业集团的诞生正是应对严峻的市场竞争的创新之举，同时亦是行政机构舆论调控需求下大力支持的结果，此外，不可忽略的是上海作为直辖市简单化的权力结构所带来的地域特殊便利性使然。

报纸生存空间萎缩的困境是迫使上报集团合并的市场力量。当前，互联网已经深度渗透人们的生活，截至 2014 年 12 月，中国网民规模达 6.49 亿，手机网民规模达 5.57 亿，互联网普及率为 47.9%。[1] 以互联网和移动互联网为载体的各种新媒体蓬勃发展，占据了越来越大的市场份额，中国社会科学院新闻与传播研究所主编的《中国新媒体发展报告（2014）》指出“基于新媒体的微传播已经成为促进中国社会发展的新动力”，悄然地改变了传统的传媒格局。传统报业的广告市场连年缩水、发行量不断下滑宣示着其营收能力的持续下降。根据 CTR（央视市场研究股份有限公司）媒介智讯的数据显示，国内报刊广告自 2012 年首现 7.5% 的负增长幅度以来，降幅逐年扩大，2014 年降幅更是由 2013 年的 8.1% 急剧扩大到 18.3%，报纸广告市场难盼反转回暖。报纸运营能力、广告收入、发行量以及公信力等综合竞争力持续下降，报纸的未来出路亟待探索，媒体融合迫在眉睫。

---

[1] 参见 http：//www.cnnic.net.cn/hlwfzyj/hlwxzbg/hlwtjbg/201502/t20150203_51634.htm

加强舆论调控能力的要求是推动上报集团合并的行政力量。2013 年 8 月 19 日，习近平同志就宣传思想工作发表了全面系统的“8·19”讲话，在党和国家的全局高度上对党的意识形态工作作出指导，提出“宣传思想工作一定要把围绕中心、服务大局作为基本职责，胸怀大局、把握大势、着眼大事，找准工作切入点和着力点，做到因势而谋、应势而动、顺势而为”的工作要求。作为意识形态重要阵地的上海率先应对，上海党委将做大做强主流媒体作为增强政治责任和领导责任的重要手段，启动了上海报业集团合并计划，以“深化报业集团改革”的方式探索党报在新媒体环境下如何创新发展的使命，以巩固党的执政地位和群众基础。

直辖市权力结构的特殊性是帮助上报集团合并的便利条件。上海作为国内四个直辖市之一，享有着直属中央政府管理的省级行政权力便利，从而避开了省、市两层权力结构的复杂和繁冗。在合并之前，上海解放日报报业集团与文汇新民联合报业集团都只有省级“一个老板”，因此，合并过程中的产权归属、行政决策等流程大大便利，从而使得合并措施得以顺利开展。纵观国内，同样属直辖市的重庆，以及副省级城市深圳，早已形成了“一城一报团”的传媒格局；而广州、杭州、成都等省会城市虽然传媒业一直发展蓬勃，但省、市两级管理体系使得它们的报业集团合并的政策难度加大。

（三）合并意义

新闻集团总裁彼得•彻宁说过：“只要媒体实现集中与联合，不管利润流向哪里，准保你旱涝保收。”当今的世界 500 强无不是通过收购与兼并发展壮大起来的，传媒业亦是如此。应该认识到，规模化汇聚的“G-I-C”（即集团 Group- 产业整合 Integrated- 联合大企业 Conglomerated 的缩写）模式，这是当今媒介发展的必然趋势。2013 年 10 月，上海的解放日报社和文汇报社合二为一，这是为了避免同质化恶性竞争之举，也是适应新媒体对传统媒体经营和意识形态领域的冲击形势的需要，此举具有重大意义。

其一，整合资源，优化配置。两大报业集团合并后，原来各自的发行团队和印刷设备，甚至包括融资储备和房产物业均可纳入统筹开发，通过有效配置来减少成本、增加效益。官方表述称，此举旨在“成立一个多媒体和全媒体集团”，力求整合资源，加强战略管理和资产运作，形成整体优势和规模优势。诚然，上海现今已成功形成一报一台一网（一个报业集团、一个广播电视台和一个东方网）的传媒格局，合并后的上海报业集团成功占据了上海滩报业的大半江山。

其二，合并同类，差异定位。上报集团组建后，迅速启动“关、停、并、转”计划，并依据“三大报”原本的文化形象制定差异定位方案，达成规模化汇聚的原本初衷。规模化汇聚的目的是整合资源，避免浪费。需要指出的是，这种汇聚和整合并非结构、形式上的简单集合，而是在集合的基础上进行重构和优化，使联合系统内的各种资源发挥出最大效益。

其三，提高活力，自主发展。两大报业集团合并后，三大报的法人地位得到恢复，这意味着三家报纸需要对自家报纸包括版面、导向及报系一系列问题全面负责，但同时亦意味着三家报纸拥有了更高的自主决策权，这将大大提高各家报纸的活力，在延续解放系、文汇系、新民系三大传统品牌效应方面大有裨益。

其四，深化改革，配套发展。韩正在讲话中亦承认，两大报业集团合并旨在探索新媒体环境下，党报传统媒体如何创新发展的使命，是“搭上新媒体这班快车”的举动。并且，2013 年 8 月，中国（上海）自由贸易试验区正式批准设立，这意味着上海需要更大的开放度来配套实现发展。文化传媒业属于城市基础环境建设的重要部分，上海市委一手推动两大报业集团合并，有利于建立一个符合自贸区经济发展的配套新媒体体系，并从文化的角度推动自贸区的经济增长，意义重大。

二、媒体融合：一体化发展

上海报业集团是适应深刻变化的媒体生态格局的产物，难免走上传统媒体和新兴媒体融合发展的转型之路。事实上，上海报业集团组建一年多以来，在媒体融合方面的举措引人瞩目，积极推进集团内部媒体在“内容、渠道、平台”等方面的深度融合，已初步形成多样化内容形式、全覆盖式传播渠道、全方位式搭载平台的多方面融合格局，朝传统媒体和新兴媒体渗透式融合一体化发展的方向前进。在“打造国内最有影响力、竞争力的报业集团，率先实现向新型主流媒体转型”的改革发展目标激励下，上海报业集团在媒体融合发展方面进行了新的战略布局，营造出新老媒体并重的思想环境，在引领新媒体项目的整体发展的过程中促使传统媒体人思维方式作出转型，取得了引人注目的发展成效。

（一）整合内容形式

在新的传播生态环境里，新闻内容的立体呈现已不再停留在设想的阶层。与之相随的是，报业必须应对各种新媒体泛滥所带来的内容生产挑战。实际上，人们已经感觉到报纸发行模式的日渐式微——既然门户网站甚至其新闻客户端已将各大媒体的新闻信息集纳到一个平台，分门别类的内容应有尽有，为何还要囿于一份报纸读取有限的信息？新闻内容曾经是并且现在仍然可以说是传统报业的核心优势，但即使“内容为王”的口号一直不死，我们仍然难以否认新闻内容的日渐贬值——在国内现有的政策条件下，报纸等传统媒体掌握着原创性新闻的采访权和发布权，但网络几乎零成本地攫取新闻内容使得报业的新闻内容价值迅速下降。为了应对这样的窘境，上海报业集团在整合后探索了新的内容生产路径，整合各种内容呈现形式，以巩固报业的内容核心竞争优势，并在更大的程度上降低内容生产成本和增加内容价值。

在上海市委宣传部门的要求和推动下，上海报业集团旗下各家报纸获得一定资金支持以开展新媒体项目，《文汇报》的“立体报纸”融合传播平台项目在探索内容融合的道路上有所迈步。“立体报纸”项目是基于二维码技术将报纸上的某些文字内容实现为与之相对应的视频、音频、图集等形式的尝试，这样可以将立体化的多种内容形式加入传统的新闻阅读体验中，实现以视频、音频、图集为延伸的立体式阅读。不可否认，这是顺应传媒生态环境变革的举措，加强了传统媒体与新媒体的优势互补和融合发展，是以新技术新应用来聚合受众的立体化资讯交互平台，并且《文汇报》现已组建了与之配套的视频团队，以更加专业的态度和团队为“立体报纸”提供技术支持。此一项目的重要特色体现为微视频与微电影，《上海传媒发展报告（2015）》蓝皮书指出，《文汇报》的微视频和微电影的运作已逐渐进入成熟阶段。就微视频而言，内容上突出原创性、并且呈现系列化，篇幅上突出短而精，每个视频时长控制在3-5分钟，适合受众在手机上通过移动互联网观看，发布渠道也突出广而全，目前的导入手段包括报纸二维码、网站、微博、微信的发布，力争覆盖全平台。微电影依托着微视频的探索经验，将《文汇报》一直以来的人文特色品牌整编其中，创作了一批获得较高网络点击量的优秀作品。如2014年2月，《文汇报》选送的微电影《就在上海》获得第十二届银鸽奖三等奖。此外，《文汇报》出品的微电影还被选为"中国梦·申城美——追梦人的故事"微电影大赛活动的首部电影院线展映片，并且参与主办了三大微电影大赛。

如果说《文汇报》的"立体报纸"项目是上海报业集团在传统报纸上的与新媒体融合所做的整合内容形式尝试，澎湃新闻与生俱来的报网融合特质则为其整合内容形式提供了更大的便利。澎湃新闻利用自身新媒体平台的优势，一直努力尝试用多媒体技术表现新闻，包括视频、3D动画等，以生动醒目的形式传播主流内容，获取了良好的社会关注，也获得了中央有关部门的关注和肯定。

（二）汇通传播渠道

上海报业集团组建之后，打通了集团内部各种资源共享的脉络，并拓宽汇通了包括网站、微博、微信、客户端等各种传播渠道，以传播渠道的合理利用与整体升级来集聚、打通内容资源、用户资源、团队资源，同时拉动旗下各个项目的成长，力争全方位地包围受众。

网站在互联网时代是不可忽略的传播渠道。上海报业集团旗下主要网站有20多家，并已形成了三个阵营。首先是以传统媒体"三大报"及《上海日报》为主的传统网站阵营，是上报集团报网互动的第一道门槛和基础平台，主要提供综合性新闻。其次是以"澎湃""界面"等新项目网站为主的新网站阵营，在强力的政策支持下，沿着清晰的发展目标制定规范的发展规划，在短短一年的时间内已形成了较为强势的影响力。最后是除上述网站外的其他网站所组成的较为弱势的网站阵营，大多是上海报业组建前已上线的，但欠缺活力和流量的老网站，仍需要转变工作思路以提高影响力。

微博作为公开化信息发布的第一媒体，可以称得上为网络广场上的麦克风。上海报业集团目前有19个主要微博，其中《解放日报》《文汇报》《新民晚报》《东方早报》《新闻晨报》五家报纸官方微博的粉丝量均已超过百万，并且据2014年1月新浪网与人民网舆情监测室 联合发布的《2013新浪媒体微博报告》数据显示，《新闻晨报》的官方微博影响力在全国报纸中排名第二，仅次于《人民日报》。

要打开移动互联网市场，微信公众号是必不可少的入门配置，上海报业集团旗下已开设总量约为100个的微信公众账号，初步形成了微信宣传矩阵。其中，《新闻晨报》、《报刊文摘》、“饭局阅读”、“侬好上海”4个公众号的用户规模已超过10万人，开设于2013年6月的《新闻晨报》微信公众号用户数达40万人，月均转发数达50万次。可以说，通过数目众多的微信公众账号，上海报业集团得以更加全面地开展新媒体实践，让旗下的传统媒体人可以累积新媒体工作经验。目前，部分微信公众号已通过“资讯＋服务”的方式获得了一定的经济效益，是值得行内借鉴的一个举措。

拥有优质内容资源的报纸或项目可以开设自己的客户端，搭载精品资讯服务受众。一般而言，客户端相比于微信公众号而言，具更高的用户黏性和更低的社交性，同时对内容质量的要求也更为严格。上海报业集团目前旗下有19个分散在不同平台的主要客户端，除了依托纸媒内容的“外滩Daily”以全球资讯精选和独家深度报道吸引了近百万次的下载量外，重点新媒体项目“上海观察”“澎湃”等亦有喜人成绩。

（三）打造平台互动

上海报业集团组建一年多以来，最为引人瞩目的成果便是自建的上海观察、界面、澎湃三大新平台项目以及借力百度共建的“百度上海”平台项目，这些平台已经并将继续产生示范效应和品牌效应。上海社科院研究所所长强荧认为，上报集团自建的三大新平台项目有着“思路清晰准确”的功能定位与布局。

“百度上海”是上海报业集团与百度合作打造的新闻频道项目，于2014年1月正式上线，是国内首个地方媒体集团与百度合作的项目尝试，把传统媒体的内容优势搭载于拥有流量优势的百度平台上，将上海舆论导向管理工作推进了有意义的一步，是传统媒体和新兴媒体融合的一次有益探索。“百度上海”自上线之初，便怀抱“推动上海声音更大、更远的传播”的宏志，通过借力百度成熟平台，将流量导入上报集团旗下新闻网站，为百度新闻提供优质的新闻内容，以达到双赢的效果。作为一种可复制的模式，此项目形式已被一些省市媒体计划实施。

“上海观察”是一个以“以党报的自贸区”为定位的新媒体平台，于2014年1月1日正式上线，目标用户是上海党政干部、城市利益相关者和一切关注上海的境内外人士，通过探索收费墙模式来提供收费资讯类产品，目前只在互联网上发行，用户可以通过手机客户端、平板电脑、网站、微博和微信公众号进行阅读，其宣传口号为“用世界的眼光观察上海，从上海的角度观察世界”。以上海观察者身份自居的“上海观察”，上线来推进成效显著，不仅提升了党报形象，也提升了上海领导及公务员队伍的形象，并于2014年底提前完成10万集订用户的计划目标，赢得了超过90%的用户对内容的满意感。这一创新项目被诩为“社会治理模式的一种创新”。

“界面”于2014年9月22日开始上线公测，致力于建成基于互联网的商业与金融信息服务商，努力探索新闻媒体的市场化投融资方式和产权模式，由上海报业联手小米科技、360、海通证券、国泰君安、联想弘毅、卓尔传媒等公司联合推出。“界面”号称自己拥有最顶尖的编辑团队，所生产的新闻内容“只服务于独立思考的人群”，试图利用原创新闻网站来吸引用户，立志打造“中国彭博社”。

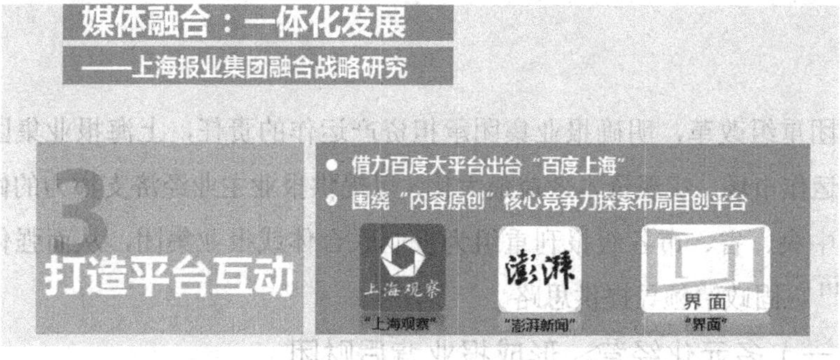

图2 上海报业集团三大核心移动平台

2014年7月22日上线的“澎湃”新媒体平台项目是上海报业集团最亮眼的一张牌，其运作成效有口皆碑。上海报业集团一把手裘新曾这样解释其新媒体战略的两种模式“第一种是通过优质原创内容吸引流量，依靠海量用户来获取广告收入；第二种是面对窄众人群，以高度专业化的内容和精准服务获得用户付费收入”，如果说“上海观察”是属于第二种的话，那么“澎湃”便不折不扣的属于第一种。“澎湃”专注于时政与思想，目标受众是政经人士，“立志成为中国第一时政品牌”，并且拿出了优秀的成绩：其诞生仅一个月客户端下载量便已超过150万次，并吸纳了达千万元的广告额度。“澎湃”在采编与管理体制上探索传统员工转型和报网一体化运作，将《东方早报》与“澎湃新闻”融合在一起运作，记者生产的内容共享，新媒体与报纸频繁互动，相互补充，实现了“一体化运作、差异化传播”。除此之外，“澎湃”还在内容、技术、推广、团队、管理等五个方面制定升级计划，为后续发展提供支持：在内容上，“澎湃”积极探索“新闻＋思想＋视频”的形式，突破传统纸媒的单调形式吸引用户；在技术上，打算建设视频播放平台；在推广上，与电信运营商、手机厂商和销售渠道合作，搭建多种推广渠道；在团队上，重视采编团队的新闻专业能力和新媒体运作能力，坚持以原创新闻为核心竞争力，并将逐步组建自有技术开发团队；在管理层面，在不违背传统媒体导向舆论的前提下，积极向市场化的互联网公司借鉴管理经验，力争实现导向与效益的两者最大化。

三、资本运营：多元化经营

集团重组改革，明确报业集团承担资产运作的责任，上海报业集团在开拓资产运作市场、实现资本效益最大化，以提供报业主业经济支撑力的做法，对未来中央、省、市各级报刊重组为报业联合体或报业集团，从而强化财务实力，[1] 巩固政治领导提供思路。

（一）多元化经营，形成报业背后财团

2013年，上报集团合并之初，上海市宣传部长徐麟曾对集团定位做出解读：“以统筹经营为主要职责，负责制定集团整体发展战略以及国有资产经营、

[1] 吴信训，喻国明，胡泳等：《从上海报业新动向看中国传媒业转型与政媒关系》，《国际新闻界》，2014（2），第58-68页

运作。今后集团将负责为三大报社及所属媒体提供相关的后勤服务等保障工作。”将所拥有的100万平方米物业面积、遍布上海的107家新华书店和上海书城以及静态价值超过40亿的金融资产，转化为支持报业集团发展的财团，形成报业经济支撑力，推动其开拓新产业，文化金融地产、文化与新媒体产业投资管理两大平台被视为财团化的核心动力。

具体而言，文化金融地产方面，上报集团与上海国际集团双方将分别持股50%，合资成立上投报业地产管理公司，管理双方共同发起文化金融地产基金，基金首期规模50亿元，双方各自注入不低于25亿元的资产及配套适量现金，引入社会资本作为战略投资者；文化与新媒体产业投资管理层面，报业集团发起两支产业基金，分别从事文化产业领域内重大项目的战略投资和风险投资。一为新媒体产业基金，募资规模10亿元，重点关注新媒体内容生产、产品设计和技术支撑环节的潜力型、成长型项目。二为文化产业并购基金，首期募集10亿元。并购基金重点关注行业整合，投资以中后期为主，关注全国范围内文化体制改革试点项目，跨媒体、跨地域、跨行业、跨所有制的产业整合项目，以及媒体与娱乐相关产业。[1]

上报作为普通合伙人进入两支基金，充分保障基金投向与集团战略方向的匹配，并强调实现平台战略的关键为“统一规划、统一规则、统一监管”，表明自身所处的控制地位，实质意图是利用两大平台更多地吸引外部资金。

（二）吸纳社会资本，打造融资平台

为实现早期投入资金进行配置资源，形成资产最终证券化，这样一条从“资”到“本”的循环路径，上报成立之初就明确了打造新华传媒融资平台的决策。2015年2月，裘新在上海报业集团2015年度工作会议上再次强调要“统筹集团与上市公司新华传媒的产业转型……新华传媒发挥融资主体和并购通道两大功能”。从公司最近披露的2014年年报来看，合并以来上市公司的资产并没有大的变化，主要还是新华书店的相关资产和解放报业旗下媒体的广告经营权。[2] 因此，新华传媒下一步的发展策略，将是全面转型为并购融

[1] 参见 http：//www.huxiu.com/article/114480

[2] 参见 http：//www.huxiu.com/article/114480

资平台，实现集团的设想：通过直投项目及产业基金平台，以资本运作手段发展新兴业务，并逐步确定符合战略意图的新主力业务；待新主力业务成熟后，注入上市公司以充分体现价值，兼顾财务回报和战略调整的双重效果。

其次，八二五新媒体产业基金作为创业孵化器，负责在集团内外用市场化的手段发掘、培育有潜质的项目和团队。八二五基金规模为12亿，重点关注以移动互联网为代表的新媒体及信息科技领域，在内容、渠道和消费等行业广泛布局，主要投向成长期企业，同时关注处于初创期但有成长潜力的优秀企业。从其名称就可以看出，这支存在目的是为上市公司新华传媒的转型发展起到一种支撑作用，定位则是联通创投界、创业界、互联网界、传媒界互动交流的平台，形成资源合力，为自身转型寻找路径与技术的对接。[1]

2015年5月22日，上报集团成立“新媒体创业扶持计划”提供1000万扶持资金，面向集团内部员工开放，在孵化器产生交易的市场估值后，在集团与团队之间进行相对灵活的股权结构确认，该计划应是脱产于互联网思维与融资孵化战略的又一实验。

（三）推动“服务化”和“社区化”，布局线下垂直产业

基于上海城市定位与报业集团的资源和禀赋，进军新领域，开拓新市场，上报计划布局线下垂直产业，围绕三个条件：增长速度快、市场容量大、有商业模式，目前瞄准的是养老服务和社区服务，进而打通文化消费产业格局。

本土化不仅是顺势而为，也是上报所具的优势。上海养老产业市场巨大，而基于本地媒体公信力和报刊社区渗透力，发展养老院等社区服务的做法，被裘新视为上报集团转型的重大机会，目标是打造集健康、旅游、娱乐于一体的文化养老服务品牌。我国媒体集团中，浙报传媒集团在这方面有了最为突出的实践成果，上报集团下一步是否会有所借鉴，也值得予以关注。

社区服务方面，上报集团目前有新民晚报2006年开设社区版，以及新闻晨报2009年低调展开社区圈地运动，至今已与8个街道合作推出了8张社区报。[2]依托深耕本地信息与文化资源市场的社区报产业，构建社区移动互联平

---

[1] 参见 http：//www.tmtpost.com/232347.html

[2] 王珏：《上海社区报生存态势与发展策略初探》，《新闻记者》，2011（1），第79-83页

台，开放机构、商户入口，在全市范围内建立起兼具公信力和个性化的社区服务类新媒体。上报集团通过资本收购的方式实现战略型控制：演艺、游戏、社交等。上报同时在票务、剧场资源和演艺经纪方面有所布局，并计划进一步整合内容版权、专业运营团队等核心资源，重点发展演出演艺、营销和衍生品，以及剧院管理等多种现场娱乐业务。

四、报业改革：结构性调整

上报集团内部改革基本，一方面要理顺集团和报社的职责，另一方面是深化内部人事分配制度改革。通过报刊“关、停、并、转”，以及人员妥善安置为集团实现“瘦身”，媒体“精、联、创、合”实现媒体运营转型，落实“合而不用”，人员调整与安置以责任、权益、智能与效益为原则，注重思想转换与风险规避。

（一）报业结构调整：“关、停、并、转”

两大报业集团重组，需要取得一加一大于二的效果，因此上报首先面临结构调整与风险规避两大问题。在优化报业结构方面，上报对旗下的33家报刊中存在同类化发展、同质化竞争问题者进行“关、停、并、转”，具体做法是休刊《新闻晚报》《天天新报》《房地产时报》《讲刊》，其中，后二者合并为《倡廉文摘》；重组《I时代报》和《新民地铁（周）报》为地铁报主体。值得突出的是，《新闻晚报》等“关、停、并、转”的刊物的原有资产结构多元，涉及多元化民营资本，投资业务及责权必须合理过渡，控制经营风险，保障集团利益最大化。在改革实施进程中，经营风险已得到妥善控制。

“关、停、并、转”作为上报集团2014年首轮报刊资源整合的主要目标，目的在于对经济效益显著、发展前景可期的报刊，加大投入，建立现代企业制度；同时对缺乏市场生存能力、缺乏市场影响力的报刊，采取关停并转，实现资源的优化、合理配置。目前，上报集团实现“瘦身”，拥有报刊总数缩减为23家，在此基础上，上报集团针对各个媒体的不同情况，根据市场需求和办报特色，对每张报纸进行综合评判，制定“一报一策”。

（二）媒体运营转型：“精、联、创、合”

媒体融合讲求“合而有分”“合而不同”。两大报业合并后，在媒体运营方面的两大调整，首先是依照“一报一策”的深化报业结构改革的总体思路原则，根据市场需求和办报特色对每张报纸进行综合评判，在“关、停、并、转”的基础上，更加强调在“精、联、创、合”上下功夫。上报强调做精品媒体，在定位、内容以及市场拓展三方面“做精做深做强”，同时打破原先报刊“单打独斗”的局面，依靠联动集团内部市场重叠度高的多家报刊，采用同一经营平台协调运营与共同发，大胆提出寻求读者蓝海，定位新的读者群与市场主体，业务经营方面统一编辑部门和经营公司，统盘资源与考核纳入新机制。

依照此理念，上报集团最为突出亮眼的一个举措，即是调整“3+1”报系，根据各家报刊的历史传承、市场定位等，逐步理顺并构建报系管理架构和媒体生态布局，实现优势资源的集中，放大和突出核心竞争力，形成“四大报系”板块。党、文、民三大报系特色鲜明，分别以《解放日报》《文汇报》《新民晚报》作为龙头；都市报则包括《东方早报》以及《外滩画报》等品质较高、受欢迎的当地报刊。2014年11月，上报连续召开6场报系划转会议，宣布“3+1”报系调整基本完成。

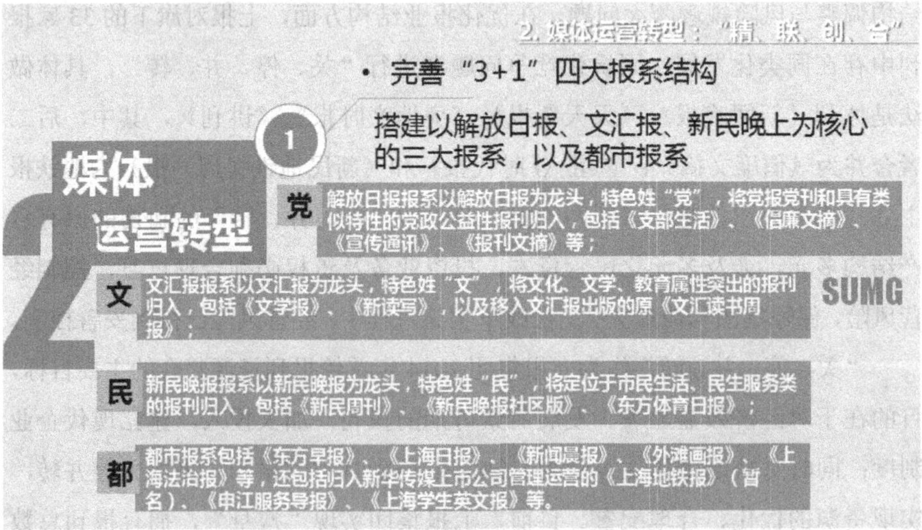

图3 上海报业集团“3+1”四大报系结构

其次，解放日报、文汇报、新民晚报恢复报社法人制度，实行党委领导下的总编辑负责制。其背后的逻辑，无疑首先是摆脱集团体制结构的束缚，打造具有广泛影响力和经济效应的骨干报纸；其次，考虑到此次合并重组背后的政治推手，也是为党报发挥喉舌作用，提升官方媒体的影响力，形成意识形态的引导阵地。无论是肩负出版发行官方报纸、传达党的意图的使命，或者受市场驱动，发行能够满足大众需求的半商业化报纸，三大法制制度都为其起步奠下基础。

（三）人员队伍建设："责、权、智、效"

上报集团2014年改革最大的风险主要集中在两个方面，人员安置与经营风险。合并后员工规模达到近万名规模，以集团合并之初公布的数据来看，包括两大集团将近4000人，新华传媒、新华发行2300人，印刷集团1200多人，总共约7500名员工。人员工作安排、转岗安置成为报业结构优化的重点工作。

上报集团人员调整面临的问题，暴露于新闻晚报休刊两轮竞聘之中，133个根据业务调整而推出岗位中，四成为新媒体及经营管理等非采编岗位。然而，八成员工选择竞聘原类型岗位，需要自身做出转型、转编制的岗位乏人问津，市场化运作的东方早报、新民网等更可谓门庭冷落。这组数据表明集团内部存在人才结构不合理、复合型人才稀缺，以及集团员工亟需扭转心态等现实问题。

将激励人才视为报业集团深化改革永恒的一号课题，上报应对原人员队伍建设问题的做法是：首先，以采编职务序列改革作为突破口。深化新闻媒体改革，包括进一步完善采编经营两分开、统筹研究解决用人制度、加强对采编岗位管理等诸多方面。在明确各级岗位的“利”与“责”的同时，更重要的是向采编人员赋“权”，要在最终的版面上体现出采编人员与责任对应的权利。同时，注重与现有“三审制”的衔接与兼容，确保舆论导向安全。要研究职务序列改革与薪酬制度改革的配套问题；其次，人力资源管理需要调整。加大对新媒体、新技术、文化创意、金融投资、经营管理等五类紧缺人才的培养力度。各项改革聚焦人的全面发展。酝酿组建地方新型智库，鼓励“野蛮生长”的创新文化，探索“管用有效”的激励方式，造同船共渡的集团文化。最后，进一步完善考核激励机制，尝试设立更为多样化、多层次的灵活的奖励种类和奖励方式，加大对关键岗位和突出贡献人才的有效激励力度。[1]

另一方面，对报业优化调整中产生的富余人员，报业集团主要从四个方面进行人员安排工作：一是竞聘转岗。人才在集团内部的流动必须经过双向选择，竞争上岗。二是离职补偿。对不愿或没有能够实现内部转岗的员工将采用市场原则，根据相关聘用合同管理办法和劳动合同法的规定，给予足额的补偿，并与员工协议解除用工关系。三是阳光政策。对报刊业务形态完全消失，人员全部解散的报社，其所属离退休不满五年的事业编制老员工，采用“阳光政策”，在保障其待遇的前提下让其提前内退。四是“蓄水池”。集团成立专门的报刊改革人事服务中心，作为未能竞聘成功的事业编制老员工流转的“中间站”“蓄水池”，承担管理和服务职能。进入中心的员工有两年的“驻站期限”。集团内自然产生的岗位，将优先提供给进入“蓄水池”的员工竞聘。从成效来看，2014 年报业改革关停并转共涉及约 400 名员工，大体上转岗与辞职人数的比例约为 55：45，完整的人员分流方案和 360° 全覆盖式的人员谈话措施，改革进程总体平稳顺利，无一例上访。根据上报公布的数据，人员安置当期成本为 1402 万元，从长期看属于合理的缩减与整合，仅采编成本，集团每年即可减少 2000 万元。

五、展望与结语

2014 年，上海报业集团实现报系合并，报业结构调整不断深化，同时在媒体融合领域有取得破局式进展。媒体融合作为上报集团转型的重点策略，也是本文关注的一个焦点。对于上海报业集团融合战略存在的问题与解决思路，本文提出如下：

[1] 参见 http：//www.mediacircle.cn/?p=19621

（一）整体化转型需把握节奏

媒体融合不是局部的媒体融合，而是整体性的媒体融合。整体化的媒体融合不仅仅在于抓好个别具有战略意义的重点项目，更在于对各类新媒体项目的发展情况的整体把握，并将之纳入媒体融合战略中通盘考虑。下一步，应当把其他新媒体项目发展情况都纳入统筹考虑的范围，保证整体化的转型步骤。从具体操作层面看，一是要建立对整个上报集团新媒体发展情况予以密切跟踪的机构；二是要建立对上报集团内部和外部媒体融合发展数据搜集和分析的机制。通过长期的跟踪分析，为战略调整和决策提供翔实的参考。

上报集团的改革发展，不是局部调整，而是整体性的改革发展。避免出现观望心态和惰性心理，才能实现整体化转型的全局节奏。整体转型最终要在每一个单位、部门和个人身上落实，同类单位（部门）的媒体融合需要统筹推进。转型调整落实于个人层面，就需要解决编制薪酬等关键问题上行之有效的执行思路与解决方法。同工不同酬的现象在“关、停、并、转”之后迅速出现，不仅事业编制、企业编制之间报酬不同，同样编制的外单位分流人员与本单位已有员工之间的报酬也有区别。这样的现象将影响改革积极性，影响整体化改革的推进。转型调整不免涉及单位、部门或个人利益，出于各种历史原因和现实原因，各个单位或部门的改革积极性也有所不同。在这种情况下，在单位或部门层面，对于同类单位或部门的改革若不能提前做好统筹安排，就可能产生一些单位或部门积极投入，另一些却消极观望的现象。

（二）技术、机制、商业模式需新解决思路

上报集团媒体融合发展中较为突出的共通性问题主要有三：一是缺乏明确的盈利模式和成熟的商业模式。例如重点项目目前都处在前期投入阶段，“上海观察”通过集订的方式实现了一定的收入，但这些收入对于成本的覆盖还是杯水车薪；“澎湃新闻”的广告收入已逾千万元，但该种模式要依赖庞大的用户规模以及更好的用户黏性；而“界面”这一具有突破意义的新媒体项目而言，是否能够成功复制彭博社的商业模式尚未可知。此外，一些微博、微信通过广告和活动获得了一定的收入，实现盈亏平衡，但这些收入尚不能支撑整体的新媒体商业模式的转型。从这些情况看，报业集团应当选择几家试点单位，制订和实施解决技术、机制、商业模式等问题的实验性方案，来寻找可能的解决途径。

二是管理群体和职能部门缺少足够的技术支撑。目前，集团大多采用技术外包的方式以解决新媒体项目普遍需要技术支持这一问题，其后果是产品的调整、优化、升级等工作容易受制于人、难以掌控，不利于媒体融合的长期发展。目前，一些单位采取外聘技术顾问的做法，购买技术专业的智力支持。这种做法取得多大的成效，能否在集团内推广，需要深入讨论。

三是配套机制缺乏创新应用。以薪酬考核体系为例，就报社而言，完善的新媒体薪酬考核机制尚不多见；在部门一级，出现了不少对新机制的积极内部实验，但其执行尚不稳定。可能陷入两难的是，为求达到保护工作积极性的目的，一些部门将经济收益进行内部论功行赏，若是如此，则有可能与传统的薪酬机制相冲突。

（三）内容生产需加强数据分析

原创内容是传统报业集团的核心优势，但从整体情况看，上报集团主要的新闻生产方式依然是以传统方式为主。这种方式依托于耗费极大的人力成本，实际上不符合互联网思维下的新媒体内容生产方式。需要转变思路的做法是，参考商业门户网站通过抓取传统媒体原创内容，利用数据分析的方式，生成图表化新闻、视频新闻等，例如头条新闻的内容模式，就取得了口碑与利益的双丰收。上报集团一年来的媒体融合，已经将许多优势内容进行了数字化，也拥有了包括用户阅览习惯在内的许多后台数据。下一步应当加强对这些数据的分析，制作更加适应互联网传播的内容产品，以期达到事半功倍的传播效果，更有利地争夺网络话语权。

与此同时，建立用户数据库应当成为新媒体项目的重点工作。在互联网时代，拥有了用户、掌握了用户需求才能在更大限度上掌握内容传播的主动权。对于市场化的互联网企业而言，其最初的市场推广往往和用户数据库建设同步进行。目前，上报集团的诸多新媒体项目，包括已经开办多年的新媒体项目，在用户数据库建设方面尚未取得突破性的进展。因而，在下一步的媒体融合工作中，有必要将这项工作作为各个新媒体项目的重点工作予以加强。

2015 年，报业集团进一步将互联网意识纳入战略核心，裘新在 2015 年季度谈话中说，从集团来说，首当其冲的是要归零，改变我们传统的惯性思维和做事方式，敬畏自下而上的真正的创新创业的力量，改变传统的规划式发展、自下而上布置管理的手法。他将其总结为是集团各级管理者当下最需要学习的"互联网+"思维。综上所述，上海报业集团在媒体融合、结构调整与整体转型多方面不断革新，大胆实验，其未来将如何发展，让我们共同期待：深化见真章，融合创强音。

案　　主　第一财经
案例作者　张卉 黄露 谭竹芸 曾丽华 大夫

内容摘要　本文从第一财经传媒集团的成立过程、媒体影响力、集团化、平台化、产业化等多角度尝试解析其媒体融合之路，综合考察其受众市场、渠道分布、用户体验、收视等具体情况，提出第一财经媒体融合战略，应以用户需求为主进行细分媒体整合，建立以网络平台为技术基础以及“放权制”的权力扁平化融合机制。

关 键 词　第一财经 媒体融合 第一财经日报

第一财经传媒集团[1]的媒体融合战略研究

一、第一财经的发展历程

2002年，上海文广新闻传媒集团成立，于2009年“事企分离”重组为上海东方传媒集团（SMG），旗下拥有第一财经传媒、星尚传媒、新娱乐传媒、东方盛典传媒、时空之旅文化公司、广电影视制作公司、幻维数码影视、五星体育传媒、SITV文广互动数字电视、百视通新媒体、SMGBB东方宽频、上海电视杂志、每周广播电视报、第一财经日报等独立子公司。

2002年初，上海的主要广播电视播出机构，上海电视台（STV）、上海东方电视台（OTV）、上海有线电视台（SCATV）、上海电台（SRS）和上海东方电台（ERS），和上海一部分文艺团体整合成为上海文广新闻传媒集团（SMG）。财经频道也正式改版，定位为面向专业投资者的专业频道。2003年初，文广传媒开始进行频道制改革，“第一财经”是第一个试点。7月7日原上海电视台财经频道和原上海东方电台财经频率开始统一对外呼号为“第

[1] 第一财经传媒集团以下简称为“第一财经”或“一财”。

一财经”，实现广播与电视在人力资源、信息资源和品牌资源上的整合与共享。这种不以地方命名、广播电视统一呼号的做法在国内尚属首次，“第一财经”这个名称，也是广电总局批准的第一个不具备地方色彩的频道及频率名称。可以说这是上海广播电视业在品牌经营战略上的一次重大改革和突破。2003年8月，第一财经传媒有限公司成立，隶属于上海文广新闻传媒集团，由原上海电视台财经频道和原上海东方电台财经频率整合而成。

第一财经是中国第二大传媒集团上海文广新闻传媒集团旗下媒体品牌，是国内唯一一家集广播、电视、日报、网站、杂志等五大媒体于一体的中国专业财经媒体品牌。第一财经电视下设上海第一财经（地面频道）、宁夏第一财经（卫星频道）和东方财经（数字电视频道）三支频道，宁夏电视台与上海广播电视台于2010年2月8日合办宁夏电视台综合频道；第一财经频率每天播出14小时的财经资讯节目，和全国30多家财经广播电台有节目的合作与互动，第一财经频率FM97.7的客户端软件在2011年4月10日正式登陆苹果App Store《第一财经日报》创刊于2004年11月，由中国三大传媒集团——上海广播电视台、广州日报报业集团、北京青年报社联合主办，采取跨媒体的办报模式，主要受众为中国的商界领袖、创业家、管理精英、金融投资人士等中国最具消费力的高端主流人群，是中国第一份市场化的财经日报；第一财经网（一财网）于2005年12月上线，汇聚第一财经旗下精华内容的专业网站，已推出股市、期货、理财、财经书苑、财经博客以及论坛等十多个频道，信息丰富范围广；第一财经日报于2008年成立，由上海东方传媒集团有限公司（SMG）主办、第一财经（CBN）正式推出，是中国商业媒体领域第一本“基本杂志”，专注服务公司人群。

二、第一财经传媒集团影响力

（一）传播力分析

第一财经经过多年的发展和完善，至今已在行业内形成了较高的影响力。本文将其影响力分为三个部分去论述，即受众影响力、内容影响力以及渠道影响力。

1. 受众影响力

受众是一家媒体不可或缺的组成部分，也是影响媒体发展方向的主要环节。第一财经在进行品牌定位的时候，主要以高端人群为目标受众，通过这部分受众去进行二次传播，从而达到第一财经在行业内的媒体地位。本文从受众的角度出发，通过数据分析受众。

（1）最具影响力[1]

第一财经的目标用户年龄主要分布在 25 岁 -34 岁之间，这个年龄层的人群大多已经成为或正在成为社会发展的中流砥柱，他们有自己独立的思想体系以及经济收入渠道，他们是年轻且有活力。多为高学历的已婚男性用户，已婚人士的比例高达 75%，男性用户的比例高达 80%，大学本科及以上用户比例占 67%，用户多集中于沿海发达地区。其中，从事的职业占比最多的是银行、金融、保险、证券、投资以及计算机互联网等目前中国最具发展潜力的职业，是中国政府倡导发展的新兴行业，也是决定着中国经济命脉的主导型产业。因此，从年龄层的分布以及职业的排行来看，第一财经的目标用户都是在高知识储备量、在行业内具备一定话语权的人群，他们需要吸收更多的知识去影响更多的人。

（2）最具决策力[2]

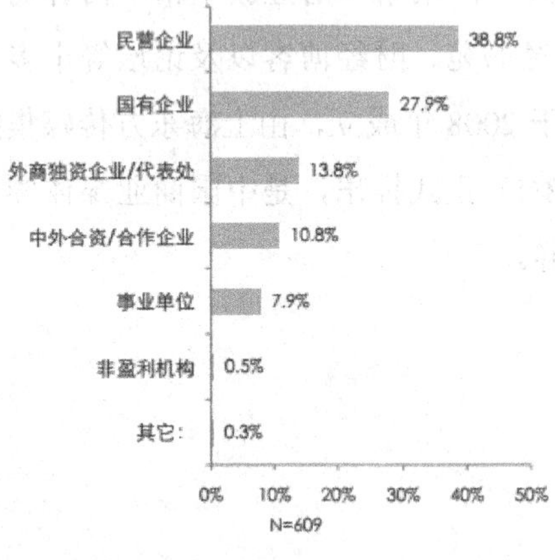

图 1 受众所在企业类型分布图

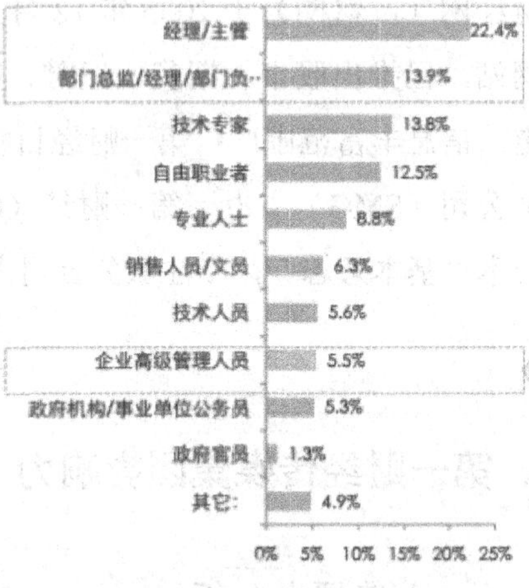

图 2 受众职业分布图

[1] 数据来源：第一财经网站

[2] 数据来源：第一财经网站

如图 1、图 2，管理人员比例达 42%，在管理人员中，董事长 / 企业所有人 / 企业合伙人的占比最高，为 39%。其次为总经理，为 25%。这类人群是行业大多为国有企业和民营企业，众所周知，国有企业多数是掌握着我国经济命脉的重要行业，比如石油、煤炭、天然气等重要领域，因此这些公司内的高层管理人员都必须具备优质的管理能力和知识储备。他们的决策不但关系着整个公司的运营状况，而且直接与行业甚至是世界的发展动态相关，这部分人群已经成为了中国最具影响力的主要人群，也是为国家创造经济营收、带动国家健康快速发展的排头兵。

（3）最具消费力[1]

第一财经受众平均个人年收入为 208，680.0 元，平均家庭年收入为 324，902.5 元，平均个人月消费为 6，840.2 元，处于中等偏上水平。第一财经的目标受众主要是当今中国社会最具决策力、影响力和消费力的主导人群，他们往往会凭借着自身对的影响力，以意见领袖的形式去对身边环境产生影响，主导中国主流价值观的发展。

2. 内容传播力[2]

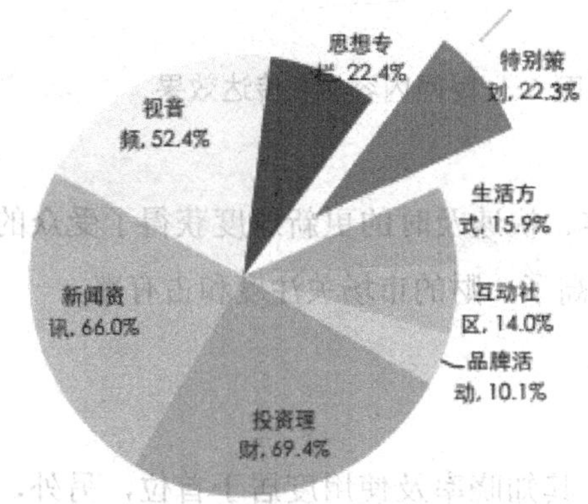

图 3 用户关注内容

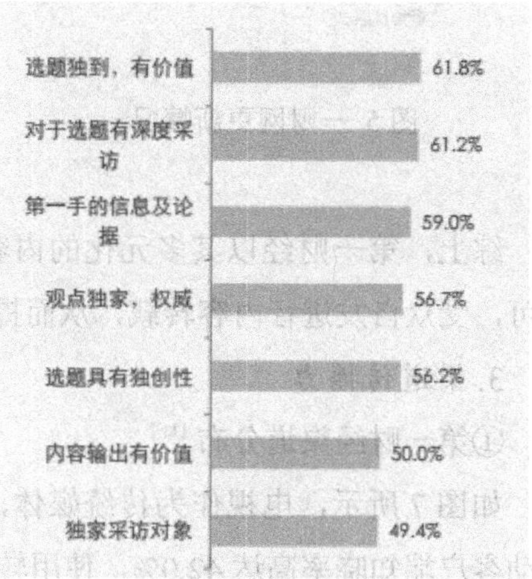

图 4 用户关注的原因

第一财经的内容专业性较强，且具备多元化的特点，满足受众多方面需求。从图 3 可得，用户对第一财经新闻资讯、投资理财内容关注度最高。另一方面，

[1] 数据来源：第一财经网站

[2] 数据来源：第一财经网站

第一财经具备内容延展性，在生活方式、互动社区、思想专栏以及品牌活动方面都有所涉及，满足用户多样化的需求。而图 4 则可以表明用户关注第一财经的原因，其中“选题独到，有价值”“对于选题有深度采访”占比最高。第一财经背后有上海文广集团的资金和业务的支持，具备强大的内容采写、解析团队，能够为受众提供思想性与权威性兼具的内容。

以“一财网”为例（如图 5、图 6 所示）：受众对于一财网内容更新频率满意度高，92.3% 的用户认为网站内容更新及时，61% 受访者看到过一财网内容的转载，传播效果较好。

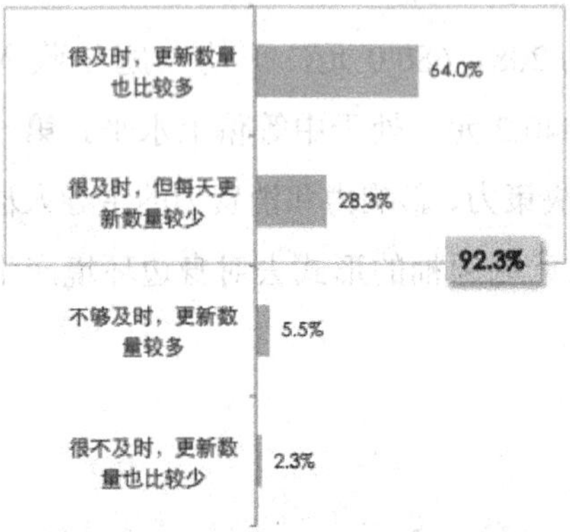

图 5 一财网更新情况

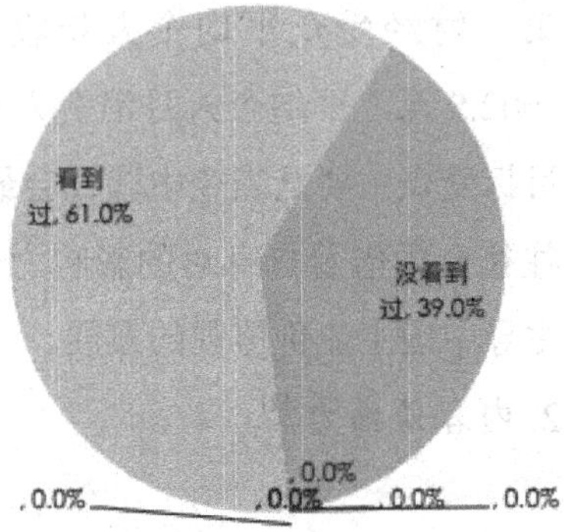

图 6 一财网内容转载传达效果

综上，第一财经以其多元化的内容、快速及时的更新速度获得了受众的认可，受众自发进行内容转载，从而提高了一财的市场关注度和占有率。

3. 渠道传播力

①第一财经渠道分布 [1]

如图 7 所示，电视作为传统媒体，其知晓率及使用度居于首位，另外，移动客户端知晓率高达 42.0%，使用转化率高达 51%。

[1] 数据来源：第一财经网站

图 7 第一财经渠道分布

第一财经在媒介融合多年的发展创新中，已经形成了以传统媒体电视、广播、报纸和杂志为代表，以移动客户端为新媒体代表的多方式内容传播渠道。而电视作为强势媒体，其使用率和知晓率为所有传播渠道中最高的，使用率达到了 85.1%，该数据表明受众主要通过传统媒体来关注第一财经。而移动客户端也在历年的发展中取得一席之地，受众通过手机客户端的方式接受内容。多种媒体互动传播，相互补充传播空隙，最大限度地提高内容到达率。

②各媒体渠道深入用户的生活方式

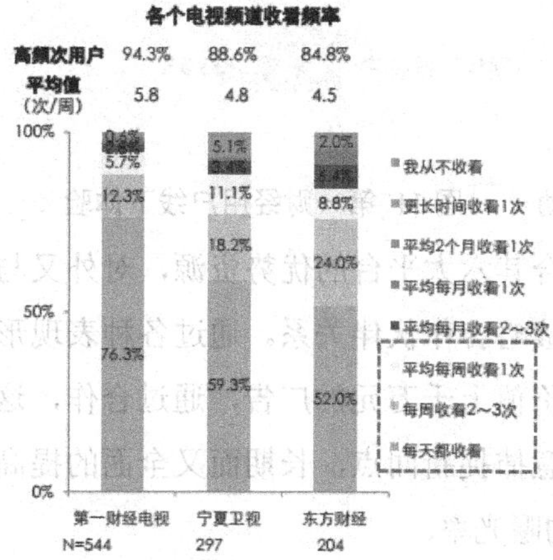

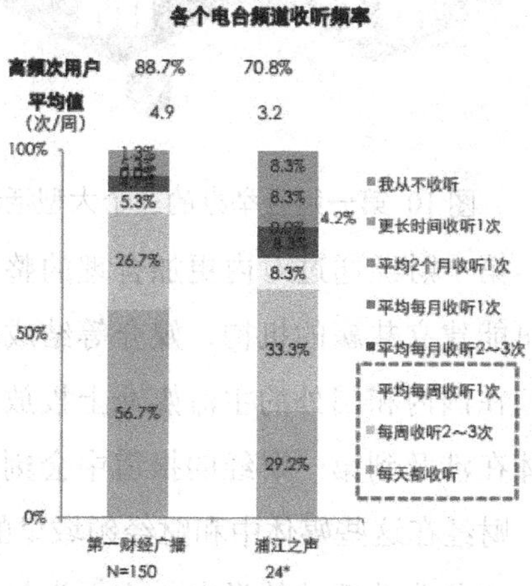

图 8 各个电视频道收看频率　图 9 各个电台频道收听频率

从图 8 和图 9 可看出，各个电视频道的用户使用频率高，高频次用户的比例都超过 8 成。而第一财经电视受众的忠诚度最高，其高频次用户超过 9

成电台的使用频率略低于电视，但仍有7-8成听众为高频次受众。第一财经已经经深入到用户生活中去，成为用户接受最新资讯的主流媒体。

第一财经一直与诸多国际传媒机构合作。电视栏目《中国财经简讯》和《中国经营者》及“中国最佳商业领袖奖评选”活动通过战略合作伙伴——亚洲商务电视CNBC进入国际市场；《中国财经简讯》通过卫星连线，每天5次在CNBC全球电视平台播出。目前，《中国经营者》节目在CNBC亚太频道每周播放15次，在其全球频道每周播放14次。

③线下体验良好[1]

第一财经线下活动认同度高；接近8成受众认为线下活动的“内容有价值”。

图10 第一财经举办的三个大型活动

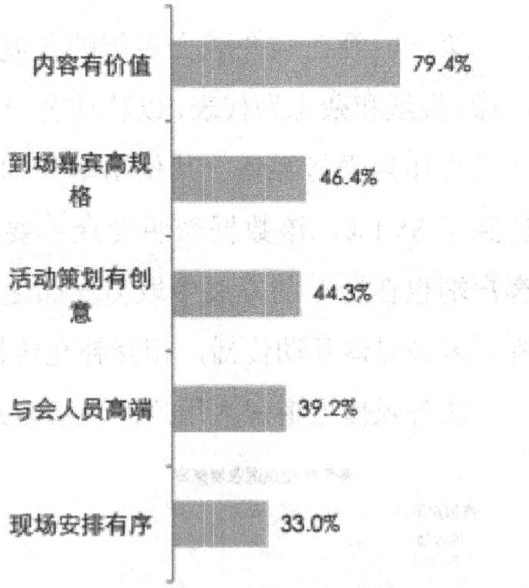

图11 第一财经用户线下体验

第一财经通过对内更加合理的整合其六大平台的优势资源，对外又与一切可能建立共赢的机构、媒介等结成战略合作伙伴关系。通过各种表现形式专门在国内和国外的主流媒介上投放价值上千万元的广告，通过合作，这些媒体在涉及到第一财经的报道中会刻意捕捉新闻点，长期而又全面的提高了第一财经在这些媒体中和财经领域里的曝光率。

这些公关活动的举办一方面为第一财经在财经界和商业人士心中形成专业的印象，另一方面又通过第一财经自身媒介资源与合作媒介资源的新闻报

[1] 数据来源：第一财经网站

道形成了双向互动传播，同时又在商业社会中通过“意见领袖”的影响力和号召力形成二次传播的效果。

4. 用户评价

本研究主要从知网、微博评论以及第一财经官方媒体去收集用户对其的评价，并作出统计数据。用户主要从其的内容、创收、定位、渠道以及影响意义去评价第一财经的价值，内容多样化、品牌定位以及其营收来评定第一财经的地位。第一财经在目标受众细分的基础上，将目标受众锁定在了最有需要且最具购买能力的商界名人、领袖、政界要员、管理精英、金融机构及其专家、经济工作管理者和相关需要财经资讯和财经知识的各界人士，即所谓的“最具决策力、最具影响力、最具消费力”的“三最人群”。这些人的最大特点就是事业有成、生活节奏快、流动性大、财经信息需求量大、且工作模式和生活习惯比较稳定，最重要的是具备绝对的消费和投资能力。

三、第一财经的媒体融合战略研究

习近平总书记在中央全面深化改革领导小组第四次会议上强调：要推动传统媒体和新兴媒体在内容、渠道、平台、经营、管理等方面的深度融合。媒体融合已成为当下中国传媒业的核心战略之一。2010 年中国媒体融合发展报告发布中国媒体融合先锋榜，第一财经传媒集团名列第九，被评价为国内唯一多媒体融合的专业财经传媒机构，努力打造为全媒体的金融与商业信息服务集团，集广播、电视、报纸、网站于一体，拥有第一财经电视、日报、广播、周刊、网站、研究院，在报道中实现真正的全媒体内容共享和互动，充分挖掘内容资源的价值。”[1]

第一财经传媒集团之所以在媒体融合道路上处于中国传媒业前列，其中一部分原因是拥有丰富的基础资源，在信息方面，第一财经传媒集团位于上海，国际金融中心的区位优势决定第一财经在金融传媒领域上游具有取之不竭的

[1] 参见 http：//media.people.com.cn/GB/40606/13658568.html

常态信息资源。同时，第一财经传媒集团隶属于上海东方传媒集团，能借助后者的品牌影响力吸引更多地社会资本，有助于建立价值产业链；在市场方面，第一财经的专业财经定位为其提供了专业投资者、企业高管、政府高层等社会高端精英分子的受众资源，广告收入也是以符合公司白领的汽车、娱乐、教育等项目为主；在人才管理上，第一财经传媒集团拥有人事权和经营权，吸引旗下不同平台之间人力资源共享。

虽然第一财经传媒集团在经营管理上具有丰富的基础资源，但在传媒业仍然具有强劲的竞争对手，即湖北卫视与央视财经频道。央视财经频道享受国家级大台政策扶持，拥有权威机构信息独家发布权，权威性强，内容大众化，且收视广泛，但是，在各地卫视财经节目竞争中，央视财经频道定位过于模糊，专业性不强；湖北卫视虽然属于非专业财经频道，但节目专业性强，然而，湖北卫视在财经节目同质化竞争中处于劣势地位；第一财经落户宁夏卫视，财经内容专业，多媒体平台互动频繁，有相对成熟的节目运营模式，发展方向、频道定位清晰，形成了全国影响力。如图 12、13 所示，根据 2015 年 4 月 23 日到 5 月 22 日的百度指数来看，第一财经的搜索量远远高于央视财经频道和湖北卫视，具有较高的热度[1]。可见，第一财经在全国财经类电视节目中具有较为明显的优势，为其媒体融合战略打下坚实的基础。本研究从集团化、平台化与产业化等方面对第一财经传媒集团媒体融合战略进行分析。

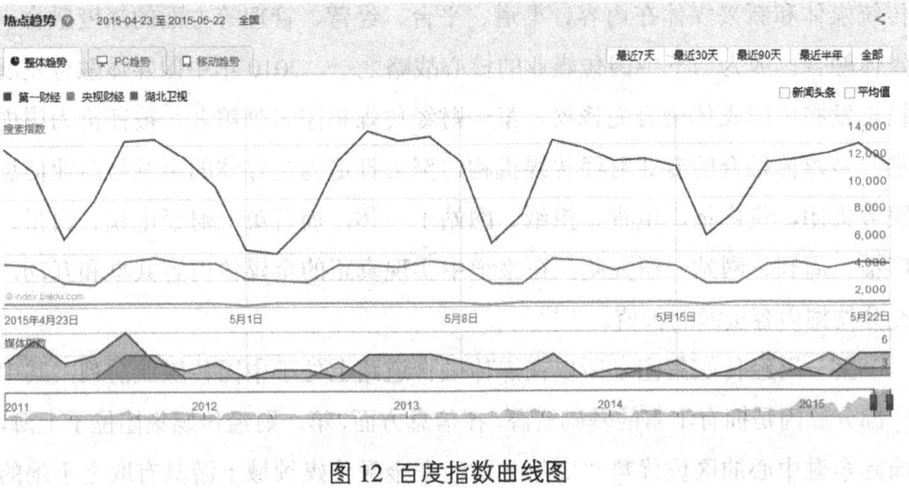

图 12 百度指数曲线图

[1] 数据来源：2015 年 4 月 23 日到 2015 年 5 月 22 日百度指数搜索

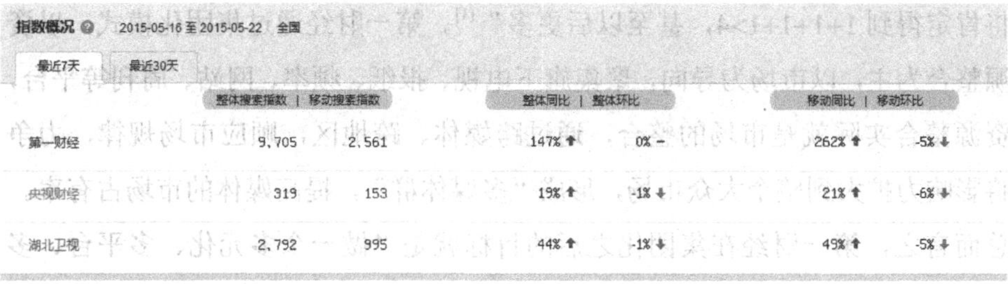
指数概况 2015-05-16 至 2015-05-22 全国
最近7天
最近30天
整体搜索指数 | 移动搜索指数
整体同比 | 整体环比
移动同比 | 移动环比
第一财经 9,705 2,561 147% 0% 262% -5%
央视财经 319 153 19% -1% 21% -6%
湖北卫视 2,792 995 44% -1% 49% -5%

图 13 百度指数增幅量

（一）集团化

中国媒体属于国家所有，在改革开放以前，中国媒体在计划经济调控下不能进行经营活动，国家把控严格，同时，中国媒体被切割成条块化，电视、广播、报纸都分属于独立系统，彼此互不干涉。改革开放以后，国家对媒体的管制逐渐减弱，并制定了“事业单位、企业运行”的经营模式。在市场经济的运行下，媒体也不断探索自身的改革方式，逐渐明白媒体应该走市场化道路，电视、报纸、广播等载体都属于大众媒介，同时，随着广告收入占媒体收入比重的增高，满足受众需求成为媒体需要解决的首要问题。所以，中国媒体为了抵御市场的风险，增强自身的竞争力，达到深化体制机制改革的目的，开始涉足媒体集团化。西方媒体最先开始集团化浪潮，并购、重组、整合、垄断成为西方媒体改革的主要措施，例如路透社并购著名图片供给公司维斯纽斯电视新闻社，竞争力陡然增强，默多克的新闻集团通过不断的投资和兼并，从一家小型的报业公司发展成为世界上最大的综合性传媒集团之一，在世界传媒舞台甚至政治舞台上都扮演着重要角色[1]。

随后，中国媒体也开始了集团化风潮，集团化发展的显著特征是要素重组、资源整合、优势积聚、机制再造，以提高产业集中度，构成一定规模，增强综合实力[2]。传统的媒体经营模式以单个产品为主，但媒体集团化后以经营产品线或产品群为主，上海文广集团在 2003 年成立了第一财经传媒集团，其总经理高韵斐提出：“我们不是一个单独的报纸、频道、频率，网站复合效应

[1] 袁承咏：《国外媒体集团化的启发》，《新闻知识》，2013（10），第 108 页

[2] 罗建华：《报业集团化发展创新：构筑媒体群、经营群、企业群》，《新闻战线》，2005（12），第 35-38 页

将肯定得到1+1+1+1>4，甚至以后更多”[1]。第一财经通过集团化模式，以资源整合为主，以市场为导向，聚集旗下电视、报纸、频率、网站、周刊等平台，资源整合实际就是市场的整合，通过跨媒体、跨地区，顺应市场规律，力争将影响力扩大到整个大众市场，形成“多媒体群”，提高媒体的市场占有率。总而言之，第一财经在集团化之后的目标就是“做一个多元化、多平台、多渠道的财经媒体集团”。

（二）平台化

建立平台化运作机制是第一财经集团要实现媒体融合的基础。而要做到整体平台化，第一财经需要做到三个突破：跨媒体、跨区域、跨行业。

1. 跨媒体平台整合

跨媒体平台整合是指融合传统媒体与数字媒体平台，打通渠道与内容生产，优势互补，多层面实现内容产品的生产和管理，成为综合性的传媒集团。传统媒体群包括：广播、电视、报纸、出版、通讯社。数字媒体包括网站、网络电视（IPTV)、手机电视、短信、手机客户端等无线增值服务。

电视和广播是第一财经跨媒体平台融合的基础，其前身分别是上海电视台财经频道和东方广播电视财经频率，2003年7月两个媒体进行合并，呼号为“第一财经”，而现在第一财经下的传统媒体平台主要有：

①第一财经电视

目前第一财经电视已覆盖到全国25个省市自治区，受众人口达到4亿。2013年2月1日，第一财经频道在新加坡全频道正式对外播出，为第一财经国际化之路奠定基础。第一财经频道分为早、中、晚三档直播，追求及时的信息传播、专业的市场点评和深入的财经分析，通过财经时讯、时事新闻、市场零距离、公司时间、财经开讲等小栏目，为观众打造一个动态、准确、专业的财经资讯平台。全天有十五次财经时讯，贯穿节目始终，将最新发布的财经新闻第一时间送达观众；栏目实盘追踪会在四小时交易时段实时关注正在交易的沪深股市，层层解读一手的上市公司基本面状况；栏目市场零距离通过与金融机构的多空间连线，同步报道沪深股市之外的所有国际国内主

[1] 参见 http：//www.people.com.cn/GB/14677/40699/2997242.html.2004-11-15

要金融市场行情。

②第一财经日报

2004年，上海东方传媒集团联合北京青年报、广州日报，共同创刊了中国首份财经类日报——《第一财经日报》。作为一份权威、主流的全国性财经日报，密切关注全球化背景下中国经济的发展和社会的进步，反映中国制度变迁和经济转型的整体图景，追踪世界经济和金融投资动态，提供财经新闻和政策解读，透视商业事件的过程和背景，报道产业最新资讯，做出市场深度分析，引导投资决策，传递管理经验、科技趋势，塑造财富伦理，普及商业文化。[1] 另外，《第一财经日报》还具有独家新闻和特色版块、写作视角独特、彰显人文关怀等特点。

③第一财经周刊

《第一财经周刊》于2008年创办，理念定位是“与‘专业财经资讯供应商’相统一”，读者群定位为年轻的公司人群，内容定位于公司报道而非商业报道，重视选题中“人”的因素，重视公司白领关心的流行话题，拒绝盲人摸象式的宏大题材。周刊制度上，实行编辑主导制，负责从选题挖掘到版面呈现。

互联网时代，要实现媒体融合，必须进行数字媒体的建设，第一财经目前拥有主要数字媒体为：

①第一财经网站：“一财网”是第一财经的聚合平台和出口。其定位为：囊括影响中国金融市场和商业活动的重要国际国内新闻；面向机构和企业量身定制财经资讯产品和商用数据服务；整合第一财经电视和广播的音频视频内容资源，打造独特的多媒体营销平台；推出第一财经富有亲和力和易于检索浏览的数字报和手机报。[2]

②第一财经移动客户端：第一财经在建设移动客户端初期有两个战略争议。第一个方案是认为应建立一个集中所有“第一财经”资源的集合型移动客户端，构建统一的经营模式，集中优势资源，实现“第一财经”品牌的高度统一，提高消费者的黏性。第二方案认为：应该为每一个传统媒体平台搭建移动客户端，这样可以将用户体验放在首位。以本身“第一财经”统一品

[1] 吴婷：《〈第一财经日报〉的SWOT分析》，武汉：华中科技大学硕士学位论文，2007年，第42页

[2] 参见 http：//www.niubb.net/a/2015/08-09/808989.html

牌为出发点，让各平台移动端的资源共享与融合，但内容又相对独立分散，求同存异，实现完整合理的产品集群。最终一财依照后者进行移动客户端平台的建设。

目前第一财经新媒体移动客户端的产品形态还显粗糙，用户体验有较大的提升空间，这需要加大技术投入，加强市场调研，找到用户的真实诉求，建立起良性互动的内容生产机制。未来，第一财经新媒体移动客户端将更多向应用领域的方向发展，互联网技术和通讯技术的发展为财经资讯的收费服务提供了条件和空间，比如基于《第一财经日报》历史数据库的“第一财经电子文丛”等。而第一财经电视的 iPad 客户端正处于调研阶段，该产品的目标是实现与第一财经电视的同步直播。这将极大丰富第一财经新媒体移动客户端产品序列的内容架构，满足视频用户的需求。[1] 一财也将在“微视频”这一极具发展潜力的领域建立新的商业模式。

为了实现媒体融合的最大化，一财将第一财经移动客户端与第一财经网站平台进行融合。在平台方面，一方面发挥了移动端页面的美观功能，提升了移动端的推广，另一方面增加了一财网的点击量，扩大了网站的影响力。在内容方面，《第一财经日报》的内容得到了更大范围的呈现，扩大了日报的影响力。也丰富了《第一财经日报》官方微博的内容形态，提升了微博的内容建设与运营。

2. 跨区域的平台构建

跨区域平台构建是指通过综合性的信息与内容平台，向其他区域市场输出内容、业务、运营管理模式等，比如《第一财经日报》是上海东方传媒集团联合北京青年报、广州日报共同创刊的，打破了地域的限制，是跨区域的联合办报，突破媒介形态，从电视、广播进入到平面媒体报纸，属于跨媒体办报。《第一财经日报》创刊前，第一财经还只是地方性媒体，被政策局限在了上海或者长三角地区，只有当拥有控股权的《第一财经日报》诞生后，才使第一财经集团真正开始成为全国性媒体集团。2010 年，第一财经为宁夏电视台综合频道制作专业财经节目也是跨区域平台构建的体现，双方在媒体资源、内容产品、市场运营和人才技术等诸多方面，充分发挥各自的优势和

[1] 参见 http：//www.xzbu.com/1/view-3464168_3.htm

特色，形成资源共享、品牌共塑、业务共赢和事业产业又好又快发展的跨地域合作新格局。

3. 跨行业平台的搭建

跨行业平台的搭建是指第一财经向多行业进行拓展。第一财经开发了实时信息、数据库、深度分析、行业报告等分析、咨询工具产品，同时举办论坛、榜单、会展、培训等活动，深入开发财经受众的深层次需求。例如，针对其高端商业人士属性受众群，于2005年开办商业精英高尔夫俱乐部。除此之外，还有其他行业性的俱乐部，如半导体类的俱乐部。目前第一财经的俱乐部已经形成系列，并作为一个单独的盈利平台生存。

（三）产业化

上海电视台财经频道以及原东方广播电台财经频率两个不同产业的结合，明确了第一财经必然会走产业化道路。纵观全局，第一财经的产权结构清晰，主动遵循传媒产业的内在规律和竞争规律。[1] 如果要去探究第一财经的产业价值链，也依然应从跨媒体、跨行业、跨地域的这三个方面来分析，那么在第一财经媒体融合的产业化方面，本研究着重分析探究第一财经的在产业化上的探索和发展，分为以下四个部分：

1. 走品牌化之路

第一财经的品牌化道路可分为三个阶段：品牌价值形成期——确立定位，受众认同；品牌价值拓展期——拓展受众群，展开产业链；品牌价值成熟期——品牌无形资产形成并释放巨大的有形效益。目前第一财经正处于第二阶段，在高度一致的“第一财经”媒体指定品牌定位下，第一财经的各级产品如第一财经日报、第一财经电视、第一财经广播、第一财经周刊、第一财经网站、第一财经研究院等又拥有各自的品牌战略，利用品牌辐射效应，兼顾发展财经衍生品，从而拓展其品牌价值，形成品牌的规模效益，为第一财经的产业链多元化发展提供了坚实的基础。

---

[1] 国家广电总局发展研究中心：《〈第一财经产业价值链研究报告〉摘要》，现代传播，2008(1)，第15-20页

2. 明确专业化的定位

第一财经从成立之际，在其高度整合优势资源的基础上，将自身定位为“专业权威的财经资讯服务代表”，始终为中国的投资者提供专业化服务，可以从其目标受众、市场专业化、信息源专业化、节目专业化以及平台专业化得以体现，[1]这是其产业化发展的出发点和回归点，在其产业价值链多元化延伸和发展的过程中，“专业化”是坚持的原则，也是目标。

3. 跨媒体平台整合

前文在这平台化构建部分对这方面已有了详细的探析，在这里就不多加以详述，这有助于产业价值链多元化的发展和延伸。

4. 内容产品多元化

第一财经作为媒体集团除了上述报纸、电视、网站、杂志、移动互联网等多种媒体平台互相融合之外，在内容供应基础上衍生产品开发，包括财经资讯产品与财经公关产品。罗振宇说过：第一财经一开始就是传播集团化，有报纸，有频道，有广播，有地面的其他数据公司、活动公司、广告公司，它是一个完整的产业链的打造。所以它的核心价值不是建立在电视屏幕这样一个独立整体上，实际上它的整个价值链已经产生了位移。它的价值链就是财经内容产业。多元化的内容产品为第一财经的产业化进行布局，从一个简单的新闻媒体向综合信息资讯、资讯服务商转型。

综上所述，第一财经的媒体融合是基于对其优势资源的整合基础上，通过集团化、平台化和产业化三个战略逐步形成现在的媒体产品布局，包括有：第一财经电视、第一财经广播、第一财经日报、第一财经周刊、第一财经网站、第一财经研究院及产品、第一财经品牌活动以及第一财经主持群等。而这些产品打造了第一财经三个不同的身份：财经资讯发布者、财经资讯供应商、财经服务提供商。这三个身份是逐步形成转变但又同时存在的，但这些身份最深层的意义是实现了盈利模式的多元化：从单一以广告为盈利支撑到以广告、资讯和服务来获取利益，也就是说第一财经利用跨媒体的强大品牌优势尽快地进入到了通过财经产品获取盈利的领域，这是第一财经通过媒体融合

---

[1] 孙艺丹：《论财经频道在国内的专业化之路——以第一财经频道为例》，上海：上海大学硕士学位论文，第 37 页

实现的可持续发展战略。

（四）第一财经媒体融合存在的问题

第一财经虽然是国内唯一多媒体融合的专业财经传媒机构，在媒体融合战略也有许多可以借鉴的地方，但仍然存在一些问题：

1. 受众需求被忽视

第一财经的全媒体融合是媒体主导下的全，而非受众主导，所以受众使用的聚合程度是很难去考量的。如果媒体提供的产品只面向自己的平台，而忽视用户的使用需求，那么专业媒体平台将受到市场的巨大冲击。[1] 在数字时代，应利用大数据等新技术进行受众洞察，深挖受众需求，进行基于受众媒介接触习惯整合的细分化媒体融合，避免资源浪费，提高到达率。

2. 融合机制不完善

第一财经缺乏媒体平台间相互融合的激励机制。其最初是由广电集团发展而来，而且网站在传统媒体集团中的地位是被边缘化的，又依托上海作为中国的经济、金融、贸易中心地位，传统媒体如报纸、广播、电视在分媒体运行的模式下依然保持良好的盈利势头，因此进行全媒体融合的动力不足，导致第一财经品牌对各媒体平台业务的整合相对较为松散。[2]

3. 空间架构太分散

第一财经形式上形成了全媒体的架构，但是它并没有像其他由平面媒体衍生出的全媒体集团那样真正实现全媒体运营。2003 年实施全媒体战略之初，第一财经旗下的媒体办公地点分布在上海不同的地点，第一财经日报在上海市康定路 211 号的艺海大厦，第一财经广播在上海市虹桥路 1376 号的广播大厦，第一财经电视在上海市南京西路 651 号广电大厦，任意两个平台办公地点之间的距离都在 10 公里以上，各媒体平台记者、编辑见面的机会就很少，加之没有平台融合制度化的体制机制，所以实现新闻报道的全方位融合难度

[1] 杨保达：《第一财经“全媒体战略”的 10 年问题考察（2003-2013）》，《新闻大学》，2013（2），第 113-120 页

[2] 杨保达：《第一财经“全媒体战略”的 10 年问题考察（2003-2013）》，《新闻大学》，2013（2），第 113-120 页

大。[1]

但在2014年9月，第一财经传媒公司与第一财经报业公司进行重构，第一步就先搬家。第一财经报业公司将从驻扎了10年的艺海大厦，搬迁至上海电视台所在的南京西路广电大厦（第一财经电视抵制），空间架构分散问题得到了进一步的解决。第二步，整合内容聚合团队。由日报记者、电视记者、摄像等组成的内容聚合中心，组成了原创财经内容生产团队，在产品、考核机制等方面特别提出了强化互联网标准，不仅发挥了全媒体优势，同时打造了全天候报道能力。第三步，管理层大调岗，上海广播电视台、上海文化广播影视集团副总裁李蓉或将出任第一财经董事长一职；上海文化广播影视集团副总编辑秦朔担任第一财经总编辑，同时兼任日报总编辑，主抓内容生产；主抓经营的是现任第一财经总经理周峻，从管理上为第一财经的媒体融合提供更大的发展新思维。[2]

四、以《第一财经日报》媒体融合为例

《第一财经日报》编委牛智敬曾说："《第一财经日报》作为中国领先的财经媒体，核心竞争力主要体现在对各种财经新闻有着深度积累，能够提供最及时、最准确、最专业的新闻和投资指导。"他还解释了报纸与APP客户端的内容区别："第一财经手机客户端主要依靠第一财经几百名记者白天滚动供应内容，我们会把最独家、最及时的消息优先放在客户端中。"[3]

（一）《第一财经日报》媒体融合策略

1. 技术融合模式及表现

（1）新的多媒体产品开发

[1] 杨保达：《第一财经"全媒体战略"的10年问题考察(2003-2013)》，《新闻大学》，2013(2)，第113-120页

[2] 参见http：//www.vccoo.com/v/8d4e72

[3] 参见http：//media.people.com.cn/n/2014/0829/c120837-25567751.html.2014-8-29

《第一财经日报》推出了早晚报，周一至周五，每天分早晚各发送一次，5元/月。这款手机报是《第一财经日报》的数字化产品，每日选取《第一财经日报》的重大新闻，浓缩报纸的精华，以更为适合手机阅读的方式形式呈现。[1]

（2）报纸与网络融合

不仅推出付费的电子版《第一财经日报》，方便用户在网络上阅读报纸。还依托数字技术开发了功能强大的查询系统，读者可以轻松方便地查询部分历史数字报。[2]

（3）报纸与移动终端融合

无论是《第一财经日报》推出的早晚报，还是针对手机用户、iPad用户推出的专用客户端，都通过数字技术实现了报纸与移动终端的融合。[3]

2. 所有权融合模式及表现

第一财经传媒有限公司整合了第一财经电视、第一财经广播、《第一财经日报》、《第一财经周刊》、第一财经网站等旗下五大媒体，以及第一财经研究院、第一财经通讯社，实现了“第一财经”品牌所有权的融合。所有权融合后的“第一财经”，对旗下媒体的资源进行了整合。在资讯方面，整合了《第一财经日报》、《第一财经周刊》、研究院、新闻社的资讯；一财宽频，整合了电视和广播的资源；同乐坊社区，整合了这个网站与受众相关的信息资源。“第一财经”所有权融合模式让第一财经的信息资源得到了高度的整合，充分满足了受众对财经信息的多样化需求。[4]

3. 策略性融合模式及表现

《第一财经日报》的策略性融合主要可以分为报纸+网络、报纸+电视、报纸+手机、报纸+研究院、报纸+报纸等形式。报纸+网络形式主要是《第一财经日报》借助网络平台1财网，推出电子版报纸，或者推出iPad版报纸

[1] 李雪飞：《专业财经报的媒介融合战略及模式研究——以《第一财经日报》为例》，重庆：重庆工商大学硕士学位论文，2012年

[2] 李雪飞：《专业财经报的媒介融合战略及模式研究——以《第一财经日报》为例》，重庆：重庆工商大学硕士学位论文，2012年

[3] 李雪飞：《专业财经报的媒介融合战略及模式研究——以《第一财经日报》为例》，重庆：重庆工商大学硕士学位论文，2012年

[4] 李雪飞：《专业财经报的媒介融合战略及模式研究——以《第一财经日报》为例》，重庆：重庆工商大学硕士学位论文，2012年

客户端，实现报纸与网络的融合；报纸 + 电视形式体现在报纸与电视联合推出财经资讯产品，《第一财经日报》和第一财经频道联合推出的《会见财经界》，实现了报纸和电视频道的联动和节目形态的融合；报纸 + 手机形式体现在 2010 年 10 月，第一财经推出了“第一财经资讯手机”，专注行情和交易，为投资理财人士提供了贴身随行的理财资讯；报纸 + 研究院形式，2011 年，第一财经日报社和第一财经研究院推出了《CBN 思想云》，汇集了一周内全球业界人士的思想精粹、趋势判断，以及一些新的知识和新的观点；报纸 + 报纸形式，2011 年 12 月 13 日，《第一财经日报》与《重庆商报》展开了内容方面的合作。[1]

4. 业务实践融合模式及表现

媒体的业务实践融合模式，包含了媒体信息采集的融合和新闻表达的融合。专业财经报的媒体业务实践融合模式，主要体现出了专业财经报在财经资讯采集、财经信息的表达方面的融合，这对专业财经报的新闻从业人员提出了更高的要求。《第一财经日报》的业务实践融合，主要体现在媒介融合情况下，报社的文字记者与摄影记者、记者与编辑、报纸媒体的从业人员与电视、广播、网络媒体的从业人员等等这些概念逐渐被淡化，因为新闻从业人员将同时具备多项职能、扮演多种角色。[2]

（二）《第一财经日报》媒介融合面临的挑战

1. 专业化能力的挑战

专业财经报面临的专业化挑战，说到底就是人才的挑战，因为专业化的核心在于人才的专业化。尽管《第一财经日报》在成立初期，在管理层和采编队伍都打下了良好的专业化运作和采编的基础，然而面对媒介融合，这样的人才队伍还是远远不足以应对挑战的。

因此，《第一财经日报》在人才队伍建设方面：首先，管理层要认识到媒介融合的必然性和重要性，在人才招聘和培养方面有意识地向多媒体进行

---

[1] 李雪飞：《专业财经报的媒介融合战略及模式研究——以《第一财经日报》为例》，重庆：重庆工商大学硕士学位论文，2012 年

[2] 李雪飞：《专业财经报的媒介融合战略及模式研究——以《第一财经日报》为例》，重庆：重庆工商大学硕士学位论文，2012 年

交叉。其次，记者要不断有意识地对自己的采写技能进行训练和提高，成为能写、能拍、能摄的“全能记者”，编辑要对提高自己的文字编辑能力、图片处理能力、视频编辑能力以及网络编辑能力等。最后，需要延揽顶尖网络人才，提供网络平台服务和产品。[1]

2. 结构矛盾的挑战

《第一财经日报》形式结构方面，存在着人才结构矛盾、产品结构矛盾、受众结构矛盾三个方面的挑战，严重影响着它媒介融合的进程。[2] 首先是人才结构的矛盾。任何传媒的发展都需要新型人才，尤其是一专多能的“T”型人才更是受到传媒行业的热捧。而《第一财经日报》以传统人才为主，新型传媒人才数量稀少。这就需要在推进媒介融合的过程中，不断推进人才技能的融合，注重引进“T”型人才。其次是产品结构矛盾。《第一财经日报》存在报道内容的同质化，媒介形式、接收终端、传输渠道等各个方面的同质化。各大报纸虽然都推出了电子报、手机报、手机客户端、平板电脑客户端，但在产品功能和服务上，并没有太大差异。最后是受众结构的矛盾。随着中国投资者的不断增多，具有投资兴趣却不具备专业财经知识的潜在受众日益增多。《第一财经日报》需要在受众的专业性培养方面下功夫，让潜在的“不专业”的受众变得专业，调整好自身的受众结构，以便受众能够跟上《第一财经日报》媒介融合的步伐。

3. 新技术磨合的挑战

《第一财经日报》在媒介融合方面，只是实现了概念上的融合，并未对《第一财经日报》的媒介融合起到实质性的效果。因为新老媒体之间仅仅实现了初步的互补，对于新媒体的应用还远远没有到位。无论是在传播渠道上的融合、接收终端的融合、还是内容形式的融合，都只是在形式上做到了媒介的融合。例如，《第一财经日报》推出的无线产品，手机报、iPhone、iPad 客户端，基本上就是对报纸内容的精选。在这些无线产品的功能上，除了将视频添加进客户端，几乎没有任何技术上的拓展，而互动也仍旧停留在网络版的评论、

---

[1] 李雪飞：《专业财经报的媒介融合战略及模式研究——以《第一财经日报》为例》，重庆：重庆工商大学硕士学位论文，2012 年

[2] 李雪飞：《专业财经报的媒介融合战略及模式研究——以《第一财经日报》为例》，重庆：重庆工商大学硕士学位论文，2012 年

分享层面。可见，在新老技术的磨合方面，《第一财经日报》面临的不仅仅是融合，更多的还是突破，一种对原有的传统媒体形式的突破，以及对新媒体现有形式的突破。如何实现突破，实现创新，而不是整个专业财经报领域严重的同质化，是一个值得研究的问题。[1]

五、建议

（一）第一财经媒体融合战略方面

1. 媒体融合不再是单纯的全媒体融合，而是以用户需求为主的细分媒体整合

第一财经一直以“专业化内容”作为核心竞争力，但在面对当前激烈的市场竞争，第一财经不仅推崇“内容为王”，也要将“用户为王”纳入传播理念当中。在自媒体活跃的背景下，用户自主性的提高让大部分传统媒体“措手不及”，传统媒体不得不适应市场的变化，原本专业化的新闻内容生产也被社会化、非专业化所取代。所以，媒体集团在扩大市场占有率、整合媒体平台和资源的同时，应该以用户需求为主进行细分媒体整合，电视、广播、报纸、周刊、网站等几种平台合作形成几类组合，例如《第一财经日报》的策略性融合就是将报纸分别与网络、电视、手机、研究员等平台进行战略合作，充分运用其他平台的传播优势，契合平台定位，从而扩大传播范围，杜绝盲目融合，达到平台传播效果最大化。所以，第一财经传媒集团应将旗下所有平台资源进行交叉整合，而不是杂糅全部，从“多媒体”发展到真正的媒体融合，以“内容为王”“用户为王”为内容生产理念，才能有效提高行业地位、吸引更多受众。

2. 建立以网络平台为技术基础，以大编辑部模式为融合机制的全媒体新闻生产架构[2]

---

[1] 李雪飞：《专业财经报的媒介融合战略及模式研究——以《第一财经日报》为例》，重庆：重庆工商大学硕士学位论文，2012 年

[2] 杨保达：《第一财经“全媒体战略”的 10 年问题考察（2003-2013）》，《新闻大学》，2013（2），第 113-120 页

大编辑部模式最早使用于电视新闻制作，其核心是“设立作为整个频道大脑和神经中枢的频道编辑部，以频道为管理单元，协调选题策划，灵活调度记者，整体把握各新闻栏目对重大事件的报道”[1]。大编辑部模式相当于整个单位的核心枢纽，其要求编辑具有掌握、统筹全局的能力，各个部门都要在编辑部的统一协调下进行把握整个媒体平台的定位、内容与传播方式，这样能有效加强各生产部门之间的联合。第一财经传媒集团在实施媒体融合战略时，应在机制上设立具有统筹全局的职能部门，制定符合市场规律的融合策略，充分发挥大编辑部的优势，减弱采编部门的分治阻碍，吸引高端人才，提高编辑的业务水平。另外，以网络平台为核心技术基础是实行大编辑部模式的重要前提，尤其在市场竞争日趋激烈的时候，社会化媒体已成为大部分传统媒体进军新媒体的第一步，网络媒体有利于各系统把握受众需求、提升受众对媒体的关注度。

3. 建立“放权制”的权力扁平化融合机制

2015年5月12日，在全国推进简政放权放管结合职能转变工作电视电话会议上，李克强总理提出“深化行政体制改革、转变政府职能总的要求是：简政放权、放管结合、优化服务协同推进，简政放权是激发市场活力、调动社会创造力的利器”。简政放权不仅适用于政府转变职能，媒体集团也应将放弃“集权制”，逐步减弱每级管制，这样能有效提高集团中各媒体平台的竞争活力，积极响应国家政策。第一财经媒体集团正在进行全媒体融合战略，重点措施就是进行创新合作，尤其是各平台、各集团之间的合作，做到价值共享、共同发展，在这过程中，媒体必须实施“放权制”，简化行政审批程序，使每个媒体平台能“天高任鸟飞”，从而减少平台之间的利益冲突。

（二）第一财经资源整合传播方面

1. 支持第一财经通过直播卫星扩大覆盖面，增强第一财经品牌的影响力[2]

---

[1] 曾晶：《电视新闻生产的“大编辑部”模式—运行中的问题及对策》，《新闻大学》，2006(12)，第54-58页

[2] 国家广电总局发展研究中心：《〈第一财经产业价值链研究报告〉摘要》，《现代传播》，2008(1)，第15-20页

频道上星意味着通过卫星、线路将频道传到千家万户，由于东方卫视已有一个上星频道，第一财经频道成功与宁夏卫视联合成立了宁夏-第一财经卫视，这项措施拓宽了第一财经频道的受众接触面积与效率，扩大了第一财经的品牌影响力，同时，第一财经频道成功上星也有助于推动集团内其他平台的发展，例如电视的推广有助于带动第一财经移动客户端下载量、第一财经网站点击率等。

2. 推进第一财经经营性部分业务上市，进行资本扩张[1]

在全球媒体竞争愈发激烈下，中国对外开放力度不断加大，鼓励、吸引国外资源进驻中国，让中国媒体集团运用资本运营手段，摆脱旧体制，实现市场化和规模运营，不断提高传媒产业的社会化程度。资金问题是每个传媒集团的“通病”，第一财经频道和宁夏卫视合作之后成功上星，有利于推动第一财经传媒集团的部分业务上市，上市有助于第一财经传媒集团进行资本化运营，实现其产业价值链的战略布局，从而使第一财经传媒集团成为能够与上海、北京国际金融、政治中心相匹配的内容和咨询供应商。

3. 争取获得主流财经媒体信息披露权，增强第一财经的专业权威性[2]

中国证监会以及新闻出版总署专门指定的媒体披露上市公司信息，通常指七报一刊，即《中国证券报》《上海证券报》《证券时报》《金融时报》《经济日报》（已将其指定披露权利转给了隶属的《证券日报》）《中国改革报》《中国日报》和《证券市场周刊》。具有信息披露权往往意味着媒体拥有该行业的“第一手资料”，第一财经传媒集团在新闻内容上具有极强的专业性，其拥有的道琼斯中国第一财经600指数、第一财经中国经济圈指数系列宏观产品数据、基金市场数据等产品在业界拥有广泛的影响力，如果第一财经传媒集团能够获得信息披露权，将增强其产品的专业权威性，提高第一财经传媒集团的行业地位。

[1] 国家广电总局发展研究中心：《〈第一财经产业价值链研究报告〉摘要》，《现代传播》，2008（1），第15-20页

[2] 国家广电总局发展研究中心：《〈第一财经产业价值链研究报告〉摘要》，《现代传播》，2008（1），第15-20页

参考文献

[1] 尹刘平 . 第一财经品牌战略运作研究 [D]. 大连：大连理工大学 .2010

[2] 袁承咏 . 国外媒体集团化的启发 [J]. 新闻知识 .2013（10）

[3] 罗建华 . 报业集团化发展创新：构筑媒体群、经营群、企业群 [J]. 新闻战线 .2005（12）

[4] 李雪飞 . 专业财经报的媒介融合战略及模式研究 [D]. 重庆：重庆工商大学 .2012

[5] 曾晶 . 电视新闻生产的“大编辑部”模式—运行中的问题及对策 [J]. 新闻大学 .2006（12）

案　　主　南方报业传媒集团
案例作者　韩晓丹　张莹　范雨薇　阮氏翠

内容摘要　南方报业传媒集团作为国内较早布局转型的传媒集团之一，其在全媒体改革思想的指引下成功推出“南方全线通”“南方报业LED联播网”等媒介融合产品。本文聚焦南方报业，在全面了解南方报业传媒集团的基础上，从媒介经营、产品布局、体制转型等角度探讨其全媒体改革之道，并对其改革效果进行剖析。

关 键 词　全媒体、南方日报、改革

中国报业的黄埔军校

——南方报业传媒集团全媒体布局的实践与思考

一、南方系：南方报业传媒集团概述

（一）发展背景与历史

南方报业传媒集团，前身是南方日报报业集团，于1998年5月18日成立。南方日报，中共广东省委机关报，1949年10月23日创刊于广州，是南方日报报业集团的旗舰媒体，1955年，华南分局撤销，中共广东省委成立，《南方日报》成为中共广东省委机关报。在50多年的发展历程中，在广东省报业一直担当龙头的角色。特别是近10年来，南方日报以其不可替代的权威性和公信力，确立华南地区主流政经媒体地位，拥有以行政人员、商人和专业人士为主体的读者群。

1. 集团简介

南方报业传媒集团由《南方日报》及其创办的系列报刊发展而来。在发展历程中，南方日报以其不可替代的权威性、公信力和高品质的主流新闻和深度报道，确立华南地区主流政经媒体地位，是广东唯一主打高端读者群的权威政经大报。[1]南方报业传媒集团的前身为南方日报报业集团，于1998年5月18日正式挂牌运作。2005年7月18日，南方日报报业集团更名为南方报业传媒集团。

2. 品牌系列

南方报业这些年的发展中，提出了“媒体多品牌战略”，首先是培育出品牌报纸，以品牌报纸为龙头，除主报《南方日报》外，形成三个子报系列：南方周末报系、南方都市报报系、21世纪报系。在形成品牌和报系的过程中，采取“龙生龙，凤生凤”的媒体多品牌滚动发展路径，用优质品牌为龙头的报系来孵化新的子报子刊。

3. 集团规模

南方报业传媒集团旗下包含十二报、十刊、六网站、一出版社、十二移动媒体。

十二报：南方周末、21世纪经济报道、南都周刊、风尚周报、西江日报、南方法治报、理财周报、南方日报、云南信息报、梅州日报、南方农村报、南方都市报；

十刊：城市、人物周刊、中国财富、农财宝典、南方、南方第1消费、穿越、名牌、商务旅行、21世纪商业评论；

六网站：奥一网、南方网、南方报业网、凯迪、今日广东、大粤网；

一出版社：南方日报出版社；

十二移动媒体：南方分级阅读、南方人物周刊、南周阅读器、南方日报手机报、南都娱乐周刊HD、南都周刊阅读器、南都阅读器、南都DailyHD、21世纪手机彩信报、21世纪阅读器、21电台、21世纪手机经济网。

4. 群体架构

南方报业传媒集团在深耕传统平面媒体的同时，致力于实施新媒体挺进战略，加快网络媒体和手机媒体的发展速度，致力于开拓可发展媒体优势的相关产业，实现跨媒体、跨地区、跨行业经营上有突破性的进展。

---

[1] 杨明品，周菁：《广电之2014：惟改革创新者胜——2014：广电媒体融合发展进行曲》，《新闻战线》，2014（12），第10-14页

目前，集团成功构筑报纸、期刊和出版社、网络三大平台的立体化组合，逐渐往传媒业品牌集团的方向延伸，沿着打造国际文化传播业品牌的战略目标，以“品牌媒体创新力量”为轴，以平面媒体、网络媒体、移动媒体、图书出版、文化会展、文化实业和传媒的社会公益活动为“七大舰队”，使南方报业传媒集团呈现出更加丰富的品牌群体架构。

南方报业传媒集团将建设成为一个现代化的传媒集团，集团致力于推进体制创新，优化集团组织架构和战略管理体制，实现“控之有序，分之有度”的集团化管理目标。同时还积极探索资本运营模式，以各种方式加快发展对外合作。

（二）“龙生龙、凤生凤”报业战略

南方报业在这些年的发展中，提出了“媒体多品牌战略”，首先是培育出品牌报纸，以品牌报纸为龙头，将能捆绑经营的报纸进行归类，形成了自己的3个子报系列：南方周末报系、南方都市报系、21世纪报系。[1] 在形成品牌和报系的过程中，采取“龙生龙，凤生凤”的媒体多品牌滚动发展路径，用优质品牌为龙头的报系来孵化新的子报。

1. 细分市场，确定不同品牌理念

在报业市场不断细分的大背景下，集团认为，主报与子报以及子报之间分工一定要合理，做到优势互补。因此集团着重开拓空白市场空间，系列子报子刊的定位都有其独特的品牌理念和个性追求。

报刊	品牌理念
南方日报	“高度决定影响力”
南方周末	“记录时代进程”
南方都市报	“办中国最好的报纸”
21世纪经济报道	“彻底新闻彻底领先”
城市画报	“新生活的引领者”

[1] 张晋升，钟之静：《南方报业传媒集团期刊经营的差异化策略》，《传媒》，2008（3），第48-50页

2.“优生优育”的滚动发展

充分发掘优质报纸的资源优势，充分利用在人才、发行、广告等方面的竞争力，并使之成为新子报的孵化器。

例如，利用《南方日报》的人力资源、新闻资源、技术设备和资金优势，创办了《南方周末》，然后又利用《南方周末》的人才优势和发行渠道、印刷网络等资源创办了《21世纪经济报道》。创办《南方都市报》成功之后，又从其体育采编部门选出部分骨干并利用《南方都市报》的各种资源，创办了《南方体育》，并帮助它迅速打开市场。

3.整体品牌与个性品牌的合力发展

下属各单位的远景规划、人才战略、重大资本运作等都服从于集团的总体规划，营造集团的总体优势，许多活动都冠以报业集团的大品牌，以确保集团的品牌形象。如《南方都市报》在广州举行大规模的汽车展，就冠以“南方报业南方都市报汽车展”的牌子。

3.延伸品牌

延伸品牌包括自身内涵的提升和面向社会的外延扩展。内涵的提升主要指全方位塑造自己的品牌形象，外延扩展则是发挥集团已形成的品牌优势，与其他机构广泛合作，举办各类活动。如《21世纪经济报道》利用“21世纪”品牌，举办“房地产”“金融”等论坛。《南方都市报》举办汽车展、房地产展等。

（三）行业影响力

（1）南方报业传媒集团作为国内较早着手传统媒体数字化转型的报业集团之一。近年来稳步推进平面媒体、网络媒体、移动媒体、广电媒体、户外LED和南方全线通电子阅报栏六条产品线建设，取得良好成效。

（2）2013年5月以来，集团围绕深耕主业、多元开拓、加快转型、融合发展十六字发展战略，“启动一体（即南方报业传媒集团这个主体）两翼（分别为南方网和集团新媒体有限公司）”融合发展布局。

（3）一方面发挥南方网等重点项目的示范带动作用，另一方面发挥集团新媒体有限公司评估、孵化、组织和运营作用，加快集团传统媒体和新兴媒体一体化发展；激发集团全体员工的积极性和创造力，加速集团转型。

（4）确立了南方网、南方舆情、289 艺术园区三大重点项目。以点带面，推动集团的转型融合发展全面展开、加速推进。

二、“一体两翼”：全媒体布局

1. 六条产品线推进数字化转型

（1）南方报业传媒集团旗下拥有六条产品线，包括：平面媒体、网络媒体、移动媒体、广电媒体、户外 LED 和“南方全线通”；

（2）在网络媒体方面，南方网是全国十大新闻网站之一，奥一网跻身全国区域性门户网站第一梯队；

（3）在广电媒体方面，《南方都市报》与广东电台、广东广播电视台珠江电影频道展开合作。《南方周末》开发出“汉字英雄”“修身座”“有话则短”等几档电视节目，并拍摄多部专题片在电视台及网站播出。户外 LED 和“南方全线通”也有重大发展；

（4）在移动媒体方面，集团旗下媒体建立大量官方微博群、微信群、新闻客户端，积极抢占舆论新阵地。目前集团各媒体仅在新浪微博的粉丝累计超过 3000 万。在全国省级党报官微影响力排名中，南方日报官微居第一名。南方都市报官方微博群新浪粉丝数量接近 400 万、腾讯粉丝超过 300 万，综合影响力在媒体微博中排名第一。

（二）举集团之力做大做强南方网

将南方网打造成为集团“转型发展的核心平台、品牌资源的集聚平台、融合发展的创新平台”。

1. 网站资源优化组合

逐步将集团现有网站资源有序注入南方网，第一步将《南方日报》的官网并入南方网，接下来集团还将把其他媒体的网站资源陆续注入南方网，从而彻底改变当前集团新兴媒体建设散、小、弱的现状。

2. 报网内容深度合作

推动南方网全新改版，建立报网采编策划联动机制，在重大主题宣传和热点话题引导方面充分调动、聚合《南方日报》和南方网各具特色的内容生产优势、网上网下联动优势，加强报网联动协作。

3. 构建新型采编机制

打通党报党网之间的采编业务流程，成立跨《南方日报》和南方编辑委员会，增强报网联动的统筹协调力度。

（三）做强做实新媒体公司

1. 打造创新型服务产品

集团顺应政府与市场需求，充分整合集团内部传统媒体和新兴媒体资源，利用大数据分析挖掘技术，打造集舆情监测、舆情分析、舆情解决方案于一身的南方舆情项目。构建了“专业团队＋兼职团队”的创新模式，专职人员负责建立工作平台、统一工作标准和转化生产任务，舆情产品主要依靠集团各媒体以及169位兼职舆情分析师生产。

2. 抢占户外媒体高地

在户外LED媒体领域，南方报业传媒集团以《南方日报》和《南方都市报》的户外广告业务为基础，打造“南方报业LED联播网”，改变以往户外媒体以广告为主的模式，强化媒体功能，通过集团媒体原创内容的二次加工和再创造，打造新型舆论阵地。

3. 构筑社区终端平台

建设“南方全线通”信息系统，进军社区终端媒体领域。通过分布在室内和户外的终端设备，包括显示屏、触控屏、大型拼接墙等多种形态，打通手机、电脑、智能家电等智慧交互终端，创建跨媒体的大数据云计算服务平台。

三、经营管理：集团立足根基

（一）经营策略

1. 差异化经营

营销：指传媒决定选择两个或两个以上的细分市场为目标，为每个目标市场分别设计产品及营销方案，在每个细分市场中通过不同的产品和营销策略来提高受众对传媒及其系列产品的整体认同。

《南方日报》报业集团的差异化产品链中每一种产品都是各具特色，无法替代的。差异化产品系列是建立在对受众市场细分、对读者定位不同的基础之上。

读者定位指媒介市场有读者组成，而读者之间有或多或少的差别，每个读者实际上形成一个单独的市场。具有相同产品需要和购买行为的读者形成读者阶层。市场细分的目的就是寻找并识别这个购买阶层。

《南方都市报》倾向于都市平民读者，主要在广州市及各地市发行；《南方周末》以都市高文化程度人群为主，走的是北方路线，主要在北方各大中城市发行；《21世纪经济报道》试图覆盖经济精英，在全国范围内发行；《南方体育》则重点占领体育读者群；《mangazine 名牌》针对高端精英男性的泛时尚杂志，以开创中国的精英时代、缔造中国的精英阶层为己任。

错位化竞争，通过以上分析，可以看到南方报业传媒集团内部在结构布局上实现良好错位竞争，尽可能地覆盖各个读者细分市场和区域细分市场。与此相反，在各地报业集团成立的过程中，大部分是以党报为龙头加上若干家子报。[1] 在报业集团接纳这些报刊的过程中，短期内，由于内部报刊定位层次不明，读者细分市场和区域细分市场重叠往往引发内耗，降低集团的整体市场竞争力。

2. 竞争策略

（1）竞争策略：根据市场营销理论，一个目标市场的企业可以分成市场领导者、市场挑战者、市场追随者、市场补缺者等四种角色。报业经营同样可以借助这一模式，给局角色定位的不同，采取不同的市场策略，把握主动，在竞争中赢得胜利。

以《南方都市报》《南方周末》为例分析南方报业传媒集团采取的竞争策略。

（2）市场追随者策略

《南方都市报》初创时期，《广州日报》和《羊城晚报》正占据着市场上第一、第二的位置。《南方都市报》的广告和发行经营业绩排在《南方日报》《粤

[1] 参见 http：//media.people.com.cn/GB/22100/120097/120099/8165931.html

港信息报》《信息时报》《新快报》之后，更无法和《广州日报》和《羊城晚报》相竞争。《南方都市报》选择在市场上排第二位的《羊城晚报》作为挑战对象，与《广州日报》联合，提出“买涨不买落”的口号。《南方都市报》建议广告客户进行报纸媒体组合时，以《广州日报》为主，以《南方都市报》为辅，理由是《广州日报》和《羊城晚报》读者重叠度高，广告价格高，属于重复投放，而《南方都市报》与《广州日报》读者重叠度小，互补性很强，经过一年多的努力，这个策略取得了成功。

（3）市场补缺者策略

瞄准竞争力强的报纸不太感兴趣的市场，或尚未发现的市场空间，填补市场空白。目前中国报业市场发展很不平衡，某些市场竞争过度，出现结构性过剩倾向，与此同时，另外一些市场几乎处于空白阶段，读者需求得不到满足。《南方周末》正是采用市场补缺者策略的典型之一。

《南方周末》是《南方日报》与1984年创办的，前十年主要靠社会新闻、名人逸事来吸引读者。1994年以后，报纸风格变为以批评报道见长，每期头版都是一条批评性的深度报道，针砭时弊，锋芒毕露，可读性强，成为全国报纸中批评力度最大的报纸。[1] 从创刊到现在，《南方周末》的市场地位无人可争，因为在这个细分市场里没有竞争对手。1984年创刊时，发行量只有7000份，15年后，成为一张发行量百万以上的大报。《南方周末》的补缺者策略是其保持长期竞争优势的关键。

3. 经营管理：企业立足根基

目前，报业竞争已经从规模竞争转向结构竞争。结构竞争有三种模式：一是卖内容，卖好看精彩的内容，售卖的对象是受众，二是卖影响力，售卖的内容是媒介对于其受众的影响力，售卖的对象是广告商，三是经营传媒的品牌，经营传媒所掌握的客户系统，实现信息增值。一个媒介根据自己的情况，或主营其中的一项或兼营其中的两项或三项，实现多点产出的传媒产业价值链编织。

[1] 杨兴锋 . 创新媒体发展模式 做大做强党报集团——南方报业传媒集团的实践 [J]. 中国报业 .2008/05. 第 7-9 页

（1）卖内容：以《南方周末》为例，分析其新闻的特点

《南方周末》在全国范围内受到广大读者的欢迎，这与其独特的新闻报道有密切的关系。《南方周末》的新闻报道具有以下特点：

①大处着眼，小处着手。对客观事实的整体把握和具有高屋建瓴的认识，以开阔的思维去观察和思考，并从实际做起，是《南方周末》处理焦点事件、党政精神一类新闻题材的特点，它的新闻策划能够突破思维定势，跳出事件之外去做冷静翔实的分析。

②体裁多样，多角度报道。对于焦点事件，《南方周末》以综合报道、评论、专访等各种新闻体裁全面报道。各种新闻体裁具有不同特点，互相印证，还对新闻事件进行跟踪报道，力求全面勾勒新闻事件全貌。

（2）卖影响力，以《南方都市报》为例

2002 年 10 月 1 日，由《南方都市报》主办的中国南方汽车展和国庆房产大联展在广州隆重举行，其中中国南方汽车展 5 天参观人数超过了 35 万人次。由一个媒体一手策划组织，同期推出的两个如此大规模的活动，在新闻界、行业界乃至政府部门都引起了极大反响。这些活动的举行不仅有效的推广了品牌，扩大了发行，而且直接带动了广告增长，创造了不菲的经济效益。

（3）经营传媒的品牌

2002 年 10 月，《南方都市报》主办的中国南方汽车展、国庆房产大联展吸引了公众的注意力。在汽车展期间，报纸特辟 A 叠头版对开幕、抽奖、闭幕等环节进行了专题报道，从而使当日的报纸发行量和门票销售量双双飙升。2002 年中国南方汽车展单门票一项就为主办方带来了数十万元的收入。此外还有大量前期和后续报纸广告收入，营销业绩令同行叹服。《南方都市报》既售卖了内容，又售卖了影响力，还赢得了门票收入，提高了《南方都市报》在全国范围内的知名度、美誉度。

同时，从经营上来说，聚变式战略改变了以前资源浪费的现象。现在集团各系列报每年所召开的广告推广往往集中选取公司代表，共同组织活动从而节省时间与成本。发行商也进行了适当的整合，对于发行质量的提高和集团发展战略的顺利推进都提供了帮助。

（二）改革领导体制和组织结构，实行内部资源整合

1. 改革领导体制

（1）领导体制概述

南方报业成立报业集团以后，领导体制由过去社长负责制改变成社委会、社长领导下的总编辑、总经理负责制。社委会为整个集团的领导与决策中心，社长为法人代表，负责集团的全面工作；总编辑负责全集团的编采业务，负责主报、系列子报与出版社；总经理负责广告、发行、印刷、信息、出版等五大支柱产业的经营管理。将行政和经营管理职能的部门进行公司化改造，事业单位的机关行政职能转变成了企业的生产或经营职能。[1] 例如，负责后勤工作的原行政处被剥离出来，组成了实业总公司，对集团的物业、房地产、招待所、车队及其他经济单位进行公司化管理，进行独立核算，自主经营，自负盈亏，大大提高了运作的效率，为产业化发展提供了机制保障。

现在南方报业传媒集团的组织构架是：社委会下辖办公室、人力资源中心、财务部、党群工作中心等职能部门，报业、信息产业、相关产业等三个产业系列的数十个产品部门，形成的整体上的矩阵制结构的组织构架。

（2）体制优劣势

优势：

①无论是整体集团的宏观结构还是《南方日报》《21世纪经济报道》采编部门的微观结构，矩阵制结构能较好实现集团集权与产品部门分权的平衡，既有利于集团的宏观调控，又有利于调动各产品部门的积极性。

②集团总部拥有重大事项决策权、投资收益权和财务委派权，可从整体发展战略出发，优化内部的资源配置，形成集团的整体核心竞争力。

③子报在具体操作上有相当大的空间，比如集团实行财务委派制，强化集团对财务的控制能力，同时又保证各部门的日常财务开支权及完成上交财务任务后的分配权。

④矩阵制结构有利于知识与信息在内部的流通，强化组织的协调能力，增强组织的灵活性与柔性，提高对市场与环境变化的反映速度。

---

[1] 刘年辉：《媒体核心竞争力开发探索：南方报业传媒集团案例分析》，《新闻界》，2005（4），第24-26页

⑤提高了工作效率与反应速度，相对职能式结构来说，减少了工作层次与决策环节。各职能部门可根据自己部门的资源与任务情况来调整、安排资源力量，提高资源利用率。

劣势：

①经营与管理并重过度，使成员出现“多头领导”的现象。

②由于项目组成人员来自各个职能部门，当任务完成以后仍要回原单位，因而容易产生临时观念，可能会使成员缺乏归属感。

③项目负责人的责任大于权力，参加项目的成员都来自不同部门，使得项目管理权力平衡困难。

④这种组织结构会使得信息回路比较复杂。

2. 跨媒体经营

（1）多角度跨媒体

跨媒体经营的理念是建立在科学把握传统媒体和新兴媒体（网络、电子信息等）的关系的基础上。传统媒体要生存、发展，一个现实可行的选择就是跨媒体经营。

从技术角度来看，纸质传播已经无法超越信息传播的速度，也无法与信息收集相抗衡。随着的技术的发展，人们对信息的速度与质量的要求也逐渐提高。

从发展趋势来看，多个平台和大量信息服务终端在逐渐成为主流。

从读者阅读趋势来看，生活节奏的加快和压力的逐渐上升，人们逐渐开始利用碎片时间大量的吸收新闻，人们有更多获取新闻的渠道，更加需要快捷、多元化的信息。

从文化的角度来看，总体的素质的提高，精英文化异军突起。

从区域来看，城市与城市之间，国家与国家之间，往来紧密，同样信息的需求量也在日趋增加，跨区域的扩张有着很大的市场。

从商业模式方面来看，信息服务在个性化的、用户定制化的分层次中潜在巨大的市场，这将是除了广告之外，另一个主要盈利的方式。

南方报业发现这一点不仅要牢牢抓住传统媒体，还要做好做精内容，要想获得更强的差异化竞争优势，就要不断提升品质。在开发新兴媒体的同时，行业生命周期的变化中保证集团充足的收入来源。并且市场要细分的精准，做得更有深度，将竞争对手挤出市场。

（2）狠抓发行和改版

集团成立后进行产业结构调整的第一个重大改革举措，是《南方日报》从1999年1月1日起自办发行，这也是全国省级党报中率先自办发行的。通过自己组建发行网络、委托发行等方式，自办发行一年就效果明显，发行量大幅上升了20多万，时效提高了三四个小时，节约了发行成本，盘活了流动资金。

2002年8月6日起，南方日报全面改版，确立华南地区主流政经媒体地位。

2003年8月6日，南方日报二度改版，增设投资、IT、旅游、汽车、健康、成才六大专业周刊，进一步强化政经媒体的特色，培育有效目标市场

2003年12月12日，南方日报三度改版，增辟珠三角新闻版块，进一步贴近都市，贴近生活。

直至现在，《南方日报》共改版12次。

四、带头实践：折射转型效应

（一）中国报业的黄埔军校

南方周末有着“中国报业的黄埔军校”的美誉。它开创了真正职业化新闻操作路径，更培育了无数优秀的传媒人才。前南方周末记者，后来成为国内著名报纸发行人的谭军波以其职业经理人的思维，将2001年前的南方周末分为清晰的三个阶段。

第一阶段，左方时代，北大毕业的左方是有着理想主义、自由主义与启蒙主义思想意识的领导。他奠定了《南方周末》的精神基调。

第二阶段，游雁凌时代，即转型期。从一份文化生活报转型为综合性大型新闻周报。发行突破100万，广告收入几千万。在全国形成了真正的影响力。

第三阶段，江艺平时代，即鼎盛期。时间为20世纪90年代后期至21世纪初，产品最成熟，广告过亿。《南方周末》成为南方报业乃至全国报业的“黄埔军校”。那个时期的《南方周末》充满了敢言的报道：为案件中受冤屈的弱者代言，《昆明在呼喊：铲除恶霸》（1998年）；关注基层农村问题，《农

民发誓告倒公安局》（1997年）；最早关注中国艾滋病问题，《艾滋病在中国》（1996年）；为拐卖妇女代言，《被拐女为什么不回家》（1999年）；为城市农民工代言，《周立太代农民工泣血上书近百起工伤案陆续开庭》……

通过这些报道,《南方周末》树立起了“新闻界良心”的标杆，提高了公信力，开始被读者誉为“弱势群体的代言人”。

以下从案例来说明南方报业在新闻梦与新闻操守上所作出的努力。

《南方日报》驻惠州记者站副站长李春江曾经说过：“我们要强调专业主义，作为党报，要有自己的立场。我认为，从小到大我们最不缺的就是理想教育，但在讲理想的时候，很多人恰恰就把最根本和最职业的东西抛弃了，比如专业主义。如果专业性都有问题，那还谈什么理想？新闻从业人员要对自己的产品负责，报道要专业扎实，同样的报道，做得更真实，更有新闻点，采访的元素更加精彩，这应该是我们追求的专业主义。”

1. 以破非典时期的缄口令为例

传统媒体由于其传媒特性，通常在特殊事件发生后，为免引起社会恐慌和引发社会不安定因素而不去报道，非典爆发前期，由于疾病防控难、病原不清、难治愈等问题，而导致鲜少报到非典之事。但是《南方周末》率先对此作出详细报道使得社会大众清楚获知疾病防控的详情，其率先报道、切实保障公众知情权的勇气值得同行学习。

《南方周末》作为周报，不能以消息快、时效性见长，她以一种系统的新闻观来关照SARS，即将SARS的每一变化与周末环境作互动，从而发挥并传播更有力的信息，表现出来就是使用新闻故事、图片故事、带有一定目的的小小说、散文以及哲学体系的理论等各种形式。例如《我们靠什么战胜“非典”》就是以一种略带故事性和散文性的形式对非典的发生发展状况进行了报道，并且通过一种积极向上的表达方式来给不安的社会群体带来力量。例如“更加科学的精神”“更加开放的心态”“更加健全的机制”都是激励社会大众的有力话语。

从4月24日《南方周末》报道SARS以来，根据SARS的疫情发展态势以及人们的心理来理性地报道。从第一篇《靠什么战胜非典》到《ABOUT非典》，紧接着为了避免对SARS的过于“渲染”引起人们的恐惧，便停止了对SARS的专题报道，而是进行零碎但不杂乱的SARS关注。而这并不是让《南方周末》

戴口罩，而是体现了它对社会的一种负责。

2003年2月19日，《南方日报》在第三版刊发了题为《非典型肺炎病原是衣原体?》的报道。在众多媒体中发出了唯一不同的声音，集中体现了南方风骨，该文获得中国新闻奖一等奖。

2003年2月18日下午，新华社发出通稿，称经中国疾病预防控制中心和广东省疾病预防控制中心的共同努力，引起广东省部分地区非典型肺炎的病原基本可确定为衣原体。这让早前听一些专家说“已排除了衣原体感染是病原的可能”的记者段功伟产生了疑惑。

在新华社通稿出来后，他赶紧致电找专家求证，果然，广东的专家们坚决反对。记者的职业身份提醒他要“独立思考，实事求是”。在部门主任陈广腾的指导下，他迅速成稿。可到底发还是不发？一个难题横在报社领导面前。时任总编辑杨兴锋经过慎重考虑，决定如实报道。

面对权威消息，《南方日报》却用一个问句式的标题表达了对非典病原结论的疑问，在正文的前半段是国家疾控中心的结论，“非典型肺炎的病原基本确定为衣原体”，后半段则如实报道了广东专家的意见，“非典型肺炎是病毒性肺炎的可能性极大，不能按衣原体的结论来制定治疗方案，否则可能造成可怕后果。”

报道出街后，报社果然承受了一定压力，但广东专家却一致称赞了《南方日报》。2003年4月16日，世界卫生组织宣布，经过全球科研人员的通力合作，终于正式确认冠状病毒的一个变种是引起非典型肺炎的病原体，《南方日报》的报道经受住了考验。

2. 坚持中国梦是宪政梦

事件源头追溯到2013年《南方周末》发出的新年特辑《中国梦 宪政梦》。这篇文章体现了《南方周末》宣扬民主宪政和法治人权的思想，《南方周末》也因此受到来自社会四方的种种议论，声讨与声援之声交织。传统观点认为，民主宪政、法治人权带有西方资本主义的色彩，中国作为社会主义国家宣扬这样的观点是不对的，但是也有一部分人认为，“民主宪政是中国人的百年梦想”，只有“兑现宪政”，坚守权利，限权分权，才能真正保证公民对公权利的批判发声，我们需要借鉴英美宪政的成功经验，“追赶现代科技文明”。

作为社会主义体制下的传统媒体，《南方周末》提出如此大胆的说法，对国人来说着实是一个比较大的视觉和思想上的冲击，从这一点上来讲，它在勇气上超越了其他传统媒体。同时，我们认为，我们应该以一个理性的角度来看待“宪政梦”的提出，体制都有其利弊问题，无论是在怎样的体制下，社会的进步都是在摸索中前进的，因此基于“借鉴”和“吸取世界经验”的基础上提出“宪政”是应该被接纳和思索的，而不应该一味地坚决抵制。因而，从这两点上来讲，《南方周末》在坚持“中国梦是宪政梦”充分展现了一个媒体应有的精神。

（二）传媒市场化的带头实践

南方报业集团在传媒市场化的带头实践可以体现在以下方面：

（1）2006年，南方日报社在全国“两会”报道中首次尝试了统一调度和管理之下的全媒体运用形式，大胆引进了新媒体进行报网互动的全新实验。

（2）与光明日报合作创办新京报，成为全国第一家得到国家批准的跨地区、跨媒体经营的报业，开创了中国跨地域办报的先河，也开创了中央级媒体与地方媒体联合创立新报纸的先例。

（3）南方日报是广东唯一主打高端读者群的权威政经大报。

（4）2002年8月改版后的《南方日报》是全国党报中的第一份“瘦报”。“瘦报”，即在传统的对开或四开报纸基础上加长、缩窄，使报纸在外形上显得更加苗条，更加挺拔，更加合乎美学中的“黄金分割”比例（即1：1.618)。通过改版，《南方日报》确立了在华南地区的主流政经媒体的地位。

五、转型阵痛：产业化转型问题分析

（一）媒介融合与媒体融合认知偏差

1. 媒介融合概念界定

媒介融合（media convergence），最早由美国马萨诸塞州理工大学教授浦尔提出，原意是指各种媒介呈现多功能一体化的趋势。美国新闻学会媒介研究中心主任Andrew Nachison将“融合媒介”定义为“印刷的、音频的、视频的、互动性数字媒体组织之间的战略的、操作的、文化的联盟”，他强调的“媒介融合”更多是指各个媒介之间的合作和联盟。

2. 媒体融合概念界定

“媒体融合”范围广阔，包括一切媒介及其有关要素的结合、汇聚甚至融合，不仅包括媒介形态的融合，还包括媒介功能、传播手段、所有权、组织结构等要素的融合。

也就是说，“媒体融合”是信息传输通道的多元化下的新作业模式，是把报纸、电视台、电台等传统媒体，与互联网、手机、手持智能终端等新兴媒体传播通道有效结合起来，资源共享，集中处理，衍生出不同形式的信息产品，然后通过不同的平台传播给受众。媒体融合是信息时代背景下一种媒介发展的理念，是在互联网的迅猛发展的基础上的传统媒体的有机整合，这种整合体现在两个方面：技术的融合和经营方式的融合。

3. 媒体融合与媒介融合的区别

媒体和媒介是有区别的：媒介是信息传播所需要的载体、介质或通道。媒体是媒介+内容体系的组合，拥有后端内容架构、生产流程、编读互动等系统支撑。因此，我们需要在掌握多种媒介的处理技术之外，必须要有一个内容体系来支撑处理工艺，最终实现内容和通道的良好结合。所以不能单纯地将媒介融合认为就是媒体融合，在完成媒介融合的基础上南方传媒集团还需积极探索媒体融合之路。

4. 媒体融合形成路径

在媒体融合上，国际上一些大媒体基本上都经过以下几个阶段。早在上世纪90年代末期，包括英国BBC在内的一些媒体就开始提“数字化”的概念，对自己的技术手段进行数字化改造，这一个阶段可叫“数字化过程”；第二个阶段，用国内的话来说，就叫网台或者网报联动的阶段，在报社或者电台、电视台旗下成立新媒体部，进行资源的适度共享，但这一阶段只是传统媒体融合发展的初级阶段；第三个阶段，国际上一些大媒体，像英国《卫报》、BBC和美国《纽约时报》《华尔街日报》等，主要是从组织架构调整和流程改造入手。以BBC为例，BBC的新闻中心是统一的，并不按广播、电视和网站这样的媒体平台去划分。到了这个阶段，才能叫媒体融合阶段，或者叫全媒体建构阶段。到目前为止，这个阶段正在如火如荼地进行。

国内的传统媒体基本上还都处于第二个阶段，因为国内几乎没有一家媒体在流程上进行过再造，或者是在组织架构上进行重新调整。而没有在流程和机制层面的融合，不能称之为真正意义上的融合。

业内人士谈得比较多的还是有关技术、产品、市场和传播平台的融合，而其中非常关键的体制创新和组织融合问题。但是，如果组织架构一成不变，就难以按照新型媒体的要求完成流程再造，也难以形成“一次采集、多种生成、多端分发”这样一种融媒体的传播体系。

（二）阵痛期问题呈现

1. 人才流失

互联网、智能手机冲击之下，近年报纸、杂志经营收入不断下滑。作为纸媒风向标，南方报社的人才流失也呈现加速之势。最新一期南方报社内部报纸《南方报人》披露，2014 年南方报社有 202 名集团聘员工离职，这一数据在 2012 年、2013 年分别为 141 人、176 人。

近年纸媒不景气，采编收入不增反降，是南方报社出现离职潮重要原因。近年企业广告投放大幅向互联网转移，房地产、汽车广告又严重萎缩，南方报社多家子报子刊利润下滑甚至亏损。缩减版面，稿酬打折，也成为常态。《南方都市报》总经理陈朝华近日离职加盟搜狐担任副总裁及搜狐网总编辑，再次让人慨叹纸媒的江河日下已很难留住帅才、将才。

2. 广告下滑

近年企业广告投放大幅向互联网转移，房地产、汽车广告又严重萎缩，南方报社多家子报子刊利润下滑甚至亏损，有些被迫停刊。其中，《风尚周报》于 2013 年 12 月 31 日停刊、《南方体育》于 2005 年 8 月 30 日停刊、《21 世纪环球报道》于 2003 年 3 月 10 日停刊。

3. 官司不断

南方报社寄以厚望的 21 世纪报系，则在 2014 年下半年遭受重创。2014 年 9 月 3 日，因涉嫌 IPO 敲诈，21 世纪网主编刘冬、副主编周斌等人被上海警方刑拘。随后事态不断扩大，《理财周报》发行人夏日、21 世纪报系总裁沈颢、副总裁陈东阳等人先后被捕，并被判刑。

4. 资金短缺

此外，资金短缺也一直困扰着南方报社；2011 年建成使用的南方传媒大厦耗资数亿；近年数千万人民币进口的欧洲先进彩色印刷机，又逢报刊发行下跌，开工不足。

以《南方都市报》为例，早在2009年，南都就提出向全媒体转型，并提出“南都无处不在”的口号。当时，南都一度给数百名编辑、记者配备了苹果手机，以期建立全媒体平台；随后推出“南都 pai”平板电脑，大力投入音视频节目，以期打通报纸之外的电视、互联网渠道，但迄今效果不大。2012 年，南都应集团要求，耗资 3000 万元独家代理了澳亚卫视在华南地区的广告经营权，并期望以此为南都原创视频节目传播平台，但因亏损严重，难以为继，合作一年即不得不解约。

综上而论，南方报业集团较早确立了全媒体转型的目标，赢得了全国同行的敬意，有着办报的 " 南方模式 " 和输出的“新京报”之誉，但其暂时只停留在媒介融合而非媒体融合的阶段，当中还有着行业与媒体的行政壁垒与认识陷阱，在产业化转型中也出现了诸如广告下滑、债务缠身、官司不断等困境，因此集团需要重新定位，厘清方向，重整旗鼓，再上征程。

六、厘清思路，展望未来

国内外新闻媒体借助信息技术、数字技术、传播技术等现代技术，不断开发出新的、能为受众带来更方便快捷服务的媒介，出现了媒介融合的势头，如数字电视、网络杂志、博客、播客、电子纸等媒介或者显示终端，不仅提高了新闻的数量、时效、容量等，更为受众提供了空前的便捷性和可选择性，新闻事业和新闻媒体在此过程中也获得了前所未有的发展机遇。[1] 南方报业集团品牌战略、报系管理模式、试水新媒体、跨地区办报等发展战略和举措，不能说都迎合了这股潮流，但至少有的还是预见到了部分征兆，或者把握住了这个趋势，因而，在近几年的发展中，较多地引起了国内外同行的关注。

---

[1] 李兴平：《媒介融合下的报业集团发展——以南方报业传媒集团为例》，南宁：广西大学硕士学位论文，2008 年

但纵观南方报业传媒集团的媒介融合之路，也不能说发展的很好，实际上，它离国外一些大的传媒集团的做法还相去甚远，在国内也是处于暂时领先的地位，其在信息采集融合和新闻表达融合等方面，还没有形成一定的规模。[1]

通过对南方传媒集团的整体探讨，对集团未来的发展提出了以下两点思考：其一，在全媒体布局中如何正确实现产品、行业和终端的全方位布局；其二，市场化转型中集团如何留住人才，以保证集团的市场竞争力。

参考文献

[1] 肖景辉 . 拿什么铸就品牌丰碑——访南方报业传媒集团管委会主任范以锦 [J]. 传媒 .2006/07.

[2] 华敏，程芸娟 . 从南方报业传媒集团看我国报业的发展 [J]. 当代经理人 . 2006/05.

[3] 张晋升，钟之静 . 南方报业传媒集团期刊经营的差异化策略 [J]. 传媒 . 2008/03.

[4] 刘年辉 . 媒体核心竞争力开发探索：南方报业传媒集团案例分析 [J]. 新闻界 . 2005/04.

[5] 南方报业传媒集团：竞购《新闻周刊》失败 [J]. 国际新闻界 .2010/06.

[6] 小娟 . 从客户满意到客户忠诚——上海高斯获得南方报业传媒集团 [J]. 中国报业 .2007/04.

[7] 本刊新聘特邀顾问：南方报业传媒集团党委书记、管委会主任莫高义同志简介 [J]. 中国记者 .2013/09.

[8] 郭全中 . 南方报业传媒集团报系结构研究 [J]. 新闻实践 .2008/08.

[9] 杨兴锋 . 创新媒体发展模式 做大做强党报集团——南方报业传媒集团的实践 [J]. 中国报业 .2008/05.

[1] 佘世红，段淳林：《试论“中国式管理”思想在媒介经营中的运用——以南方报业传媒集团为例》，《科技管理研究》，2007（11），第 179-181 页

[10] 肖红慧，李岚 . 创新传媒集团官网：强化媒体资产管理——南方报业传媒集团官方网站建设新模式 [J]. 中国传媒科技 .2013/03.

[11] 周燕群，程征 . 推进文化体制改革 落实媒体聚合战略——访南方报业传媒集团党委书记、管委会主任杨兴锋 [J]. 中国记者 .2009/07.

[12] 佘世红，段淳林 . 试论“中国式管理”思想在媒介经营中的运用——以南方报业传媒集团为例 [J]. 科技管理研究 .2007/11.

第三部分

PART 3

杂志类案例

案　　主　新周刊

案例作者　何丽兰

内容摘要　国际传媒界一百多年来才完成的媒体环境的变迁与媒体自身的演化进程，在中国只用了一二十年就完成了，同时又形成了中国自身的特色，很多在国际传媒界卓有成效的经验和做法到了中国却几乎水土不服。本文将着重讲述《新周刊》这本杂志的发展路径，它充当了时代的社会学切片，以鲜活丰盈的姿态呈现着这个剧变的世界，做了学界专家们想做而做不到的事情，因而《新周刊》成为传媒案例，屡屡被搬上讲台。《新周刊》是一本善于制造阅读期待的媒体。实际上阅读期待的标准就是"预料之外，情理之中"[1]。

关 键 词　运营 管理 分众

流行话题的发布者

——新周刊经营管理之路探究

一、新周刊的理念

（一）概说

1. 新周刊的简介

杂志的"同质化"现象早已不是什么新鲜事。新闻时事类杂志已经走过了很长一段时间，市场也渐渐趋于饱和。面对日趋激烈的市场竞争压力，"同质化"倾向也越来越严重。一个新闻事件、一个热点话题可能有好几家杂志同时采用，再加上杂志出刊周期的间歇固定，你会发现报摊上的期刊是千篇

---

[1] 原《经济观察报》总编辑何力

一律。《新周刊》的出现给我们提供了一个模式，也启发了突围“同质化”的思路[1]。

《新周刊》由广东出版集团、三九企业集团联合主办。每期128页全彩印刷，每月1日、15日出版，属于时事生活类杂志。创刊于1996年8月18日，历经十余年发展，已成为中国社会变迁敏锐的观察者与记录者[2]。

《新周刊》始终保持对社会潮流动态的高度敏感，彰扬无情解构的犀利风格，并开创多种全新传媒报道模式，“中国最新锐的时事生活周刊”之定位深入人心，是中国期刊市场上最具代表性和舆论影响力的杂志之一。同时，《新周刊》享有传媒界“话题发源地”的美誉。创刊至今一直受人瞩目，被视为“现代杂志的超级榜样”。《新周刊》以“敏锐、新颖、图文并重和第一手资料”作为其风格，在喧嚣的中国周刊杂志浪潮中，标歧立异，吸引了一大批年轻人的目光。在纷繁的杂志市场中，《新周刊》算不上什么权威媒体，但却是最具竞争力的新闻周刊。他的标歧立异并不是不靠谱的无厘头，而是对转型时期的社会现象剖析，尖锐而不失理性[3]。

（二）新周刊的基本数据

表格1 新周刊的基本数据

杂志分类	新闻时事	零售单价	15.00元
杂志发行日	1日；15日	创刊时间	1996年
整版净尺寸	215*280mm	开本	大16开
发行量	31万	性质	正刊
基础刊例价	14.8万	平均版数	128
媒体网站地址	http：//www.neweekly.com.cn	发行周期	半月刊

（三）新周刊的受众描述

读者主要分布于：商业、金融业、IT、制造业、政府机构、广告及市场

[1] 何永奇：《差异化战略：<新周刊>新锐之道》，《嘉兴学院学报》，2007（2），第69-73页

[2] 倪欣然：《新闻编辑学的核心概念解析》，《青年记者》，2012（8），第64-65页

[3] 何永奇：《差异化战略：<新周刊>新锐之道》，《嘉兴学院学报》，2007（2），第69-73页

营销、文化及传媒等前沿行业。其中56.6%的读者位于社会阶层的前30%之列，25-44岁读者占据主体，读者倾向于男性，核心读者群处于积极的职业上升期。

（四）新周刊的发展历程

1. 新闻纸时代——文人思想

1996年6月，《新周刊》的社长孙冕得到了广东新闻出版局发来的通知，批准他们将原名为《书周刊》的专业性质期刊更名为《新周刊》出版。同年八月，第一期的《新周刊》正式面世。此时的内容致力于新闻整合，满足文人阅读的需求，体现初创班子"文人式"的对理想的追求。而此时的《新周刊》所在正是新闻类杂志特征的时代。杂志只有64页的内容。

2. 铜版纸时代——加入市场规则

杂志出版到第22期时候，经营困难，面临停刊的威胁，正是从这个时候开始，得到三九集团老板赵新先的投资。1997年6月，成立了深圳三九文化发展公司，专门负责杂志的发行。同年9月，《新周刊》将自己定位为"中国最新锐的生活时事周刊"。《新周刊》转型为文化生活类新闻周刊，偏离新闻严肃沉重的部分，内容更增至112页。此时的《新周刊》完成了从文人办刊向按市场观念去经营的转变。

3. 充粉纸时代——内容"模式化"

踏入充粉纸时代的《新周刊》也迈入了发展的黄金期。2001年9月，《新周刊》进行了第二次全面改版，并基本模式化板块内容，一直沿用至今。此时，《2000大盘点》的封面获得美国第15届"奥齐奖（OZZIE）"的封面设计大奖后，《新周刊》全面接轨国际形态。《新周刊》开始对对自身定位的进一步规划，提出有关"四商"的定位要求。确立了情绪、概念和趋势三大卖点，以及全球化、传媒、城市、阶层、代际、生活方式和男女关系七条路线。内容也增加到128页。发展至今，一方面《新周刊》形成了属于自己的刊物风格，但是这种将内容商品化批量生产的方式也在另一方面受到质疑，《新周刊》是否已经陷入"模式化"的陷阱，或是在主题选择方面已经江郎才尽受到各方讨论[1]。

---

[1] 邢荣：《中国新闻类期刊的产业化发展道路》，《新闻知识》，2009（3），第9-11页

（二）理念

1. 新锐——流行话题的发布的立足点。

新锐的发展经历了几个不同的阶段，它们的共同特点是贴合时代背景。

• 创刊伊始："我们所有的努力就是为了新一点"（封新城）

• 1998 年："中国最新锐的时事生活周刊"的定位。

• 2001 年："一、词汇。《新周刊》的'新'。二、破。就是打破。破除旧有僵化模式，就是当仁不让的'新'。三、立。新视角、新概念、新表现等等，这差不多是《新周刊》最本能的追求。"（封新城）

• 2008 年：'新'是力图在大量新闻素材的基础上，有新的解读角度、新的解读方法以及新的观点。'锐'则是朝着'敏锐'的方面发展，强调的是对社会生活的更为独到的发现和洞见。（周可）

"新锐"可以解释为"新鲜""新颖""新思维""新视角""新概念""敏锐""尖锐""锐利"等等，但总的来说，它代表的是不断创新和锋芒毕露。内在"新锐"表现为它时时关注有卖点的社会问题，始终保持着一种批判者的姿态。行文用笔泼辣犀利，"立足时代前沿、以社会学家的眼光剖析中国社会趋势，用新锐观点清点当下焦点话题的背后脉络。"外在的"新锐"表现为它封面夸张，插图火辣，它总是通过锐意创新，给读者带来视觉享受[1]。

2. "四商"理念——流行话题发布的指导思想。

2002 年，《新周刊》一步步走向成熟，提出了一套新的定位，可以称为"四商"理念，即观点供应商、视觉开发商、资讯整合商和传媒运营商。

（1）观点供应商。

《新周刊》不断地为读者提供独到的观点。它不但在输出一种流行，也在输出一种观念，教人如何生活。

（2）视觉开发商。

《新周刊》配合专题、多用原创图画，精心设计的封面，最具视觉冲击力，是它做视觉开发商的最好证明。

---

[1] 参见 tp：//www.docin.com/p-335640058.html

（3）资讯整合商。

是指带有前瞻性去观察社会生活，或者教读者如何去生活和分析生活，设置专题讨论，在观点的提出和概念的生产上很有远见。同时，它还以为社会记录为出发点盘点一年中的热点问题，制造各种信息榜，合编《新周刊语录》，对全年做总体回顾。《新周刊》的资讯整合不是普通的“剪刀加浆糊”式的整理，而是有创新性的整合。是《新周刊》“四商”理念中有特色的一“商”。

（4）传媒运营商。

就是要像卖杂志一样把自己的品牌卖出去。但体制限制，目前只在品牌化道路上前进，重视建立自己的品牌，不断地用各种形式宣传其品牌，办活动、搞排榜，制造《新周刊》的各种观，包括“作秀”，甚至包括以上讲到个三个“商”，实际上都是在为它“传媒运营商”服务。但距离真正的传媒运营商还待时日。

3. 批判精神——流行话题发布的进步基石。

从它创刊开始它就以批判者的姿态出现，看不惯中国足球、不喜欢中国电视、嫌弃中国的城市、又说无书可读……光是这些话题，《新周刊》就批了无数次。它反对这，反对那，在 2004 年总 181 期，我们看到，《新周刊》标榜自己代表少数派的声音，作为时代尖兵的呐喊，反对汽车、反对手机、反对长假、反对英语，甚至连自己曾经的立刊之本和产生轰动效应的专题都反对，反对小资、反对排行榜、反对楼盘广告、反对批评中国足球。社会生活中的许许多多，原本人们很习惯的东西，都是《新周刊》要骂的东西[1]。

正是因为《新周刊》从头至今都有着自己独特的理念和精神，它才能够跳离与新闻周刊的竞争，也不用像时尚杂志那样媚俗，它用新颖独到的视角和另辟蹊径的风格建立起自己品牌，创造了多个中国期刊之最。

[1] 喻乐：《幸存者的游戏》，《传媒》2004（8），第 14-25 页

二、体制下的《新周刊》

（一）体制的革新与矛盾

1. 体制的革新

国际传媒界一百多年来才完成的媒体环境的变迁与媒体自身的演化进程，在中国只用了一二十年就完成了，同时又形成了中国自身的特色，很多在国际传媒界卓有成效的经验和做法到了中国却几乎水土不服。

中国和西方传媒最大的不同就是我们的媒体在还很弱小的时候就遭遇了网络，而西方传媒在面对网络时，已经有了一百多年积累下来的品牌和实力。

而从2000年发展高峰过后，新周刊有走下坡路的趋势。客观地讲，我们不能对《新周刊》要求太高，毕竟它只是一本只有10年历史的杂志，其经营方式还有待更进一步探索。外部环境的不断变化也促使《新周刊》进行了很多革新。

（1）变化的受众环境。

社会的多元化导致了读者选择的多元化，一份刊物独领风骚的时代已经过去，细分市场找准定位并牢牢守住份额才是现实的目标[1]。

过去的《新周刊》能够策划一个又一个轰动的专题，是因为公众接受信息的渠道有局限、媒体同行对《新周刊》新锐风格的追捧，如今期刊竞争日益残酷，类似《中国不踢球》这样的黄金观点比比皆是。

加上网络时代，信息泛滥。《新周刊》是半月刊，选题和新闻时效性受到一定制约。

《新周刊》总编辑封新城的一段话很好地概括了这种变化："1998年他们批评过"弱智的中国电视"，在当时的传播条件下，网络还没有声音，其他媒体也没有报道过这个题材，我们发出的就是一个另类而响亮的声音，当然就引起了轰动，但如果放在今天，这个问题还用我们去说吗？到处都有人在说。当他晚上想到一个有价值的新闻事件并深入挖掘准备报道时，第二天一早却经常发现网上已经成为热门话题了，于是必须挖空心思找到一个独特

[1] 参见 http：//www.cnad.com/html/Article/2006/0713/2006071315470864.shtml

的角度来诠释，否则就只能放弃。所以报道的难度提高了，可供发挥的空间变小了。”

（2）经营管理体制的受限。

作为民营性质的《新周刊》，它的资金来源受制于资本的投入。《新周刊》曾经经历了被停刊3个月、筹备中的电视榜活动被叫停等造成重大损失的事件。于是，广告商不允许他们在政治上冒险，而是要求他们做适合中产阶级口味的东西。

同时也由于网络改变了人们的阅读习惯，观点和思想要以更浅显和直接的方式去表达，而且允许人们以一种更轻松的方式来阅读。于是从2000年开始，他们开始转型，从一个充满批判精神的“愤青”转变为一个更强调建设性的“中产”，从批判者开始转为生活潮流的引领者。《新周刊》以批判出发成名后，转为更注重建设性，本身就遇到新老读者的反应冲突问题，一些青年人可能感到不够新锐，有点不痛不痒；相反一些年龄大一点的人会觉得太过标新立异。

（3）新周刊在摸索中前进。

《新周刊》将广告全部外包给一家广告公司，每年给广告公司定保底任务，超额完成的广告费用归广告公司所有。对杂志社来讲，这样做一来可以确保每月有固定收入，免去挨个收取广告费的麻烦和风险；二来保证了采编与经营的完全分离，集中精力做内容。出于同样的原因，《新周刊》已经将发行从自办发行和分销转由一家发行公司总包。现在的《新周刊》只负责内容编辑和组织各种品牌延伸活动这两块。

2. 资本与体制的矛盾

三九集团的赵新先在《新周刊》创办伊始最困难的时候投入800万元资本。这最初的800万元几乎可以说是拯救资金链面临断裂的《新周刊》的一根救命稻草，但这800万元是分期分批付给《新周刊》的，也就是说，如果《新周刊》经营状况不理想，随时都有停止支付的可能。所幸的是，此后的《新周刊》顺风顺水，刊物发行量和品牌影响力与日俱增，因此而成就了资本与传媒合作共赢的一段佳话。由于体制上的原因，也由于赵新先出了问题，这800万元的原始资本的收益问题至今悬而未决。

这其中给我们带了几个问题：如何对投资方进行回报？投资方在媒体收益中占多少比例？是否要追加投资并参与媒体运营？

我国传媒业发展的一个关键要素：资本。在现代社会，一个产业、一个行业、一个企业没有资本的支持却想做大做强不过是天方夜谭。但是，资本是有意志的，那就是保证回报。投资的首要条件是保障出资人的利益，然而在目前法律和政策没有明确界定的真空地带里，对媒体的投资是存在风险的[1]。

这一系列的问题在媒体没有真正成为市场主体，没有在产权明晰的基础上实现公司治理结构和企业化运营之时，还不能明确作出回答。

（二）跨界合作

1. 生活方式研究院

在竞争日益激烈的期刊市场上，《新周刊》做了别的新尝试，谋求多元的发展。《新周刊》杂志社与学界素享盛誉的北京大学文化资源研究中心联手发起的针对生活方式研究的跨界新型研究平台，是学界与业界的结合发展的盛举。全称“北京大学生活方式研究中心”，2010 年 11 月于北大挂牌。生活方式研究院首个“研究基地”落户云南抚仙湖，落户在这里符合研究院的关于生活的研究课题。著名学者于丹被礼聘为生活方式研究院的首席研究员，著名诗人于坚被礼聘为研究员，著名艺术家杨丽萍与歌手李健被礼聘为推广大使。

同时《新周刊》旗下的《香格里拉》杂志，通过推出《生活方式研究院》特刊将研究成果予以出版。

2.《BEST·LIFE：香格里拉》杂志

《香格里拉》是生活风尚类杂志，2007 年创刊，是《新周刊》旗下的杂志，发行量约 8 万，目标读者是最具消费能力的新富阶层，并且还是生活方式研究院的院刊。新周刊最擅长的排行榜也运用到香格里拉杂志上，酒店魅力排行榜这个品牌活动联合生活方式研究所与香格里拉杂志共同合作。

《香格里拉》是赠订阅结合，不以追求高发行量为目标，而力求了解每一份杂志终端读者的详细情况。发行范围并将覆盖国内经济迅速成长的各个区域，如京、沪、珠三角、长三角等。最终目的是了解每一本杂志的终端读者的准确情况。

---

[1] 参见 http：//www.cnad.com/html/Article/2006/0713/20060713154708 64.shtml

（三）组织结构

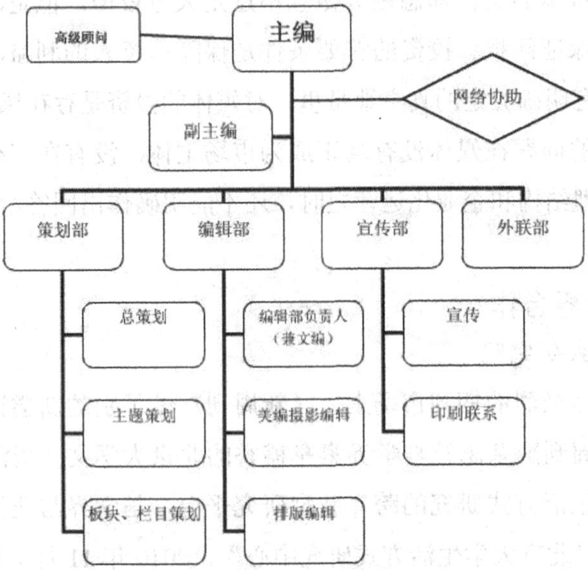

图 1《新周刊》的组织结构

《新周刊》的组织结构也与一般杂志社类同，以下是它的组织结构。

理事会总裁：张建民

编辑委员会：孙冕、刘胄人、封新城、何树青、闫肖锋、傅沙、周可

策划指导：孙周

总编辑：刘胄人

执行总编：封新城

副总编：周可

总主笔：闫肖锋

主笔：胡赳赳 陈漠 春树 蒋方舟

主任编辑：胡尧熙

其中核心人物是执行总编封新城。在封新城任职到现在，他都是《新周刊》灵魂级的任务。其间，在创立“观点供应商、视觉开发商、资讯整合商、传媒运营商”等一系列全新办刊理念的同时，更独创“飘一代”“她世纪”“第四城”“生活家”等影响深远的新锐概念，并开发培育了“大盘点”“中国

年度新锐榜”“中国电视节目榜”“城市魅力榜”“年度语录”等传媒延伸品牌。2010 年和北京大学文化资源研究中心联合创立“生活方式研究院”并任联席院长。

（四）新周刊与其他同类周刊的对比。

表格 2《新周刊》对比同类期刊

杂志名称	创刊信息	定位	读者群	发行量	微博粉丝量
《新周刊》	1996 年	中国最新锐的生活时事周刊	25-44 岁读者占据主体，读者倾向于男性，核心读者群处于积极的职业上升期。	31 万	781 万
《三联生活周刊》	1995 年	做新时代发展进程中的忠实记录者，关注新时代中的新生活观	以知识阶层的白领，各大企业的中高层管理者以及众多的政府官员为主。	75 万	894 万
《中国新闻周刊》	2000 年	信息管家、时事顾问、意见领袖	锁定在居于社会主流的“影响力阶层”，主要读者包括中高级政府公务员、企事业中高层管理者以及关心中国进步与发展的智识阶层、中青年才俊等。	80 万	622 万
《南方窗》	1985 年	中国最具影响力的新闻杂志	无	62.2 万	159 万
《新民周刊》	1999 年	以“影响主流”为己任，关注“新闻、新知、新锐，民生、民情、民意”	普遍有着良好的教育背景，收入水平属于社会中高水平，消费能力和消费愿望较强。	35 万	61 万
《凤凰周刊》	2001 年	为全球华人提供独立意见	24-55 岁；男性占 79%，女性占 21%；大学本科及以上教育背景；政界要员、企业管理者、公务员、企业白领、教育工作者、海归精英等；年薪 6 万元人民币以上	15 万	186 万
《瞭望》	1981 年	新中国最早的新闻周刊	以高端政务人士、商务人士及其它主流精英人群为主。以 30-49 岁的男性居多。	55.23 万	94 万

三、产业运作——营销手段解读

（一）广告经营方针策略

《新周刊》最初的口号是“我们所有的努力，就为了新一点”，创刊辞中提到了要创办的是综合性时事生活周刊。这种定位的模糊和自我不确定性还体现在杂志的广告策略上。1996年8月的创刊号，在最后一页留下了一句“最好的品牌选择最好的杂志”以吸引广告商。

在坚持了22期，在濒临停刊之际，《新周刊》最终采取了主动争取市场的手段，于1997年6月选择一家香港广告公司做代理，之后成立了广告部。此时提出了“中国最新锐的时事生活周刊”的概念，并采用质量较高的铜版纸印刷。

这次转型并未从实质上改变亏损的事实，直到三九广告资本介入，《新周刊》的品牌之路才真正开始。1998年在广州、上海、北京举行的两场媒介推介会用比较新锐的手段成功地将《新周刊》推向社会，广告效应从此彰显。

（二）品牌维护与推广

一木杂志想要持久的发展，只有利润上的追求是远远不够的，品牌的建构在媒体发展过程中是很重要的一个环节，品牌打响了才会有更多更好的广告商，也才能吸引更多的读者阅读[1]。

在品牌建设方面，《新周刊》从创刊时就有了这种意识。首先是杂志定位的几次变史，都是试图为杂志建立一个特点鲜明的形象，寻求较为明晰的定位，这是一本刊物品牌建立最基本的一环。在内容上出新，所谓“新锐”就是一种品牌，而事实证明，这个概念在市场上产生了良好的反响，它抓住了当时的社会心态，在期刊市场中《新周刊》用于说“不”的态度在大多数平凡无奇，同质化盛行的杂志中也显现出“新锐”一面。树立一种形象较为简单，要真正建立品牌和维护品牌，还要靠杂志人的品牌意识和市场反应。

1.“社会活动家”：一本善于作秀的杂志

《新周刊》的创办人员在有资本保障后越来越重视杂志品牌的维护，主

[1] 吴畅：《受众细分视域下的<新周刊>研究》[M]，南京，南京师范大学，2012年

办演唱会、音乐会，榜单的发行活动，与其他社会组织乃至政府合作举办发布会等等，扩大杂志影响力，《新周刊》也由此得了一个“中国最善于作秀的媒体”的评价。

于1996年在周华健个人演唱会现场发行创刊号杂志，从1998年在三大城市的制高点举办了媒体推介会之后，《新周刊》的“秀场”状态一直居高不下。2000年《新周刊》在第91期《第四城》中，大胆地将成都推举为继北京、上海、广州之后中国的“第四城”。之后云南省政府春到了《新周刊》这个平台的影响力，也与《新周刊》合作，推出云南特辑《体验之都》[1]。

2. 品牌扩张战略

品牌的效应是具有连锁作用的，成功打响了一个企业的品牌，其发展的延伸产品也比较容易被市场接受。《新周刊》先后开发了《今日财富》、航空杂志《香巴拉》、为富裕人群量身定做的中产周报《时代周报》等报刊，市场反响较好。

除了继续出报刊之外，《新周刊》利用品牌及理念的影响力创办工作室，发行图书，例如《2002大盘点》《2003语录》《2004佳作选》等，此外，还有根据《新周刊》出版过的一些引起较大反响的专题而衍生出的书籍，《第N城》《向中产看齐》《中国电视红皮15》；代表“新周”理念的《私享家》《少数派》《杂志癖》；《新周刊》创刊十周年时推出的系列图书，《〈新周刊〉口述史》《一本杂志和一个时代的体温》全方位解析了《新周刊》的创办历程。

3.“微时代”的《新周刊》效应

在新媒体的便捷快速、倍息海量等特点都足传统媒体无法匹敌的形势之下。新周刊成立了自己的网站www.neweekly.com，版面风格和杂志如出一辙，简洁大方又带有视觉上的美感。此外，在各大网站、论坛，《新周刊》的工作人员或者杂志的读者也为《新周刊》开设版面，创办讨论小组，建立QQ群等，通过网络发布杂志最新动态，读者交流阅读心得。

尽管有上述努力，但直到“新浪微博”的开通，才真正为《新周刊》在网络上开辟了一片新天地。有评价说，微博的流行最大的受益者是新浪和《新周刊》，这种说法不无道理。在“微时代”来临之际，《新周刊》也顺势推

[1] 吴畅：《受众细分视域下的<新周刊>研究》[M]，南京，南京师范大学，2012年

出了“2010网络生活价值榜”主题“围观改变中国”。

（三）直面市场和受众的发行

杂志的发行渠道主要有邮局发行、发行公司发行、自办发行等等，大多数杂志采用零售、订阅以及赠阅相结合的方式。邮局发行一直是杂志发行的主要渠道，但是“邮费合一”的方式成本较高，邮局网络比较单一，杂志延期的现象也十分严重，因此《新周刊》在创办初期就决定走市场化的发行方式。

1. 定点城市自办发行

当时的投资方三九集团想建立一个独立的文化产品的销售网络，一次性在22个城市建立发行部，《新周刊》的主要目标是全国一、二线经济较为发达的大中城市，而不是实行全国覆盖。

《新周刊》的发行人员根据杂志的定位确定木标对象——白领阶层，主攻的地区、地点，细致到城市的街道、商超和机场。《新周刊》成功地被推向市场，展现读者的面前，杂志发行量最高峰的时候曾达到30万份，

2. 邮局订阅与网络订购相结合

随着互联网技术的发展以及受众阅读习惯的转变，一些提供网络订购服务的网站开始兴起。如网民通过“北京浏览网”“上海蜘蛛网”等网站可以订阅《新周刊》，这种方式改善了原有期刊的销售方式、结算发行、物流传输等过程，从订阅到付费一切手续皆可在网上进行，免去了去邮局办理以及排队等候的麻烦，节约了成本，也为直销无法覆盖地区的读者提供了订阅的新途径[1]。

同时，新媒体时代的受众也开始倾向于用电子产品阅读书籍报刊，《新周刊》电子版，《新周刊》IPAD客户端也是这些读者的选择之一。

3. 针对目标受众群的订阅

《新周刊》的目标受众是中产阶层，这一受众群体特点是消费能力强，消费品位高；有固定的工作，工作场所集中在各大城市的写字楼，同时这部分人群也是出行计划较多的人群。因此，《新周刊》就有针对性地选择京、沪、穗、杭、渝等城市的各种高档消费场所和写字楼安排杂志赠阅，同时各大机

---

[1] 吴畅：《受众细分视域下的＜新周刊＞研究》[M]，南京，南京师范大学，2012年

场也是赠阅的重要目标地之一。赠阅不但便于杂志的读者阅读，也能够更多吸引原本没有购买杂志计划的受众的注意和阅读，变相地宣传了杂志和进行广告营销。

四、创优——如何引领潮流？

（一）注重视觉传播

作为新闻类期刊，面对的读者是具有一定品味的中产阶层，在视觉传播上用的是具有一定信息含量、新闻性的图片，比较美观大气。《新周刊》的封面追求简洁直接，与同类期刊相比，色彩运用更人胆，图片的选择也更具抽象性和象征意义。

1. 新锐的封面

早期的《新周刊》多选用领导人或者其他政治人物的图片。除此之外，明星等美女图片也是早期《新周刊》封面图片的主要选择，从 1996 年到 1998 共发行 45 期，其中使用美女图片做封面的有 22 期，占了相当大的比例，有 48.9%。

在逐渐意识到品牌重要性的《新周刊》从 1997 年开始，《新周刊》对封面也做过了不同的尝试，例如当时轰动一时的《中国不踢球》（1997 年号外），采用黑体白字的封面，这种整个封面使用一种颜色的方式逐渐成为后来《新周刊》封面设计的主要方式之一。

图 3《新周刊》号外封面

现在的《新周刊》封面特色鲜明，风格简洁且追求新奇与创意，呈现出与杂志格调相符，又能区别于其他同类刊物的特点。一是具有较强的视觉冲击力和辨识度。二是对封面设计中最重要的图片的遴选新锐又具独创性 [1]。

2. 色彩在封面上的运用

早期《新周刊》封面较多使用摄影图片，1998 年还尝试过使用套框的小幅照片，框外是另外颜色的设计，这种封面设计经常会让封面颜色显得较为丰富但相对来说也比较没有特色。1999 年之后，《新周刊》的封面开始就简洁明快的路线，色彩运用大胆，追求视觉冲击力。

据统计，《新周刊》采用现在这种封面风格之后，封面用色较多集中为红、白、黄、蓝、绿这几种颜色，有些封面色彩的运用还有些潜在的规律，如大红多用于有关中国或者节庆的主题，比较符合中国人的审美传统，蓝色多用于有关生活的主题。这些颜色都属于比较醒目，在视觉上比较有冲击力的，使用这些颜色于杂志“新锐”的位和批判的风格较为相符。

3. 封面文字的特点

《新周刊》的刊头是蓝底白字，据于杂志封面左上方，“新周刊”的“周”字的口以地球代替，大概意喻以全球视野关注全球资讯。刊头上方是杂志的口号“中国最新锐的时事周刊”，下方是英文 new weekly。整个刊头给人醒目、简洁的印象。右上角一般是当期的期数和内容要目，刊号、发行代号、出版单位、定价等竖条形式分布在杂志左侧。除了 “新周刊”三个字，其他的文字字号都很小，特别是杂志的相关信息，黑色小字基本不会影响到封面的整体构图。

《新周刊》每期都有一个专题策划，这个专题在封面就直接体现出来，相于每期有一个封面故事。封面故事是包括新闻周刊在内很多杂志都会采用的方式，《新周刊》的特点在于除了个性原创的图片，醒目具有冲击力的色彩还有封面主题的文字。《新周刊》主题的文字字号都很大，一般采用黑体字，这种字体具有强调和放大的效果。有时候一期封面没有图片，只有文字和浓烈的底色，重点突出，所需传播的信息呼之欲出。总体来说在《新周刊》

[1] 吴畅：《受众细分视域下的 <新周刊> 研究》[M]，南京，南京师范大学，2012 年

封面上，包括刊头在内的文字都所占比例比较比其他杂志小，这种方式就强化了封面色彩和图片的功能。

（二）内页的设计安排

《新周刊》的内页除了广告之外最先出现的“编读”栏目，这个栏目主要是《新周刊》的杂志信息、上期封而以及学者名人对本期出刊前过去的两周的一些热点的观点。接下来是当期一些小栏目的内容，在本期大专题之前事目录。目录一般处于杂志的第二十到三十页之间，一般为两页，左右分为两个部分。它的版面依然是追求简洁又美观的标准。正常的页面版心和边的比例协调，但经常会有出血版面，即整版铺满一张图片；图片和文字划分区域，显得整个版面比较整洁明快。

在图文安排上，《新周刊》十分重视图片的使用，将其置于文字同等重要的地位，而不是处于一种配角的地位的元素。内页用图多，图片大是其品著特征。它的照片大多数不太具有新闻性，而更像是传递理念、追求美感的摄影作品。

而在《新周刊》整个内页的设计安排上可以看出，版式、文字、标题以及图片都是其表现内容的手段，这些要素相互供托，整个页面感觉色彩鲜明，图文比例恰当，凸显了杂志的品质和特点。

（三）品牌栏目的设置

1. 栏目设置与阅读节奏的控制

《新周刊》的常设栏目主要有编读、社论、小事记、当事人、国际、谈资、语录、锐词、据说、Morld、专题、城市、财经、文化、艺术、图片故事、汽车、生活、专栏、知道分子问卷等等……一般来说，编读、社论、小事记等小栏目平均为一页的内容，专题30页到50页不等，特刊除外，经济、文化、专栏等刊载二篇到六篇文章，从阅读的节奏上来看，还是比较合理。

栏目设置是建立杂志阅读节奏的一个重要部分。书本式杂志就体现在其每期的专题，内容分量足，比较有阅读价值，同时又区别于书本，每篇都足不同的作者围绕专题阐释的不同观点，有一定内在联系，但在阅读上没有必要的连续性，方便读者分时分段阅读。

以《新周刊》15周年特刊为例，这一期的专题是基于《新周刊》1996年8月到2011年8月的十五年的时间跨度的十五个提问，这十五个提问都按照第一页整版的图片，第二页的上半版是文字，下半版是过往的相关专题封面小图再配文字，第三页是两篇名人点评或访谈，呈上下分布。十五个问题就按照这种节奏安排，既有视觉上的短暂休息，所要传递的内容又能跃然纸上。

2. 栏目分析："十字架"结构

《新周刊》的架构采用业内常用"十字架"结构，社论和专栏以"意见领袖"的姿态来评论话题，传达杂志的立场，而"知道分子问卷"则是与读者互动的方式[1]。

分析《新周刊》目前的栏目设置，可以发现除了每期必要的重头戏"专题"，以及国内外的双周要闻，双周观点，社论等新闻杂志常见的栏目之外，其他的很多栏目的设置并不是从一开始就有的，根据杂志的风格走向以及话题的影响而设置，例如基于微博的"@话题"，是利用《新周刊》在微博上的影响力和知名度，提出一些问题供广大粉丝讨论，最后遴选集中而成的一个栏目。

发榜是《新周刊》的强项之一，但发布的榜单一般限定的时间较长，通常是年度性的，为了使榜单的优势有种延续效应，而设置了"发榜"这一栏目。"语录"看似都是他人观点的集合，但观点的遴选也充分反应了《新周刊》的立场和态度。"Morld"和"知道分子问卷"两个栏口设置的都是出自《新周刊》策划的专题。分别出自于307期的"这个世界叫Morld"，126期"向知道分子致敬"。这种通过专题的形式提出的概念，最好成为一个常设栏目的做法比较新颖，也对杂志本身理念传播有比较好的效果。

（四）新锐话题的发布

1. 差异化的专题策划

杂志专题策划不是《新周刊》首创，但是被《新周刊》发扬光大，从而带动其他各类杂志愈加重视专题策划。

（1）话题选择的中产视角——关注时代大事，而非时下

可以说，专题策划是《新周刊》的生命，去除这一部分，几乎能抹杀这

[1] 吴畅：《受众细分视域下的〈新周刊〉研究》[M]，南京，南京师范大学，2012年

本杂志存在的价值。《新周刊》的专题比其他同类刊物所占的比重要大的多，一期杂志平均大概170页，专题大约有40页，占到23%—25%，其他24个左右的栏目和广告被安排在剩下的约120页之中，可见其分量之重。

虽然号称“时事周刊”，但是很多时候《新周刊》的专题所传递的并不是“时下发生的事件”，更多的是“时代关注的事物”。《新周刊》的专题策划要做的是对大量的社会现象进行一个持续性的观察、分析，再结合当下民众所关心的问题，而提炼出的一个想法。这种策划思路往往能够恰到好处地表达当下民众的情绪，并且将他们这种情绪通过杂志反馈给社会，造成一些意想不到的社会反响。

《新周刊》的独特与创新则在于对社会中特别是现代都市生活中中产阶层所关注的“城市话题”的关注和诠释，是对于一种“生活方式”的追求，话题新鲜而又时尚。

（2）话题的延续性

很多情况下《新周刊》并不是一个单纯传递话题之处，更多以“话题策源地”的态势出现，自行策划发动话题引起讨论，最后获得社会认同从而成为一个新的观点。

同时，《新周刊》专题的差异化之处还在于它话题的延续性。单纯看每期杂志之间的专题并无明显的联系，但是从十几年来话题的总结分析就可以发现，《新周刊》对某些类型、领域的话题有一种持续性的关注，结合时下新的特点发起关于该观点新的探讨。这种方式，使得《新周刊》的事件的观点也成为其品牌特征之一。

《新周刊》的话题选择方向主要是以城市中的中产读者的生活方式、兴趣点，以及这个群体比较普遍关注、比较常见的具有同一性的话题为主。通过对中产动脉的把握，用别具特色的语言阐述《新周刊》的观点和见解，成为表达中产者心声和理念的平台和媒介[1]。

2. 整合思潮的动向概念策划

《新周刊》一直致力于创造观点，制造话题，《新周刊》善用简洁的语言来概括所要传递的信息，很多时候是几个字的短语。《新周刊》推出的自

[1] 吴畅：《受众细分视域下的＜新周刊＞研究》[M]，南京，南京师范大学，2012年

创概念中，较为成功的有“飘一代”“新锐”“盘点”“知道分子”“感动中国”“第四城”“她世纪”“F40”“穷忙族”等等。

《新周刊》将盘点这个原本是清点货物的概念，运用到了新闻的处理当中，形成了 一种独特的新闻火拼盘模式并获得成功。“知道分子”“她世纪”“飘一代”这些自创概念提出之后形成较大程度的社会反响和关注度，因为概念的恰当精准而引起了很多人的共鸣和肯定。由此可看出，这些概念并不是雄纯的生造词，它们是《新周刊》人凭借自己的敏锐观察，基于对一个阶层人的分析以及社会热点的把握而提出的。

（五）榜单的炮制者和盘点新闻的领军者

《新周刊》的榜单宣扬了它所倡导的创怠生活方式，解读了“新周人”所代表的受众群体眼中的中国电视，从不同角度展现城市魅力。

“盘点肇始于《新周刊》”，这在业界已经算是一种共识。可以说《新周刊》的盘点和榜单已经成为自己特有的品牌，在传媒界和公众都有着比较强的影响力。杂志从初创时期就类似有“城市杀手排行榜”“中国城市魅力排行榜”“中国欲望榜”“当代汉语贡献榜”等等。而在这些排榜中影响最大，延续最久的莫过于每年的“中国电视节目榜”。1997 年 12 月 1 日第 31 期《1997 大盘点》（图 3. 10) 成为国内媒体年终“盘点”之先例从而奠定了《新周刊》“整合专家”的传媒地位。

（六）专题策划案举例

笔者综合了《新周刊》的书籍、网站、微博、访谈以及其他相关参考资料，对《新周刊》创刊以来比较有影响力的专题进行统计分析，从中选取两个案例进行进一步探析。

1. 中国不踢球

1997 年中国足球队冲击世界杯再次失败之后，《新周刊》出版了一期号外——《中国不踢球》，这期“号外”让《新周刊》享誉全国。事实上，这期杂志确实做得独具特色。首先看版式设计，黑色作为底色，白色大字标题组成的封面极具视觉冲击力，翻开第一页赫然出现的就一行白色大字“戚务生该不该向中国球迷谢罪”，横跨封二和首页，让阅读的人极为震撼。同时，在这期“号外”内页，每个小专题的标题也用了同样的版式设计。在杂志中用这么醒目的黑白配色方式较为显见，这种颜色搭配在中国传统文化中代表的是一种哀痛情绪，用来表达中国球迷对中国足球的失望和愤怒极为恰当。文章一针见血直指造成当时中国足球萎靡的各种“罪人”的各大“罪状”，将球迷怒其不争的情绪表达地淋漓尽致，使杂志与读者、球迷达到了高度一致，最终在全国造成轰动，打响了《新周刊》的名号，宣扬了《新周刊》犀利，富于批判性的文风[1]。

2. 砸烂电视

很多人认为《新周刊》的1998年第39期《弱智的中国电视》是该杂志关于“电视”话题最为成功的一期。《弱智的中国电视》是《新周刊》投向中国电视界的一颗重榜炸弹。《弱智的中国电视》《中国电视八大病》《一手抓收视率，一手抓好名声》等等文章直指当代中国电视的种种弊端。

《碰烂电视的十个现由》历陈当代电视的十大弊病：“垃圾”节目，充斥广告，煽情，宣扬欲望，使人情淡漠，诱导孩子正确的价值观等等，条条理由充分、客观，再加上简洁而又犀利的语言，如“它把你的大脑当垃圾桶”，“它把你的口袋当提钱柜”，极为形象生动，让人不得不赞同。这些看似出自个人情绪的话语实际上又带有一定的事实依据和专业来源。所谓“让你的思想成为别人的跑马场”，“把你的家变成监狱”正是传播学中“容器人”“电视人”的现实案例，“孩子的教唆犯”一说更是传播领域关于电视等媒介传递的信息对青少年所造成负面影响的探讨所在，这些正是笔者将“砸烂电视”作为《新周刊》典型专题案例的理由[2]。

五、如何在新时代继续成为潮流的引领者

（一）话题的新锐性有限

虽然《新周刊》的专题策划在过去是业内的佼佼者，但是随着传媒业的

[1] 吴畅：《受众细分视域下的<新周刊>研究》[M]，南京，南京师范大学，2012年

[2] 吴畅：《受众细分视域下的<新周刊>研究》[M]，南京，南京师范大学，2012年

发展，同类刊物通过借鉴国内外优秀的理念以及自身的探索，再加上社会观念的进一步开放，以及网络上草根力量的雄起，更多更新说的观点以一种“百家争鸣”的态势快速传播，如果说《新周刊》的专题策划力在国内期刊有着“鼻祖”地位，如今是否还是处于尖峰位置就很难说了。在进入新世纪后很长一段时间里，《新周刊》没有对市场做出及时的反应和应有的转变，且每期的专题策划之间没有必然的联系，话题涉及的领域也五花八门，从而整个刊物的影响力和发行量都在逐年下滑，呈现出一种颇势。

为了扭转这种颓势，同时保持话题的新锐性，《新周刊》的一些专题有无话可谈下的生拗硬造之嫌。比如“无书可读”这期专题，尽管有学者认为目前出于追求商业化的目的，图书已经成为了一种文化垃圾产物。但是《新周刊》这期专题对当代文学的否定比较偏激片面，它所推崇的厚古薄今和所推荐的小众文化，有一种自抬身价、居高临下的感觉，而带给读者的不过是一种基于雅皮趣味的抱怨情绪，理由不够，论据不足。

话题是无限的，但现在要将每期的话题做到新锐，在众多媒体中脱颖而出实际上变得很难，但《新周刊》话题的重复性问题也显而易见，要走出一味“标新立异”这个窠臼另辟蹊径才可[1]。

（二）人才管理体制待完善

《新周刊》大多数的策划都来自于封新城的创意，可以说作为一个杂志主编，封新城对《新周刊》的影响和意义是非同一般的。但是，从另一个角度来说，封式效应烙印过深，对于杂志人才的发展有种一种“天花板效应”。且不说每期的主题须由封新城来定夺，在人才的引进和培养上也有着一种模式和印记存在。虽然一本杂志所需的人才要与杂志的风格相符，仍是并不代表这种风格之下只有一种思维方式存在。笔者认为，《新周刊》如若要长远发展，在原有风格的基础上如何再有所突破，保持持续的发展动力，是打破“天花板效应”的关键所在。

《新周刊》的发展空间有限也是人才战略的局限之一。关于这个问题，封新城曾说到过，在《新周刊》做的很多人出去到别的媒体都是总编，首席

---

[1] 吴畅：《受众细分视域下的＜新周刊＞研究》[M]，南京，南京师范大学，2012 年

记者等等，但是在《新周刊》却没有这么大的上升空间。不是因为对人才的不重视，而是《新周刊》已有的架构容不下更多的人才，很多有能力的人没有再进一步的发展空间，就会另择高就，造成了人才流失。例如《潇湘晨报》的现任主编龚晓跃，3G门户网副总张向东都曾是《新周刊》的一员。因此，打破一本杂志的局限，给更多更好的人才提供发展上升的间，从而能够保持在竞争激烈的传媒市场的资源优势。

编后记

《当代传媒管理研究》是为高校新闻与传播专业一级学科研究生开设的必修课程，亦是建立在传播学、管理学、经济学、广告营销学、组织行为学和意识形态学等学科基础上的新兴交叉应用学科的研究所得，知识结构丰富，社会接触面广泛。两年前，作为这一课程教材的专著者，我对出版者——中国社会科学出版社曾表明自己心中的一大遗憾，即“囿于篇幅和体例的要求，原书稿每章必附有的传媒管理案例只能忍痛割爱，同时书中许多章节观点只能点到为止，没有更多的展开，也难联系上实际，真让人唏嘘不已！毕竟理论要有实践的支撑和彰显，更何况实践还是检验真理的唯一标准。均衡与丰富应当是目标，但为之增幅超限，则有让人勉为其难之虞，或强人出头之堪，故只能另寻他途”。

今天，“广东省新媒体与品牌传播创新应用重点实验室”以扶持项目研究成果的形式，提供了一个实现夙愿的机会。为此，我作为指导老师，在传授《当代传媒管理研究》这门必修课程的同时，要求在校专业研究生，在加强理论学习，深刻把握基本观点的基础上，还得让其联系业界实践，深入一线进行案例研究，做到既有的放矢，教学相长，又能学以致用，对中国传媒业界的改革发展起到一个经验总结与实践镜鉴的作用，这就是本书立项既定的初衷。同时也表明，本书的面世，亦积累了几届研究生的调研成果与指导老师的教学心得，是师生们共同努力的智慧结晶，当然也是中国传媒业界勇于改革与长于发展的历史见证。

本书能够顺利编辑出版，我要感谢近年所带出的研究生们，因为书中选题立项进而挥洒铺陈的案例，都先后成为了中国传媒业界与学界特别关注的热点与焦点。这些调研报告内容的观点与脉络，虽经过老师的点拨梳理，但都实实在在地熔进了学子们的思想与智慧。尤其是被老师指定为本书责编的林蔷、陆欣、黄剑威、姜博这四位研究生，在没有既定编辑体例束缚，允许独立创新的氛围下，他们出色地完成了手中的任务。老师不会忘记也真诚地感谢你们！尚且，历史也同样记载了你们。当然，在书中的案例里，学子们不乏引用众多学界大师或专业精英的精辟论点和珍贵数据，有力提升了全书的水准与境界，作为后学或同仁，对这些传播学界和业界值得敬重的大家和所贡献的智慧结晶，也一并谨表深深的谢意！

当然，本书案例研究的对象，是变动不居的中国当代传媒发展现状。因此构成本书案例研究的最大难点，是如何撷取众多日新月异的发展数据与创新轨迹。因此，时间的仓促与视野的局限，书中定存许多粗糙、不够完善、值得商榷的地方，甚至包括有昨是今非的遗憾，需要咀嚼，需要回炉，也可能还要重起炉灶。因此，以包容之心和开明之道而不求全责备，可权当这些表述和记载，只是某个历史时期可以为之一观的横断面，未来才是最有希望的。正如中国当代传媒风云榜上，不进则退或后者居上，也是新常态。为此，我们期待有更多的时代弄潮儿！

故，这是没有结语的后记。